भास एवं भवभूति के रामकथाश्रित नाटकों में रस तत्त्व

सैद्धान्तिक एवं प्रायोगिक पक्ष

लेखिका

डॉ० रेणु कुमारी

RATIBHA

प्रतिभा प्रकाशन

दिल्ली : : भारत

प्रथम संस्करण 2022

ISBN : 978-81-7702-495-1

मूल्य : 1195

प्रकाशक :
डॉ० राधेश्याम शुक्ल
एम्.ए., एम्. फ़िल्., पी-एच्.डी.
प्रतिभा प्रकाशन
(प्राच्यविद्या-प्रकाशक एवं पुस्तक-विक्रेता)
7259/23, अजेन्द्र मार्केट, प्रेमनगर
शक्तिनगर, दिल्ली-110007
दूरभाष : (O) 011-47084852, 09350884227
e-mail pratibhabooks@gmail.com

टाइप सेटिंग : एस० के० ग्राफिक्स
दिल्ली-84

मुद्रक : एस० के० ऑफसेट, दिल्ली

समर्पण

परम पूज्य

अम्माँ, श्रीमती राधा रानी मिश्र

एवं

बाबूजी, प्रोफेसेर (डॉ०) गोविन्द मोहन मिश्र

विश्वविद्यालय प्राचार्य,

तिलकामाँझी भागलपुर विश्वविद्यालय, भागलपुर

को सादर समर्पित

प्राक्कथन

संस्कृत साहित्य में मुख्य रूप से दो विधायें मिलती हैं – श्रव्य काव्य एवं दृश्य काव्य। श्रव्य काव्य के अन्तर्गत महाकाव्य, गीतिकाव्य, गद्यकाव्य, चम्पूकाव्यादि आते हैं तो दृश्य काव्य के अन्तर्गत नाटक रूपकादि। दृश्य काव्य होने से नाटक रूपकादि का विशिष्ट महत्व है। आचार्यों ने इसे कवित्व की चरम सीमा मानकर इसके महत्व को स्वीकार किया है – 'नाटकान्तं कवित्वम्', 'काव्येषु नाटकं रम्यम्' इत्यादि। नाट्यशास्त्र के प्रणेता आचार्य भरत के अनुसार ऐसा कोई ज्ञान, शिल्प, योग, कर्मादि नहीं है जो नाटक में दिखाई न दे –

न तज्ज्ञानं न तच्छिल्पं न सा विद्या न सा कला।
न स योगो न तत्कर्म नाट्येस्मिन् यन्न दृष्यते।।

भारत में वैदिक काल से ही नृत्य-गीतों के प्रचलन एवं उनमें कथा-संवाद तथा अभिनय के सामंजस्य से नाटक का क्रमशः विकास हुआ। वर्तमान में जो नाटक रूपकादि हैं, उनमें नाटककार भास सबसे प्राचीन हैं या हम कह सकते हैं कि भास संस्कृत नाट्य साहित्य के आद्य नाटककार हैं। इनके नाटकों के मूलतः तीन स्रोत हैं– रामकथा, महाभारत कथा और लोककथा। इसी तरह 700 ई० पू० हुए एक और नाटककार हैं – भवभूति, जो महान् दार्शनिक और नाटककार होने के कारण अद्वितीय हैं। इन्होंने अपने नाटक में प्राचीनता और अर्वाचीनता का सुन्दर मिश्रण कर नाटक को गौरव प्रदान किया है। इस तरह आद्य कवि भास और कविश्रेष्ठ भवभूति ने अपने-अपने काल में, अपने-अपने नाटक में नए कलात्मक मूल्यों की स्थापना करते हुए साहित्यिक समाज को नई दृष्टि दी, नए भाव और विचार दिए।

भास की तेरह नाट्यकृतियों में से दो रामकथा पर आधारित हैं तो भवभूति की मात्र तीन नाट्यकृतियों में से दो रामकथा पर आधारित हैं। इस ग्रन्थ में लेखिका श्रीमती रेणु कुमारी ने दोनों नाटककारों के रामकथाश्रित नाटकों में प्राप्य रस-तत्वों का सैद्धान्तिक और प्रायोगिक पक्ष प्रस्तुत कर उन पर समालोचनात्मक विचार प्रस्तुत किया है।

काव्य भले ही वह दृश्य हो या श्रव्य पढ़ने, सुनने, देखने से जिस आनन्द की अनुभूति होती है, वही रस है और यह रस काव्य की आत्मा माना जाता है। इसे ही आचार्य भरत ने भावमूलक कलात्मक अनुभूति कहा है। इनका कहना है – 'विभावानुभावव्यभिचारी-संयोगाद्रसनिष्पत्तिः' अर्थात् विभाव, अनुभाव और संचारी भावों के संयोग से रस की निष्पत्ति होती है। इस तरह भाव रस का आधार है तथापि आचार्य से स्थायी भाव को ही रस माना है। पुनः आचार्य धनञ्जय, आचार्य विश्वनाथादि ने भी स्थायी भाव को ही रस माना है।

व्यक्ति, पदार्थादि जब व्यक्ति के स्थायी भाव को विशेष रूप से जगाते हैं तो उसे विभाव कहते हैं, जो दो प्रकार के होते हैं – आलम्बन विभाव और उद्दीपन विभाव। जिसका सहारा (आलम्बन) पाकर स्थायी भाव जगते हैं, वह आलम्बन विभाव है, जैसे-नायक-नायिका। पुनः जिसके मन में भाव जगे वह आश्रयालंबन विभाव कहलाता है तथा जिसके कारण मन में भाव जगे वह विषयालंबन विभाव कहलाता है। जैसे -कृष्ण के मन में राधा के प्रति रति-भाव जागे तो कृष्ण आश्रय कहलायेंगे और राधा विषय। जिन परिस्थितियों या वस्तुओं के कारण स्थायी भाव उद्दीप्त हो, वह उद्दीपन विभाव कहलाता है, जैसे-सुन्दर उद्यान, मधुर चाँदनी रात, एकांत स्थल में नायक-नायिका की चेष्टाएं इत्यादि।

वाणी और अंगों के अभिनय से जिस अर्थ को प्रकट किया जाय, वह अनुभाव कहलाता है। सहज सात्विक अनुभाव आठ हैं -स्तम्भ, स्वेद, रोमाञ्च, स्वर-भङ्ग, कम्प, विवर्णता, अश्रु, प्रलय।

स्थायी भाव (प्रधान भाव) के साथ जो संचरण करता है वह संचारी कहलाता है। चूंकि एक संचारी भाव किसी स्थायी भाव के साथ नहीं रहता है, इसलिए इसे व्यभिचारी भाव भी कहते हैं, जिनकी संख्या तैंतीस मानी गई है।

किसी भी काव्य या नाटक में स्थायी भाव (प्रधान भाव) आद्यन्त रहता है, जो रस की अवस्था तक पहुँचता है। प्रत्येक रस के मूल में एक स्थायी भाव रहता है। प्राचीन आचार्यों ने रस की संख्या नव (09) बताई है तो अर्वाचीन आचार्यों ने उसमें वात्सल्य और भगवद्-विषयक रति (भक्ति) को जोड़कर रस की संख्या ग्यारह बताई है। रस अपूर्व की उत्पत्ति है, जो अप्रमेय और अनिर्वचनीय है। 'रसो वै स:'-परमात्मा ही रस रूप आनन्द है, अप्रमेय और अनिर्वचनीय है।

नाटकरूपकादि में 'रस' केवल नाटक -रूपकादि का अंग न होकर अभिनय का भी अंग है। अपने-अपने काल में भास और भवभूति दोनों ने ही अपने नाटकों में नये कलात्मक मूल्यों की स्थापना की है। प्राय: संस्कृत-नाट्य-क्षेत्र में नाटककारों ने अपने-अपने नाटकों में प्रधान रस के रूप में शृंगार, वीर, करुण, शांत या अद्भुत रस का प्रयोग किया है। भास और भवभूति ने क्रमश: 'अभिषेक नाटक' एवं 'महावीरचरित' में वीर रस को अंगीरस बनाया है तो 'प्रतिमानाटक' और 'उत्तररामचरित' में करुण रस को प्रधान रस स्वीकार किया है।

अपने ग्रन्थ में डॉ० रेणु कुमारी ने भास और भवभूति के इस कलात्मक प्रयोग की आलोचनात्मक विवेचना विशद रूप से करते हुए अपने इस ग्रन्थ को सात अध्यायों में विभाजित किया है। प्रथम अध्याय में भास का परिचय देते हुए उनकी नाट्य-कृतियों के आलोक में कवि के व्यक्तित्व का अवलोकन कराया है, एवं इनके द्वारा रचित रामकथाश्रित नाटकों की विशेषता बताई है तो द्वितीय अध्याय में भवभूति का परिचय उनके नाट्य-कृतियों के आलोक में कराते हुए कवि के रामकथाश्रित नाटकों की विशेषता बताई है। ये दोनों ही अध्याय पाठकों को भास एवं भवभूति का पूर्ण परिचय देने में पूरी तरह सफल हैं।

तृतीय अध्याय में 'रस' का इतिवृत्त और स्वरूप प्रस्तुत करते हुए अन्वेषी लेखिका ने भरत से लेकर पंडितराज जगन्नाथ तक के रस की सैद्धान्तिक पृष्ठभूमि का परिचय देते हुए रसों की संख्या पर प्रकाश डाला है।

चतुर्थ अध्याय में नाटक के तत्व के अन्तर्गत वस्तु, नेता, रस की विशद विवेचना की है एवं अंगी एवं अंग रसों पर शास्त्रीय व्याख्या प्रस्तुत की है। पंचम

अध्याय में लेखिका यह बताने में पूर्ण सफल रही है कि भास और भवभूति दोनों ने ही क्रमश: 'अभिषेक नाटक' और 'महावीरचरित' में वीर रस को अंगी बनाया है और दोनों ने ही करुण रस को क्रमश: 'प्रतिमानाटक' एवं 'उत्तररामचरित' में कुशलतापूर्वक अंगी रस बनाया है। इन दोनों ही नाटकों में करुण रस की बहुव्याप्ति है एवं करुण रस ही सारभूत प्रभाव का अभिव्यञ्जक है।

छठे अध्याय में लेखिका ने भास एवं भवभूति के नाटकों में प्राप्त अंग रसों की विवचेना की है तो सातवें अध्याय में दोनों नाटककारों की रसाभिव्यक्ति की तुलना उदाहरणों –प्रत्युदाहरणों द्वारा करते हुये यह बताने में सफल रही है कि भवभूति के करुण रस में गंभीरता और सूक्ष्मता है तो भास के करुण रस में व्यापकता एवं स्वाभाविकता है, जिस कारण अभिनय की दृष्टि से भास का करुण रस भवभूति की अपेक्षा श्रेष्ठ है। पुन: भास प्रयुक्त सारे रस भवभूति की अपेक्षा सहज और गत्यात्मक होने के कारण मंचीय हैं, जबकि भवभूति के नाटकों में रसाभिव्यक्ति गत्यात्मक अवरोध पैदा कर देती है, जिससे नाटक का मंचन कठिन हो जाता है।

इस पूरे ग्रन्थ में लेखिका की अन्वेषणीय दृष्टि का परिचय मिलता है। लेखिका ने दोनों नाटककारों द्वारा प्रयुक्त रस तत्वों का सैद्धान्तिक एवं प्रायोगिक पक्ष के विवेचन में अन्वेषणात्मक प्रक्रिया का निर्वहण करते हुए अपने विचार को प्रमाण द्वारा प्रस्तुत करने का प्रयास किया है, जिसमें ये सफल रही है। मैं लेखिका को शुभकामना और आशीर्वाद देती हूँ कि ये आगे और ग्रन्थों की रचना करें और अपनी अन्वेषक प्रवृत्ति को जीवित रखें। इति।

तन्मे मन: शिवसङ्कल्पमस्तु!

डॉ० नीलिमा पाठक
अध्यक्ष, संस्कृत विभाग, राँची विश्वविद्यालय
एवं
निदेशक, परफॉर्मिंग एण्ड फाइन आर्ट्स विभाग,
राँची विश्वविद्यालय, राँची।

आमुख

प्रस्तुत ग्रन्थ मेरे 'भास एवं भवभूति के रामकथाश्रित नाटकों में रस तत्त्व: सैद्धान्तिक एवं प्रायोगिक पक्ष' नामक शोध-प्रबन्ध का किञ्चित् परिवर्धित एवं परिष्कृत रूप है।

माँ शारदा की अनुकम्पा से ही जिज्ञासुओं की साहित्यिक अभिरुचि में अभिवृद्धि होती है एवं काव्य, नाटक आदि के रूप में लोकविलक्षण अभिव्यक्ति होती है। मैं सौभाग्यशालिनी हूँ कि संस्कृत विषय में मेरी अभिरुचि बढ़ती ही रही।

स्नातक कक्षा में अध्ययन के क्रम में 'चारुदत्त' का स्वाभाविक एवं समाज में व्याप्त विषमता पर प्रश्नचिह्न लगानेवाले हास्य ने मेरी रुचियों में परिवर्तन, परिवर्धन किया। पुन:, स्नातकोत्तर कक्षा में अध्ययन के क्रम में 'उत्तररामचरितम्' के 'अपि ग्रावा रोदित्यपि दलति वज्रस्य हृदयम्' ने 'शोक' के विषय में चिंतन करने के लिए बाध्य किया। मित्र-मंडली में सहज बाल-चपलता के कारण कभी किसी ने कह दिया कि संभवत: भवभूति के राम 'मूर्च्छा' नामक बीमारी से ग्रस्त हैं। लेकिन काव्यशास्त्र के रस-सिद्धान्त पर चिंतन के कारण इस प्रकार के तर्कों या उत्तरों से तुष्टि न मिली। भास के नाटकों की स्वाभाविकता और भवभूति के नाटकों से प्राप्त मानसिक तुष्टि ने अवचेतन मन में कई कल्पनाओं का बीजारोपण कर दिया।

समय के प्रवाह और जीवन-क्रम की घटनाओं ने कुछ वर्षों तक औपचारिक पठन को विराम-सा लगा दिया किन्तु, अध्ययन की पिपासा को मैंने हमेशा बनाये ही रखा। साहित्य के साथ-साथ नाट्य-कला-सम्बन्धी जिज्ञासाओं को मैंने कभी कुंद करने की कोशिश नहीं की। ईश्वर की असीम कृपा और गुरुजनों की शुभेच्छा और सदाशयता के कारण मुझे जब

अब सुअवसर मिला तो मैंने भास और भवभूति के विषय में अध्ययन को ही चुना।

भास और भवभूति- ये दोनों ही कवि और नाटककार दोनों ही रूपों में पृथक्-पृथक् वृहत् आकाश हैं। और मेरी सीमित बुद्धि। मैंने कुछ ऐसे बिन्दुओं को चिह्नित किया जो दोनों ही नाटककारों में वैयक्तिक भिन्नता के बाद भी साम्यता को धारण किये हुए हैं।

समग्र रूप में इन नाटककारों के विषय में अध्ययन करना सीमित बुद्धिवाली मेरी शक्ति से परे है साथ ही भास के नाटकों का बहुविधविषयत्व। अत: मैंने इन दोनों नाटककारों के रामकथाश्रित नाटकों में रस तत्व के सैद्धान्तिक और प्रायोगिक पक्ष को अपने अध्ययन का आधार बनाया।

'रस' ही तो नाट्य का प्राणतत्व है। हाँ, यह भी सत्य है कि कथानक और पात्रों के बिना 'रस' की उत्पत्ति या प्रतीति असंभव है।

किन्तु, जिस प्रकार प्राणवायु के बिना पार्थिव शरीर का कोई अर्थ नहीं, उसी प्रकार, रसतत्त्व के बिना नाटक भी व्यर्थ है।

संस्कृत-वाङ्मय में रस-चिन्तन की एक सुदीर्घ परम्परा ही रही है। स्पष्ट है कि इस महत्वपूर्ण परम्परा द्वारा स्थापित सिद्धान्तों ने साहित्य-जगत् को महत्त्वपूर्ण मूल्य दिये।

रस-चिन्तन से सारभूत रस-सिद्धान्त का सैद्धान्तिक पक्ष, इसकी विशेषताएँ दार्शनिक तत्त्वों से लिपटी हुई हैं। अत: इसको समझने के लिए व्यावहारिक पृष्ठभूमि पर इसके सत्यापन की आवश्यकता है। कह सकते हैं कि सिद्धान्त और प्रयोग एक सिक्के के दो पहलू हैं।

रस-सिद्धान्त के आलोक में भास एवं भवभूति के दो-दो क्रमश: अभिषेक और प्रतिमानाटक महावीरचरित और उत्तररामचरित को मैंने समझने की कोशिश की है।

ये नाटक सशक्त रूप में जितने, साहित्यिक और अभिनेय है - समांतर रूप से उतने ही सहज रूप से लोक-परम्परा का भी प्रतिनिधित्व करते हैं। स्पष्ट है कि अभिनेयता की विशिष्टता से संपृक्त काव्य अगर जन-सामान्य की

संवेदनाओं के सन्निकट हो तब उसमें 'रस-तत्व' की उत्कृष्टता भी निश्चित रूप से है।

यों तो इन दोनों ही कवियों की कृतियों और रस-प्रयोग पर पहले भी कार्य हुए हैं। किन्तु, इन कृतियों की अद्यतन विवेचना आज भी सर्वथा प्रासंगिक है। और मैंने भी इन दोनों कवियों के रामकथाश्रित नाटकों का 'रस' के आलोक में यथासंभव अध्ययन करने का प्रयास किया है।

यह एक सुखद संयोग है कि भास तथावर्णित रस-सिद्धान्तों के पूर्ववर्ती हैं। लेकिन पूर्ववर्ती होने के बावजूद उनकी कृतियाँ सिद्धान्तों और उद्देश्यों के अनुरूप हैं। एक ओर भास से नाटककारों की शृंखला शुरू होती है तो दूसरी ओर संस्कृत नाटककारें की शृंखला में भवभूति एक महत्वपूर्ण कड़ी हैं। भास ने अपनी मौलिक प्रतिभा के माध्यम से संस्कृत में नाटकीय संभावनाओं के द्वार को प्रायोगिक रूप में खोल दिया। अद्भुत रूप से इन्होंने 'रामायण' जैसे वर्णनात्मक काव्य में भी संवाद और अभिनय की सजीव संभावनाओं को परख लिया। इन्होंने समकालीन परम्पराओं को प्राचीन परम्पराओं से संपृक्त कर ऐसी प्रस्तुति की कि वह 'नाट्य' सार्वकालिक और सार्वदेशिक हो गया। 'नाट्य' में रसों का समुचित प्रस्फुटन कर भास ने नाट्य को ऊँचाइयों पर पहुँचा दिया। नाटकीय वस्तु, नेता और रस-तत्वों की अद्भुत समंजित प्रस्तुति से भास ने अपने समय में नाट्यकला को गौरव के पद पर पहुँचाया। फलतः भास के नाटक आज भी अनुकरणीय हैं।

अपने नाटकों की गुणवत्ता के कारण भवभूति का संस्कृत-साहित्य में अक्षुण्ण स्थान है। भवभूति ने प्राचीनता में नवीनता का इस प्रकार संचार किया कि संस्कृत-नाट्य अपने नये आयाम के साथ धन्य हो उठा। ध्यातव्य है कि कोई भी कला प्राचीनता के साथ जब नवीनता को अपनाती है तो असंयमित होकर उसके बिखरने की संभावना रहती है, और बात यदि 'रस' जैसे गूढ़ सिद्धान्तों की हो तो तब तो और भी। लेकिन भवभूति द्वारा प्रयुक्त मौलिक नवीन कार्य ने उनकी विद्वता के स्पर्श से 'उत्तररामचरित' जैसी रचना का रूप लेकर गरिमामय नवीन प्रतिमान स्थापित किया।

भास एवं भवभूति दोनों ने ही अपने-अपने काल में अपनी कृतियों के

माध्यम से नये कलात्मक मूल्यों की स्थापना की है। इन दोनों ने अपने पूर्ववर्ती सामान्य समाज और साहित्यिक समाज से जितना कुछ ग्रहण किया उससे कहीं अधिक प्रदान किया। यह एक अद्भुत संयोग है कि एक ओर भास की कुल तेरह प्राप्त नाट्यकृतियाँ सर्वमान्य हैं जिनमें से दो रामकथा पर आधारित हैं। दूसरी ओर, भवभूति की मात्र तीन नाट्यकृतियाँ हैं जिनमें से दो रामकथा पर आधारित हैं। अपि च, दोनों की एक-एक कृति वीर-रस प्रधान है और एक-एक कृति करुण-रस प्रधान है। प्रथम कवि भास का अभिषेकनाटक और द्वितीय कवि भवभूति का महावीरचरित वीर-रस की प्रधानता लिए हुए हैं तो क्रमशः दोनों का प्रतिमानाटक और उत्तररामचरित करुण-रस की प्रधानता लिये हुए है।

भास के इन नाटकों के प्रति हठात् आकृष्ट हो आद्योपांत सामान्यहृदय सामाजिक सहज उत्सुकता से तृप्त होता है तो भवभूति की चकाचौंध से आद्योपांत प्रबुद्ध सामाजिक बलात् उत्सुक रहते हुए तृप्ति पाता है।

यदि रस प्रयोग की दृष्टि से देखें तो भास का किसी रसतत्त्व के प्रति आग्रह ही नहीं है तो भवभूति की रसतत्त्व के प्रति काफी स्पष्ट धारणा है। प्रधानता करुण की हो अथवा वीर की, भास प्रधान के साथ ही हास्य, शृंगार आदि का भी सहज गुम्फन कर जाते हैं। और भवभूति हास्य, शृंगार आदि का यथोचित गुम्फन करते कुए भी असह्य वेदना से ग्रस्त मन को सशक्त भावात्मक भाषा प्रदान करते हुए सामाजिक को शोक की तीक्ष्णतम अनुभूति से विश्रान्ति प्रदान कर देते हैं।

यदि रसानुभूति की दृष्टि से देखें तो भास के नाटक देहात की गलियाँ हैं और भवभूति के नाटक महानगर की सड़कें। एक जगह जरूरत के हिसाब से बने रास्ते हैं जो स्वच्छ भी हैं और स्वच्छन्द भी। तो दूसरी जगह निर्धारित मानकों पर बने स्वच्छ रास्ते हैं। स्वच्छता, खुशियाँ, सौहार्द दोनों ही जगह हैं बस, एक में नैसर्गिकता है दूसरे में कृत्रिमता। लेकिन क्या मनोवृत्तियाँ 'कृत्रिम' हो सकती हैं? मैंने यथासंभव इन दोनों का रस-प्रयोग-विषयक चिन्तन, परीक्षण और विवेचन किया है।

प्रस्तुत ग्रन्थ में मैंने रामकथाश्रित भास के दो नाटकों 'अभिषेक' और

'प्रतिमा' तथा भवभूति के दो नाटकों 'महावीरचरित' और 'उत्तररामचरित' को रस-प्रयोग की दृष्टि से क्रमश: अलग-अलग अध्ययन का विषय बनाया है। अपने शोध प्रबन्ध के विषय को मैंने सात अध्यायों में विभक्त किया है।

प्रथम अध्याय में भास और उनके ग्रन्थों का परिचय देते हुए उनकी नाट्य-कृतियों के आलोक में उनके व्यक्तित्व का वर्णन है। साथ ही, उनके रामकथाश्रित नाटकों की विशेषताओं को व्यक्त की हूँ।

द्वितीय अध्याय में भवभूति और उनके ग्रन्थों का परिचय देते हुए उनकी नाट्य-कृतियों के आलोक में उनके व्यक्तित्व का वर्णन है। साथ ही, उनके रामकथाश्रित नाटकों की विशेषताओं को व्यक्त की हूँ।

तृतीय अध्याय में 'रस' का इतिवृत्त और स्वरूप प्रस्तुत करते हुए भरत से लेकर पंडितराज जगन्नाथ तक के रस की सैद्धान्तिक पृष्ठभूमि का परिचय दी हूँ। साथ ही, रसों की सङ्ख्या सम्बन्धी विविध विचार के पश्चात् उनका परिचय एवं सम्बन्धित छायाचित्र को प्रस्तुत की हूँ।

चतुर्थ अध्याय में नाटक के तत्व: वस्तु, नेता और रस-सम्बन्धी विवेचना को प्रस्तुत की हूँ। साथ ही, संस्कृत नाटकों में अङ्गी और अङ्ग रस से सम्बन्धित परिकल्पनाओं की शास्त्रीय व्याख्याएँ प्रस्तुत की हूँ।

पंचम अध्याय में रामकथाश्रित भास के 'अभिषेक' और भवभूति के 'महावीरचरित' नाटकों में अङ्गी रस के रूप में 'वीर रस' के प्रयोग से सम्बन्धित अध्ययन को प्रस्तुत की हूँ। इसी प्रकार इस अध्याय में मैं भास के 'प्रतिमा' और भवभूति के 'उत्तररामचरित' नाटक में अङ्गी रस के रूप में 'करुण रस' के प्रयोग से सम्बन्धित अध्ययन को प्रस्तुत की हूँ।

षष्ठ अध्याय में मैं भास एवं भवभूति के रामकथाश्रित नाटकों में प्रयुक्त अङ्ग रसों से सम्बन्धित अध्ययन को प्रस्तुत की हूँ।

सप्तम अध्याय में मैं विवेच्य रामकथाश्रित नाटकों के आलोक में 'भास' और 'भवभूति' के रसाभिव्यक्ति का तुलनात्मक अध्ययन प्रस्तुत की हूँ।

उपसंहार में -अध्ययन के फलस्वरूप प्राप्त निष्कर्ष को संक्षेप में व्यक्त की हूँ। दोनों ही कवियों के दृष्टिकोण स्वाभाविक रूप से भिन्न हैं किन्तु, दोनों में

कुछ न कुछ नवीन और रोचक मौलिकताएं भी हैं – इसे बताने का यथासंभव प्रयास ही की हूँ।

प्रस्तुत ग्रन्थ को प्रकाशित करने के पूर्व अपना विनम्र कृतज्ञ भाव समर्पित करना चाहती हूँ।

सर्वप्रथम मैं परमपिता के प्रति सदैव श्रद्धावनत हूँ जिनकी अमूर्त कृपा से हर प्रकार की परिस्थितियाँ मेरे समक्ष सकारात्मक अवसर बनकर ही आईं। श्रद्धेया गुरु डॉ० नीलिमा पाठक, अध्यक्ष, संस्कृत विभाग, राँची विश्वविद्यालय एवं निदेशक परफॉर्मिंग एण्ड फाइन आर्ट्स विभाग, राँची विश्वविद्यालय, राँची के सम्मुख मैं अपना विनम्र भाव व्यक्त करती हूँ, जिन्होंने विषय चयन से लेकर प्रबन्ध की समाप्ति तक निरंतर प्रेरणा, प्रोत्साहन और दिशानिर्देश किया। इन्होंने इस शोध-प्रबन्ध को आदि से अन्त तक निरीक्षण कर, और यदा-कदा अस्वस्थ रहने पर निरीक्षणपूर्वक सुनकर जो बहुमूल्य सुझाव दिए उनके उपयोग से ही यह शोध-प्रबन्ध प्रस्तुत रूप को प्राप्त कर सका है।

आदरणीय प्रो० (डॉ०) चन्द्रकान्त शुक्ल, डॉ० मीना शुक्ल, डॉ० ब्रजेश कुमार मिश्र, डॉ० जानकी देवी, डॉ० उषा टोप्पो, डॉ० मधुलिका वर्मा की मैं आभारी हूँ, जिन्होंने सदैव मेरा उत्साह बढ़ाया।

डॉ० शैलेश कुमार मिश्र, असिस्टेन्ट प्रोफेसर, राजकीय संस्कृत महाविद्यालय, राँची, बिनोवाभावे विश्वविद्यालय, हजारीबाग की मैं आभारी हूँ, जिन्होंने सदैव मेरा मार्गदर्शन एवं उत्साहवर्धन किया। श्री अमर पाल सिंह बराड़ प्राचार्य, केन्द्रीय विद्यालय, राउरकेला के प्रति मैं हार्दिक आभार प्रकट करती हूँ, जिन्होंने साहित्यिक रुचि के संवर्धन हेतु मुझे समुचित अवसर और प्रोत्साहन दिया।

अपने पूज्य दादाजी पंडित श्री विश्वेश्वर मिश्र 'वैद्य' के प्रति मैं प्रणत हूँ, जिन्होंने सदैव मुझे प्रेरित किया।.अपनी प्रथम आचार्या अम्माँ श्रीमती राधा रानी मिश्र एवं बाबूजी प्रो० (डॉ०) गोविन्द मोहन मिश्र, प्रोफेसर, जन्तु विज्ञान विभाग, तिलकामांझी भागलपुर विश्वविद्यालय, भागलपुर के प्रति मैं श्रद्धावनत हूँ जिनके स्नेह एवं सकारात्मकता ने मुझमें साहित्य के साथ-साथ पुस्तकालय-अध्ययन के प्रति भी रुचिवर्द्धन किया।

पूज्य सासू माँ श्रीमती कलावती देवी और श्वसुर श्री सुखनन्दन पाण्डेय, प्रधानाध्यापक सह निकासी एवं व्ययन पदाधिकारी के अहर्निश आशीर्वाद ने मेरे लेखन कार्य को गति प्रदान किया जिसके लिए मैं उनका हार्दिक आभार प्रकट करती हूँ। 'वज्रादपि कठोराणि मृदूनि कुसुमादपि' अपने पति श्री संतोष कुमार, टी०जी०टी० (जीव विज्ञान), महारानी प्रेम मंजरी प्रो० बालिका उच्च विद्यालय, रातू के प्रति श्रद्धावनत हूँ जिनकी शुभकामनाओं एवं सहयोग के कारण मेरा यह ग्रन्थ जिस किसी रूप में है। वात्सल्य के नैसर्गिक आकांक्षी पुत्री अनन्या सृष्टि एवं पुत्र स्वयम् अनुत्सेक की आभारी हूँ जिनके कालांश का उपयोग मेरे शोधकार्य में हुआ।

मैंने पुस्तकालयों विशेषकर स्नातकोत्तर संस्कृत विभाग, राँची विश्वविद्यालय, राँची एवं डॉ० कामिल बुल्के शोध -संस्थान, राँची में अध्ययन किया है। अतः इनके प्रति कृतज्ञता व्यक्त करती हूँ। मैं उन सभी व्यक्तियों के प्रति कृतज्ञता ज्ञापित करती हूँ जिन्होंने किसी-न-किसी रूप में मेरे ज्ञानचक्षु को खोलने का कार्य किया है -'न धर्मवृद्धेषु वयः समीक्ष्यते।'

अन्त में मैं, प्रकाशक डॉ० राधेश्याम शुक्ल, प्रतिभा प्रकाशन, अजेन्द्र मार्केट, प्रेमनगर शक्तिनगर, दिल्ली के प्रति अपनी विशेष कृतज्ञता ज्ञापित करती हूँ, जिनके सहयोग से ही ग्रन्थ का सुरुचिपूर्ण प्रकाशन संभव हो सका।

मार्गशीर्ष, शुक्ल नवमी, रविवार

दिनांक -12.12.2021

डॉ० रेणु कुमारी

विषयानुक्रमिका

प्रथम अध्याय

भास का परिचय

कर्म बन्धनानुसार ही मानव सृष्टि की रचना होती है, किन्तु कवि की सृष्टि ब्रह्मा की सृष्टि से भी वैशिष्ट्य पा चुकी है। कवि अपनी रचना में स्वतंत्र है–इस आशय का पोषण आचार्य मम्मट के मंगल श्लोक से होता है–

नियतिकृतनियमरहितां ह्लादैकमयीमनन्यपरतंत्राम्।
नवरसरुचिराम् निर्मितमादधती भारती कवेर्जयति।।[1]

इसी आशय का समर्थन अग्निपुराणकार भी करते हैं–

अपारे काव्यसंसारे कविरेकः प्रजापतिः।
यथास्मै रोचते विश्वं तथेदं परिवर्तते।।[2]

कवि शब्द की व्युत्पत्ति

राजशेखर ने कवि शब्द की निष्पत्ति कवृ वर्णे धातु के आधार पर माना है।[3] इसी कारण कवि का अर्थ वर्णनकर्ता माना गया है, क्योंकि कवि की रचना में पक्षियों की चहचहाहट, कल–कूजन श्रोताओं एवं पाठकों को रस से आप्लावित करते हैं।

पं० बलदेव उपाध्याय के अनुसार सत् कवि की भणिति श्रोताओं के श्रवणों में सुमधुर सुधा का सिंचन इस प्रकार करती है जिस प्रकार मालती की माला अपने सुभग सौरभ को दर्शाये बिना ही अपनी ओर

आकृष्ट कर लेती है।[4] संस्कृत साहित्य के आध्यात्मिक पक्ष में वर्तमान वर्णित स्वरूप के समान ही लौकिक पक्ष में वर्णित स्वरूप की मान्यता एवं प्रतिष्ठा है।

संस्कृत में साहित्य और काव्य शब्द पर्यायवाची माने जाते रहे हैं। इस साहित्य या काव्य के विविध् स्वरुपों और प्रकारों का विकास बहुत प्राचीन काल से ही हो चुका है। उन सभी रुपों और प्रकारों में नाटक को सर्वाधिक महत्व दिया गया है। बहुत से आचार्यों ने नाटक को साहित्य का श्रेष्ठतम रूप व्यंजित किया है। **'काव्येषु नाटकं रम्यम्'** उक्ति नाटक की प्रसिद्धि को द्योतित करती है। भरत ने नाटक को पंचम वेद होने का गौरव प्रदान किया। कालिदास ने नाटक को भिन्नरुचिजनों का एकत्र समाराधन कहा। संभवत: यही कारण है कि संस्कृत-साहित्य की समृद्धतम धारा नाटक की है। समग्र काव्य-साहित्य में नाटक अधिक उपयोगी है क्योंकि काव्यरस की वास्तविक उपलब्धि ये ही कराते हैं। नाटक जनरुचि की व्यापकता और जनभावना की उदात्त प्रधानता के कारण अपेक्षाकृत अधिक उपयोगी हो जाते हैं। एक नाटककार सदैव भविष्य और भूत की अपेक्षा वर्तमान को प्रमुखता देता है। वर्तमान की प्रमुखता को उद्देश्य बनाने के कारण ही संस्कृत के नाटककारों ने अपने नाटकों की कथावस्तु धर्मग्रन्थों, पुराणों या काव्यों से उधार लेकर उसको जनता की रुचि में डालकर देश, काल और परिस्थितियों के अनुसार जन-रंजन की दृष्टि से ऐसे नाटकों की योजना की, जो विद्वत्समाज तथा जन-सामान्य के लिए एक जैसी उपयोगिता अर्जित कर सकते थे।[5] इस दृष्टि से एक नाटककार का दायित्व कहीं अधिक है। संस्कृत में सैकड़ों नाटककार हो चुके हैं, किन्तु इस समय हमें बहुतों की रचनायें और अनेक के नाम तक भी ज्ञात नहीं हैं। 1910 ई० से पूर्व ऐसे ही अनेक अज्ञात नाटककारों में महान् नाटककार भास की गणना की जाती थी। किन्तु टी० गणपति शास्त्री के महान् अनुसंधानात्मक प्रयत्नों के फलस्वरूप 1912 ई० में विश्व के विद्वानों के समक्ष संस्कृत के महान् नाटककार के रूप में भास और उनकी तेरह रचनाओं का रहस्योद्घाटन हुआ।

Ganapathi Shastri

महामहोपाध्याय टी० गणपति शास्त्री[6]

पर इस रहस्योद्घाटन से पूर्व संस्कृत के आचार्यों तथा कवियों ने भास तथा भास के नाटकों की बहुशः प्रशंसा की थी। इन प्रशस्तियों से यह स्पष्ट हो जाता है कि अत्यन्त प्राचीनकाल से ही भास के नाटक अपना विशिष्ट स्थान रखते थे और माननीय कवियों की दृष्टि में सम्मानित थे। इन प्रशस्तियों तथा उल्लेखों में से कुछ का अवलोकन हम इस प्रकार कर सकते है-

महाकवि कालिदास ने 'मालविकाग्निमित्र' नाटक में सूत्रधार के मुख से

प्रश्न कराया है कि प्रथित यशवाले भास, सौमिल्ल, कविपुत्र आदि कवियों की निर्मितियों का अतिक्रमण कर कालिदास की कृति का इतना बहुमान क्यों है?[7]

हर्ष के सभापण्डित कवि बाणभट्ट ने भास के नाटकों की प्रशंसा करते हुए कहा है कि ये नाटक सूत्रधार से आरम्भ किये जाते हैं, बहुत भूमिका वाले होते है, पताका से युक्त होते हैं तथा देवस्थानों की भाँति प्रसिद्ध होते हैं।[8] यहाँ यह स्मरणीय है कि सामान्यत: नान्दी से प्रारम्भ होनेवाले संस्कृत नाटकों से अलग भास के नाटक सूत्रधार से प्रारम्भ होते है।

वाक्पतिराज ने अपने प्राकृत महाकाव्य 'गउडवहो' में भास को 'ज्वलनमित्ते' (ज्वलनमित्र/अग्नि का मित्र) कहा है। यहाँ कुछ विद्धानों की धारणा है कि वासवदत्ता के दाह की मिथ्या खबर फैलाकर भास को नाटकीय वस्तु-विकास का उपयुक्त अवसर प्राप्त हुआ है। अतएव अग्निदाह का प्रयोग करनेवाले भास को 'ज्वलनमित्र'[9] संज्ञा प्राप्त हुई है।

भास के उपलब्ध नाटकों में हास्य के प्रसंग बड़ी सफलता से प्रस्तुत किये गये हैं। जयदेव ने भास को कविताकामिनी का 'हास' बताया है-

यस्याश्चौरश्चिकुरनिकरः कर्णपूरो मयूरो
भासो हासः कविकुलगुरुः कालिदासो विलासः।
हर्षो हर्षः हृदयवसति पञ्चबाणस्तु बाणः
केषां नैषां भवतु कविताकामिनी कौतुकाय।।[10]

राजशेखर ने भास-नाटकचक्र की अग्नि-परीक्षा तथा 'स्वप्नवासवदत्ता' के उस अग्नि-परीक्षा में न जलने का उल्लेख किया है-

भासनाटकचक्रेऽस्मिञ्छेकैः क्षिप्ते परोक्षितुम्।
स्वप्नवासवदत्तस्य दाहकोऽभून्न पावकः।।[11]

दण्डी ने उल्लेख किया है-

सुविभक्तमुखाद्यङ्गैर्व्यक्तलक्षणवृत्रिभिः।
परेतोऽपि स्थितो भासः शरीरैरिव नाटकै।।[12]

रामचन्द्र गुणचन्द्र (12 वीं सदी) ने नाट्यदर्पण में भास के 'स्वप्न' नाटक का स्पष्ट उल्लेख किया है-

यथा भासकृते स्वप्नवासदत्ते शेफालिकाशिलातमवलोक्य वत्सराज.........।

अभिनवगुप्त ने 'क्वचित्क्रीडा'। यथा वासवदत्तायाम्'। के द्वारा नाट्यशास्त्र की टीका में भास के स्वप्नवासवदत्ता का उल्लेख किया है।

भोजदेव ने शृंगार प्रकाश में-

वासवदत्ते पद्मावतीमस्वस्थां द्रष्टुं राजा समुद्रगृहकं गतः।

के द्वारा स्वप्नवासवदत्ता का उल्लेख किया है।

सर्वानन्द ने 'अमरकोशटीकासर्वस्व' में उदयन तथा वासवदत्ता के विवाह का वर्णन किया है।

जयानक के 'पृथ्वीराजविजय' की एक टीका में वर्णन है कि भास तथा व्यास में यह विवाद उठा कि कौन बड़ा है। दोनों ने अपनी एक-एक सर्वोत्तम पुस्तक अग्नि में डाल दी। व्यास की पुस्तक तो अग्नि में जल गयी, पर भास का 'विष्णुधर्म' अग्नि से न जल सका।

यहाँ यह स्मरणीय है कि राजशेखर ने भी भास नाटकचक्र की अग्निपरीक्षा की बात कहीं है। हाँ, राजशेखर ने व्यास के साथ विवाद का उल्लेख नहीं किया है। राजशेखर ने 'स्वप्नवासवदत्ता' के न जलने तथा जयानक ने 'विष्णुधर्म' के न जलने की चर्चा की है। यद्यपि विष्णुधर्म अब तक अनुपलब्ध है।

इन सबसे यह सहज अनुमान लगता है कि एक समय में भास की कृतियों को साहित्यिक जगत् में अत्यन्त सम्मान प्राप्त था।

साहित्याकाश में कोई भी कृति यदि विशिष्ट होती है तभी कवियों अथवा आलोचकों की सम्यक् दृष्टि को वह आकृष्ट कर पाती है। वह भी एक समय रहा जब कवियों तथा आलोचकों के मध्य भास के नाटक सम्मान की दृष्टि से देखे जाते थे। किन्तु, समय के चक्र के साथ ये नाटक कहीं लुप्त हो गये। हाँ, सूक्तिवचनों में सदैव इन्हें स्थान मिलता रहा।

यहाँ यह प्रश्न विचारणीय है कि प्राचीन युग में इतने प्रसिद्ध भास के नाटक दृष्टिपथ से ओझल कैसे हो गये?......इस विवादित प्रश्न का कोई मान्य समाधान नहीं है। हाँ, यह तर्क अवश्य दिया जा सकता है कि जब वैदिक ग्रन्थ और शाखायें जिनका पठन-पाठन कुल-परम्परा में अनिवार्य था, लुप्त हो गये तो फिर

लोकानुरंजन के साधन ये नाटक प्रचार से दूर क्यों नहीं हो सकते हैं? सौमिल्ल आदि जिनकी भी चर्चा कालिदास ने की है–के नाटक तो आज भी अप्राप्य हैं। तथापि विद्वान इस प्रश्न के उत्तर में दो संभावित कारणों का उल्लेख करते है।[13]

1. देश में मुस्लिम शासन के प्रचार के साथ ही साथ प्राचीन ग्रन्थों पर विपत्ति के बादल घिरने लगे। यह स्वाभाविक है कि देश की समृद्धि और शौर्य के गीत गानेवाले, राजसिंह को पृथ्वीपालन का आदेश देने वाले तथा वैदिक धर्म की प्रशस्ति करनेवाले भास के नाटकों पर मुसलमानों की कुदृष्टि पड़ी हो। मुसलमानों का व्यापक प्रचार–प्रसार उत्तरी भारतवर्ष पर ही विशेष था। इसके अतिरिक्त देशी सरदारों तथा यहाँ रहनेवाले मुसलमानों के लिए देवनागरी लिपि का पाठ भी सरल था। फलत: उन्होंने देवनागरी लिपि में लिखित तथा उत्तरी भारत में प्रचलित भास के नाटकों को नष्ट करने का प्रयास किया। हाँ, यह एक संभावना है। किन्तु, यह संभावना इस बात से भी पुष्ट होती है कि उत्तरी भारत में तथा देवनागरी लिपि में लिखित भास के नाटकों की प्रतियाँ अनुपलब्ध हैं। प्रो० वी० राघवन ने जो हस्तलेखों की खोज की उसमें भी देवनागरी में भास के नाटकों का अभाव है। इसके अतिरिक्त, दक्षिणी केरल–देश में मुसलमानों का व्यापक प्रसार न था और ग्रांथा तथा मलयालम की लिपियाँ भी उनके लिये सुगम न थी। अत: वहाँ भास के नाटकों के हस्तलेख सुरक्षित रहे।
2. विदेशियों से बारम्बार पदाक्रान्त होने पर अब भारत के लोगों का जीवन नैराश्य की ओर उन्मुख था, वीरतापूर्ण नाटकों को सुनने की अपेक्षा अब वे धर्म और दर्शन पर झुक गये थे। अत: भास के ये नाटक प्रचलन से उठ गये।

किन्तु, प्रकृति तो नटी है और समय बड़ा ही बलवान। समय और प्रकृति ने कौन–सा खेल खेला कि भास के नाटक विशेषकर देवनागरी लिपि वाले, लुप्त हो गये–यह केवल कल्पनाओं एवं सभावनाओं की ही बातें हो सकती हैं। अस्तु, उपर्युक्त दोनों ही बिन्दु सम्भावना–मात्र हैं।

कालिदास, बाणभट्ट, जयदेव प्रभृति कवियों द्वारा उल्लिखित स्वप्नवासवदत्ता तथा भास की प्रशंसा का मूर्त रूप सन् 1909 में टी० गणपति शास्त्री द्वारा भास के नाटकों की प्राप्ति से सामने आया। श्री शास्त्री को पद्मनाभपुरम् (त्रिवेन्द्रम्) के समीपवर्ती मनल्लिकारमठम् में मलयालम लिपि में आबद्ध स्वप्नवासवदत्तम् के साथ प्रतिज्ञायौगन्धरायण, पंचरात्र, चारुदत्त, दूतघटोत्कच, अविमारक, बालचरित, मध्यमव्यायोग, कर्णभार तथा उरुभंग के हस्तलेख मिले। इनके अतिरिक्त दूतवाक्य की भी एक हस्तप्रति तालपत्र पर अंकित मिली। अनुसंधान-क्रम में श्री शास्त्री को कैलासपुरम के एक ज्योतिषी के पास से अभिषेक तथा प्रतिमानाटक तथा त्रिवेन्द्रम् राजप्रासाद-पुस्तकागार से भी इन दोनों की प्रतियाँ मिलीं जो परस्पर मेल खाती थीं। इसी तरह मैसूर के पण्डित अनन्ताचार्य ने केरल से प्राप्त स्वप्न तथा प्रतिज्ञानाटक की दो प्रतियाँ शास्त्री जी को भेंट कीं। इन सबके आधार पर पण्डित टी० गणपति शास्त्री ने 1912 में भास के तेरह नाटकों को प्रकाशित किया। सभी कृतियों के भासकृत मानने के मुख्य रूप से निम्न कारण थे-

1. भासकृत स्वप्नवासवदत्त की चर्चा कई जगह आई है।
2. स्वप्न नाटक से शेष बारह नाटकों की भाषा, शैली आदि में अत्यधिक समानता प्राप्त होती है।
3. अधिकांश नाटक एक ही स्थान पर एक साथ प्राप्त हुए।

इन सबके आधार पर आज यह स्वीकार किया जाता है कि उक्त तेरह कृतियाँ एक ही कवि भास द्वारा रचित है।[14]

भास का समय-निर्धारण

जिस तरह भास का कृतित्व गवेषणा का विषय रहा, उसी तरह इनका समय भी विद्वानों के मतवैभिन्य का विषय है। वाचस्पति गैरोला ने भास का स्थितिकाल पाँचवी से चौथी शताब्दी ई० पूर्व स्वीकृत करते हुए अग्रलिखित तर्क दिये।[15]

भास के स्थितिकाल को कुछ विद्वानों ने ईसा की तीसरी शताब्दी में रखा, किन्तु आधुनिक खोजों से यह विदित हो गया है कि भास, नाट्यशास्त्रकार

भरत तथा कामसूत्रकार वात्स्यायन के भी पूर्ववर्ती थे। तीसरी शताब्दी में उनका स्थितिकाल कदापि नहीं हो सकता।

लोकमान्य तिलक के मतानुसार भास, कालिदास के पूर्ववर्ती थे और उनका स्थितिकाल दूसरे या तीसरे शतक के बाद का कदापि नहीं है। 'भगवद्गीता के आदि में 'गीता-ध्यान' नाम से नौ श्लोकों की चर्चा करते हुए लोकमान्य का यह भी कथन है कि इन नौ श्लोकों में जो 'भीष्मद्रोणतटाजयद्रथ जला' श्लोक उद्धृत है, वह भास कवि के 'उरुभंग' का आदि श्लोक है।

कुछ विद्वानों ने भास को नारायण काण्व का समकालीन सिद्ध किया है। नारायण काण्व का समय 53-41 ई० पूर्व था।

पण्डित टी० गणपति शास्त्री द्वारा भास के नाटकों के प्रकाश में आने से पूर्व इतिहासकार जब भास के नाम से अपरिचित थे, तब शूद्रक का 'मृच्छकटिक' संस्कृत का पहला नाटक माना जाता था और शूद्रक का स्थितिकाल 220-197 ई० पूर्व निर्धारित किया गया था। किन्तु, भास की उपलब्ध नाट्य-कृतियों के तुलनात्मक विश्लेषण से अब यह सर्वथा प्रमाणित हो चुका है कि शूद्रक का 'मृच्छकटिक' भास के 'चारुदत्त' से बहुत प्रभावित है। इस दृष्टि से भास का समय तीसरी शताब्दी ई० पूर्व से पहले होना चाहिए।

भास की कृतियों का प्रसिद्ध अर्थशास्त्री बृहस्पति और कौटिल्य के साथ भाषा-वैज्ञानिक परीक्षण करने के बाद इतिहासकारों ने यहाँ तक सिद्ध किया है कि भास का स्थितिकाल पाँचवी से चौथी शताब्दी ई० पूर्व था।

इसी प्रकार, डॉ० पुसलकर ने भास के नाटकों के अन्त:परीक्षण के आधार पर इनका समय ई० पूर्व 4-5 शताब्दी स्वीकार करते हुए अग्रलिखित तर्क दिए है।[16]

1. प्रतिज्ञा, अविमारक तथा स्वप्न नाटकों में जिन राज्यों का उल्लेख है वे चन्द्रगुप्त मौर्य के शासन काल के समय विद्यमान थे। अत: भास ईसापूर्व चतुर्थ शताब्दी के पूर्व विद्यमान थे।
2. भास ने दर्शक के समय में मगध की राजधानी राजगृह बतायी है, जो इन्हें मौर्यकाल से पूर्व का सिद्ध करती है।

3. भरत के निर्दिष्ट नाट्यशास्त्र के मानदण्डों पर भास के नाटक खरे नहीं उतरते जो इन्हें भरत का पूर्ववर्ती सिद्ध करते हैं।
4. शूद्रक के 'मृच्छकटिक' पर भास के 'चारुदत्त' का स्पष्ट प्रभाव पड़ा है। शूद्रक ईसा पूर्व 220-297 में थे। अतः भास इनके पूर्व अवश्य विख्यात रहे होंगे।
5. 'प्रतिमानाटक' में रावण के मुख से जिन विद्याओं का उल्लेख भास ने कराया है, वे ईसा पूर्व चतुर्थ शताब्दी से पूर्व प्रचलित थीं। इसी आधार पर स्टेलेन्जर ने (गौतमधर्मसूत्र-लन्दन 1878) भास को ईसा पूर्व षष्ठ शती का माना है। विद्याओं के विविध रूपों के उल्लेख में अर्थशास्त्र की चर्चा नहीं है। परन्तु प्रतिज्ञा का एक श्लोक 45:2 कौटिल्य अर्थशास्त्र के 10:3 में उद्धृत मिलता है। कौटिल्य या चाणक्य चन्द्रगुप्त मौर्य के 321 ई० पूर्व गद्दी पर बैठने के समय विद्यमान था। अतः भास इनसे 50 वर्ष पूर्व अवश्य हुए होंगे।
6. भास द्वारा प्रयुक्त प्राकृत के आधार पर डॉ० ए० बनर्जी शास्त्री, लेस्नी आदि भास का समय द्वितीय शताब्दी स्वीकार करने के पक्ष में है, परन्तु यह उपयुक्त प्रतीत नहीं होता ।
7. भास द्वारा वर्णित सामाजिक व्यवस्था तथा धर्म के प्रति आस्था को देखने से भी इनका समय ईसा पूर्व चतुर्थ शताब्दी मानना उपयुक्त प्रतीत होता है। इनकी कृतियों में सर्वत्र प्राचीन वैदिक धर्म की ही पुष्टि होती है। बौद्ध या जैन धर्म के प्रति इन्होंने कहीं सद्भावना नहीं दिखाई है।

आचार्य बलदेव उपाध्याय का भास के समय सम्बन्धी विचार प्रकट करते हुए लिखते है संस्कृत का कोई भी ऐसा कवि नहीं जिसके समय के विषय में इतनी विषमतायें हो। भास के समय संबंधी मतों को सारांशतः इस प्रकार रखा जा सकता है।[17]

1. डॉ० बार्नेट इस नाटकचक्र के कल्पित भास को सातवीं सदी का केरलीय कवि कहते हैं। उसी समय महेन्द्रवीरविक्रम रचित 'मत्तविलास' प्रहसन (7 वीं सदी) से इन नाटकों की भाषा मिलती-

जुलती है। पारिभाषिक शब्दों में भी पूर्ण साम्य है। अधिकांश भरतवाक्यों में प्रयुक्त 'राजसिंह' शब्द केरलीय राजा का वाचक है।

इस तर्क का निराकरण बड़ा ही सरल है। जब बाण तथा कालिदास ने भास का सातवीं सदी से पूर्व ही उल्लेख कर दिया था तो फिर सातवीं सदी में भास का समय निश्चित करना हास्यास्पद है। यह प्रश्न इससे सम्बन्ध नहीं रखता कि इन नाटकों में प्रक्षेप हैं। यह सही है कि इन नाटकों में यत्र-तत्र प्रक्षेप की पुष्टि होती है पर, इन प्रक्षेपों से भास की प्राचीनता में कोई बाधा नहीं पड़ती।

2. डॉ० ए० पी० बनर्जी शास्त्री ने भास का समय ईसा की दूसरी सदी के बाद और तीसरी सदी के पूर्व माना है। 'दि जर्नल ऑफ दि बिहार एण्ड उड़ीसा रिसर्च सोसाइटी' खण्ड-1 के पहले भाग में डॉ० बनर्जी के मत का सारांश इस प्रकार है-

(i) विभिन्न अन्त: साक्ष्यों से उन्होंने वात्स्यायन का समय ईसा की तीसरी सदी का अन्त माना है। वात्स्यायन का भास को पता नहीं क्योंकि रावण जब नाटक में अन्य शास्त्रों की गणना करता है, तो वात्स्यायन के कामसूत्र का उल्लेख नहीं करता। अत: भास, वात्स्यायन से पूर्ववर्ती हुये। वात्स्यायन का समय उन्होंने दूसरी सदी का अन्त माना है, अत: भास इससे कुछ पूर्व रहे होंगे।

(ii) भरत का समय उन्होंने दूसरी सदी के बाद तथा तीसरी सदी के पूर्व माना है। भास, भरत के पूर्ववर्ती हैं अत: इनका समय तीसरी सदी के मध्य के बाद नहीं हो सकता।

(iii) कौटिल्य का समय 300 ई० पूर्व माना जाता है। भास के उदाहरणों के आधार पर उन्होंने कौटिल्य से भास को पूर्ववर्ती सिद्ध किया है। अत: भास 300 ई० पू० से पहले हो चुके थे।

(iv) पाणिनि, कात्यायन तथा पतंजलि को वे भास से पूर्ववर्ती मानते हैं। उनका यह भी कहना है कि कुछ अपाणिनीय

प्रयोगों को देखकर भास को इन वैयाकरणों से पूर्ववर्ती नहीं कहा जा सकता। वे पाणिनि का समय चौथी सदी ई० पू०, कात्यायन का समय तीसरी सदी ई० पू० तथा पतंजलि का समय दूसरी सदी ई० पूर्व मानकर भास को इनसे बहुत बाद का बताते हैं।

(v) मनु का समय वे ईसा की दूसरी सदी बताकर प्रतिमा में मानव धर्मशास्त्र का उल्लेख दिखाते हुए भास को ईसा की दूसरी सदी के बाद का बताते हैं–

इस प्रकार वे भास का समय ईसा की दूसरी और तीसरी सदी के बीच निश्चित करते है।

3. डॉ० लेस्नी, प्रिण्ट्ज तथा सुकथनकर–जैसे विद्धानों ने प्राकृत भाषा की समीक्षा कर इन्हें कालिदास से प्राचीन तथा अश्वघोष से नवीन सिद्ध किया है। भास की प्राकृत भाषा कालिदास से प्राचीन ठहरती है पर, अश्वघोष की भाषा का समय इससे भी पूर्वतर है। ये विद्धान कालिदास को ईसा की पाँचवी सदी में मानते है। इस आधार पर वे भास का समय तीसरी सदी में निश्चित करते हैं।

उपर्युक्त विचारों के अंतरंग तत्वों का समीक्षण करते हुए आचार्य बलदेव उपाध्याय भास का समय निश्चित करने का प्रयास करते हैं–

1. भास के नाटकों का आधार रामायण, महाभारत तथा लोककथायें हैं। उदयन, प्रद्योत तथा दर्शक 6 वीं सदी ई० पू० के ऐतिहासिक व्यक्ति है। ई० पू० 6 वीं सदी में रामायण तथा महाभारत भी मूलरूप में विद्यमान थे। अतः भास की उपरितम स्थिति ई० पू० छठी सदी ठहरती है।

2. प्रतिज्ञा, अविमारक तथा स्वप्ननाटक हमें ऐतिहासिक तथ्य दर्शाते हैं। प्रतिज्ञा तथा अविमारक में दो राजाओं की स्मृतियाँ अभी नवीन हैं। अतः उस काल के समीप ही लेखक रहा होगा। राजगृह का राजधानी के रूप में वर्णन तथा पाटलिपुत्र का साधारण नगर के रूप में उल्लेख इसे 5 वीं सदी के समीप स्थिर करता है।

3. प्रतिज्ञा नाटक में वर्णित विद्यायें ई० पू० षष्ठ शतक से प्राचीन हैं। मानवीय धर्मशास्त्र (मनुस्मृति का मूल रूप) गौतम-धर्म सूत्र से प्राचीन है क्योंकि गौतम-धर्मसूत्र में इसका उल्लेख हुआ है। गौतम-धर्मसूत्र प्राचीनतम धर्मसूत्र है तथा इसका समय छठी ई० पू० है। बार्हस्पत्य अर्थशास्त्र का महाभारत में उल्लेख है तथा कौटिल्य ने भी इसे उद्धृत किया है। मेधातिथि का 'न्यायशास्त्र' मनुस्मृति पर मेधातिथि की टीका नहीं है अपितु, प्राचीन न्याय-ग्रन्थ है। माहेश्वरयोगशास्त्र भी पातञ्जल-योग से प्राचीन है। ये सभी उल्लेख भास को प्राचीन सिद्ध करते हैं।

4. इन नाटकों में वर्णित सामाजिक दशायें, अर्थशास्त्र तथा नाटकों से सम्बद्ध प्रतीत होती हैं। प्रतिमा में मन्दिर के परिवेश में बालुका डालने का विधान केवल आपस्तम्ब सूत्रों में ही मिलता है, मरे हुए व्यक्तियों की प्रतिमाओं की स्थापना भी शिशुनाग-राजाओं के युग की स्मृति दिलाती हैं। मथुरा में शिशुनाग राजाओं की प्रस्तर मूर्तियाँ खोज में मिली हैं।

5. भरतवाक्यों में उल्लिखित राजसिंह शब्द व्यक्तिवाचक नहीं है। हिमालय से लेकर विन्ध्य तक शासन करनेवाले राजा का संकेत संभवतः नन्द वंश की ओर है।

6. भास की भाषा भी प्राचीन ही प्रतीत होती है और भाषा की दृष्टि से इसी समय इनको मानना युक्तिसंगत है।

उपर्युक्त अन्तरंग परीक्षण के पश्चात् आचार्य बलदेव उपाध्याय बहिरंग परीक्षण भी करते हैं। बहिःसाक्ष्य को प्रस्तुत करते हुए वे लिखते हैं-[18]

1. महाकवि कालिदास ने मालविकाग्निमित्र नाटक में सूत्रधार के मुख से भास आदि की कृतियों का इस प्रकार उल्लेख कराया हैः-

'प्रथितयशसां भाससौमिल्लकविपुत्रादीनां प्रबन्धानतिक्रम्य कथं वर्तमानस्य कवेः कालिदासकृतौ बहुमानः'।

कालिदास के इस उल्लेख से भास निश्चित रूप से उनसे पूर्ववर्ती ठहरते हैं।

कालिदास का समय ई० पू० विक्रम की पहली सदी है, अतः भास निश्चितरूपेण इससे पूर्व हुये थे।

2. 7 वीं सदी के बाण ने भास के नाटकों का स्पष्ट उल्लेख किया है। अतः निश्चित रूप से भास बाण से पूर्व थे।

3. बौद्ध आचार्य दिङ्नाग अपनी 'कुन्दमाला' में दशरथ को पडिमागदो महाराऔ (प्रतिमागतो महाराजः) कहते हैं। ज्ञात साहित्य में से केवल प्रतिमा नाटक में ही दशरथ की प्रतिमा का उल्लेख है। अतः दिङ्नाग को भास के इस नाटक का ज्ञान रहा होगा।

4. कौटिल्य के अर्थशास्त्र (10/3) में 'तदीह श्लोको भवता' कहकर दो श्लोक उद्धृत हैं। इनमें दूसरा श्लोक 'प्रतिज्ञा-यौगन्धरायण' (4/2) में भी मिलता है। वह श्लोक है-

नवं शरावं सलिलै सुपूर्णं सुसंस्कृतं दर्भकृतोत्तरीयम्।
तत्तस्य मा भून्नरकं स गच्छेद् यो भर्तृपिण्डस्य कृते च युद्ध्येत्।।

कौटिल्य ने यह अंश अवश्य ही भास से लिया होगा। यदि किसी स्मृति का होता तो अवश्य ही 'इति स्मृतौ' लिखते ।

5. शूद्रक के मृच्छकटिक का आधार भास का चारुदत्त नाटक ही प्रतीत होता है। दोनों में अन्तर होने पर भी आश्चर्यजनक समानतायें हैं।

6. वामन (8 वीं सदी) अपने ग्रन्थ काव्यालंकारसूत्रवृत्ति (4/3/25) में एक पद्य उद्धृत करते हैं जो भास के नाटक स्वप्नवासवदत्तम् (4/3) में मिलता है। पद्य इस प्रकार है-

शरच्चंद्रांशुगौरेण वाताविद्धेन भामिनि।
काशपुष्पलवेनेदं साश्रुपातं मुखं कृतम्।।

स्वप्न नाटक में केवल 'चन्द्रांशु' के स्थान पर 'शशांक' तथा कृतै के स्थान पर 'मम' पाठ है। वामन ने चारुदत (1/2) तथा प्रतिज्ञा (4/2) के पद्यों को भी अपने ग्रंथ में उद्धृत किया है।

7. अश्वघोष के बुद्धचरित (13/60) में निम्न पद्य है-

काष्ठं हि मन्यन् लभते हुताशं
भूमिं खनन् विन्दति चापि तोयम्।
निर्बन्धितः किञ्चन नाप्यसाध्यं
न्यायेन युक्तं च कृतं च सर्वम्।।

उपर्युक्त पद्य की भास के निम्न पद्य से तुलना करें–

काष्ठादग्निर्जायते मध्यमानाद्
भूमिस्तोयं खन्यमाना ददाति।
सोत्साहानां नास्त्यसाध्यं नराणां
मार्गारब्धाः सर्वयत्नाः फलन्ति।। प्रतिज्ञा (1/18)

हम पाते है कि अश्वघोष पर भास का प्रभाव स्पष्ट है।

इस प्रकार बाह्य साक्ष्यों से भास का समय चौथी सदी ई० पू० मानने में कोई अवरोध उत्पन्न नहीं होता तथा ये बाह्य साक्ष्य अन्य समयों के मानने का विरोध करते हैं।

अतः ईसा पूर्व चतुर्थ शतक अथवा पञ्चम शतक के बीच भास का समय मानना युक्तिसंगत प्रतीत होता है।

भास का जन्म स्थान

भास की जन्मभूमि का प्रश्न भी विभिन्न मतों के मध्य विवादित है। भास ने या अन्य किसी कवि ने इनके जन्मस्थान की तरफ कोई संकेत नहीं किया है। फिर भी, भास की कृतियों में वर्णन की व्यापकता तथा सूक्ष्मता के आधार पर किसी निष्कर्ष पर पहुँचा जा सकता है।

भास–नाटकचक्र के दक्षिण भारत में प्राप्त होने से उन्हें दक्षिण भारतीय नहीं माना जा सकता। क्योंकि भास के नाटक पूरे भारत में प्रसिद्ध थे। अतः उनकी रचनाओं को मलयालम आदि अन्य भाषाओं में अनुदित किया गया होगा। संयोगवश उनमें से कुछ शास्त्रीजी को प्राप्त हुई। विदेशियों–विशेषकर मुसलमानों के लिए देवनागरी लिपि सुगम थी तथा मलयालम लिपि सुगम नहीं थी जिस कारण देवानगरी लिपि वाले भास, सौमिल्ल आदि के नाटक

विनष्ट कर दिये गये होंगे और मलयालम लिपिवाली कृतियाँ नष्ट न हो पायीं।

भास के नाटकों में दक्षिणी भारत के क्षेत्रों के नामों को उल्लेख अवश्य है उनका विशिष्ट वर्णन नहीं है जबकि, उत्तरी भारत के क्षेत्रों का व्यापक वर्णन है। इससे स्पष्ट होता है कि भास उत्तरी भारत के ही निवासी रहे होंगे।

भास ने अवन्ति, जो वर्तमान उज्जैन है, का रुचिपूर्वक वर्णन किया है। इस प्रदेश से उनके लगाव को देखते हुए उज्जैन को उनका जन्मस्थान माना जा सकता है। परन्तु, उनके द्वारा वर्णित रिवाजों रहन-सहन, धार्मिक मान्यताओं, लोकोत्सव, परिधान, खान-पान आदि भास को सौराष्ट्र का निवासी निश्चित करते हैं। यथा- प्रतिमानाटक की प्रतिमाओं का प्रतिरूप सौराष्ट के गाँव के सीमा प्रदेशों में 'पालिया' के रूप में आज भी विद्यमान है। पश्चिमी भारत की यह अनूठी रीति है कि वीरपुरूषों की प्रतिमाओं पर नारियाँ आज भी शुभ अवसरों पर नैवेद्य चढ़ाती हैं। पञ्चरात्र में गोधन-हरण निवारण के लिए क्षत्रियों की गो-प्रीति, सौराष्ट्र की आज भी परम्परा है। अविमारक में मामा की कन्या के साथ विवाह करने का कथन आया है। जो मनुस्मृति के अनुसार अवैध है लेकिन सौराष्ट्र में यह प्रथा आज भी प्रचलित है। चारुदत्त में खाद्य-सामग्री के रूप में घी, गुड़, चावल, दही आदि का वर्णन आया है जो सौराष्ट के रबारी एवं बाघेर जाति का प्रिय खाद्य है। बालचरित में श्यामवस्त्रा ग्वाल युवती का उल्लेख है, जो आज भी सौराष्ट के बाघेर, आहिर तथा राजगोर ब्राह्मण जाति के लोगों का परिधान है। बालचरित में ही, वस्त्राभूषण से सुसज्जित ग्वाल लोगों के हल्लसीक नृत्य का उल्लेख है, जो आज भी सौराष्ट्र के रबारी लोग सानन्द करते हैं। मध्यमव्यायोग में 'माठरगोत्र' का उल्लेख मिलता है। आज भी द्वारका क्षेत्र में राजगोर ब्राह्मण का एक गोत्र 'माठरगोत्र' है।[19]

उपर्युक्त तथ्यों के विश्लेषण द्वारा भास को सौराष्ट का निवासी माना जा सकता है।

भास का व्यक्तित्व : नाट्य-कृतियों के आलोक में

'त्रिवेन्द्रम प्लेज' के नाम से मशहूर तेरह नाटक महाकवि भासरचित हैं- आज यह सर्वमान्य है। भास की सम्पूर्ण नाट्य-कृतियों का जब हम अवलोकन

करते है तो भास के व्यक्तित्व के कई महत्वपूर्ण आयाम हमारे समक्ष उपस्थित होते हैं।

सर्वप्रथम इस परिप्रेक्ष्य में भास के तेरह नाटकों की विषय-वस्तु को देखते हैं तो पाते हैं कि यह चार प्रकार के कथानकों को अलग-अलग समेटे हुए है। पहला रामकथाश्रित, दूसरा महाभारत कथाश्रित, तीसरा ऐतिहासिक कथाश्रित और चौथा प्रचलित कथाश्रित। हम भास के व्यक्ति्वत्व को उनके संपूर्णनाटकचक्र में ढूँढना चाहेंगे।

अविमारक में भास ने वर्णन किया है-'गुणी व्यक्ति अकुलीन नहीं हो सकता है।[20] तत्कालीन वर्ण-परम्परा के अनुसार विद्या का क्षेत्र ब्राह्मणों के आधिपत्य में था। भास के नाटकों के वर्ण्य-विषय से भास विविध ज्ञान से सम्पन्न सिद्ध होते हैं। अत: तत्कालीन समाज की वर्ण-परम्परा में भास ब्राह्मण होंगे, ऐसा सहज अनुमान लगाया जा सकता है। इस दृष्टि से भास को वैष्णवधर्मावलम्बी माना जा सकता है। वैष्णव भक्त होने के साथ ही भास को वैदिक कर्मकाण्ड यज्ञानुष्ठान आदि पर भी पूर्ण विश्वास प्रतीत होता है।

श्रीराम तथा कृष्ण के जीवन-चरित्र को आधार बनाकर रूपकों का प्रणयन उनमें अगाध श्रद्धा और भक्ति को दर्शाता है। बालचरित का वर्णन यह संकेत करता है कि भास को श्रीकृष्ण के प्रति ज्यादा आस्था और भक्ति थी। अभिषेक और प्रतिमानाटक में राम के पुरुषोत्तम व्यक्तित्व का अंकन यह द्योतित करता है कि भास की राम के प्रति भी अत्यधिक आस्था थी। उनके नाटकों से उनके ब्राह्मण तथा गुरुजन के प्रति विनम्र स्वभाव का पता चलता है।

भास को जहाँ एक ओर भवितव्यता पर आस्था है- चक्रारपंक्तिरिव गच्छति भाग्यपंक्ति:।[21] तो दूसरी ओर पुरुषार्थ पर भी पूर्ण विश्वास है-न हि सिद्धवाक्यान्युत्क्रम्य गच्छति विधि: 'सुपरीक्षितानि'।[22]

इनकी रचनाओं से यह संकेतित होता है कि इनका पारिवारिक जीवन शान्त तथा सुखमय था। अविभक्त परिवार के प्रति इनकी अपार आस्था थी। इनका पारिवारिक जीवन शान्त तथा सुखमय था। ये कर्त्तव्य-परायण पुत्र, निष्ठावान पति तथा सन्तानप्रिय पिता थे।

विविध नाटकों में इन्होंने राजकुल, अन्त:पुर, राजप्रासाद की सूक्ष्म तथा

व्यापक चर्चा की है। इससे यह अनुमान होता है कि भास का घनिष्ठ सम्बन्ध किसी राजकुल से अवश्य रहा होगा। भरतवाक्यों में 'राजसिंहः प्रशास्तुनः' की उक्ति संभव है राजसिंह नामधारी किसी राजा के लिए प्रयुक्त हुआ हो तथा भास उनके आश्रित कवि रहे हों।

राजकुल के अतिरिक्त इनका सम्बन्ध नगर के सम्भ्रान्त नागरिकों से भी रहा है। चारुदत्त में वर्णित नागरिक जीवन का यथार्थ चित्रण इसी का परिचायक हैं।[23]

नाटकों में विदेशी राजा के विनाश तथा अपने राजा के एकछत्र राज्य की कामना करना इनके देशभक्त होने का परिचायक है। स्वप्नवासवदत्ता में वासवदत्ता पति की राज्यप्राप्ति के लिए कष्ट झेलना स्वीकार करती है। उदयन को सम्मानसहित छुड़ाने के लिए अमात्य यौगन्धरायण प्रतिज्ञा करता है। इस प्रकार के वर्णन भास की राजभक्ति और देशप्रेम की भावना के परिचायक हैं।

जहाँ भास के कुछ नाटक उनकी आदर्शवादी विचारधारा के पोषक हैं वहीं चारुदत्त नाटक यथार्थवादी विचारधारा के परिचायक है। एक नाटककार के रूप में ये प्रथम ऐसे नाटककार हैं जो नागरिक जीवन का यथार्थ चित्रण करने का साहस रखते हैं। लेकिन इस नाटक में भी धर्म-भीरुता का चित्रण तो हुआ है ही। नाटकचक्र के वर्णन इनके सकल शास्त्र का ज्ञाता, विनम्र, प्रत्युत्पन्नमतित्वसम्पन्न, हास्यप्रिय, शिष्ट, गुरुजनों के आज्ञाकारी, कर्त्तव्यपरायण तथा कुशल स्पष्टवक्ता होने का संकेत करता है। भास के व्यक्तित्व का हर गुण उत्कृष्ट है। विशेषकर हास्य के संदर्भ में तो सहज हास्य को इस तरह प्रस्तुत करना कि पाठक का उससे तादात्म्य स्थापित हो जाए-ऐसा करना भास को एक विशिष्ट स्थान पर खड़ा कर देता है।

भास की भाषा और शिल्प भी उनके व्यक्तित्व के बिन्दुओं को प्रकाशित करने में सक्षम हैं। इनका भाषा पर असाधारण अधिकार है। साथ ही इनकी भाषा सरल और सुबोध भी है। वाक्य लघु होने पर भी गम्भीर और रसपेशल हैं। शास्त्रीय दृष्टि से इनकी शैली वैदर्भी है, जिसमें प्रसाद, माधुर्य और ओजगुणों का सन्निवेश स्वभावतः है। इनकी शैली में व्यंजकता तथा प्रभावोत्पादकता का मणिकाञ्चन योग प्राप्त होता है। सामान्यतया प्रसादपूर्ण शैली का अवलम्बन है, जिसमें अलंकार स्वभावतः अनुस्यूत हुए हैं।[24]

स्पष्टत: कहा जा सकता है कि विविध शास्त्रों के ज्ञाता धर्मभीरु भास साहसी, सत्यवादी, कर्तव्यनिष्ठ, कुशल स्पष्टवक्ता, हास्यप्रिय, सामाजिक समस्याओं के सूक्ष्म निरीक्षक, विद्वान् और सबसे बढ़कर राजभक्त और देशप्रेमी कवि/नाटककार थे।

इनके ग्रंथ एवं परिचय

टी० गणपति शास्त्री ने 1912 में भासनाटकचक्रम् के क्रम में निम्नलिखित तेरह नाटकों को प्रकाशित किया-

1. दूतवाक्य 2. कर्णभार 3. दूतघटोत्कच
4. मध्यमव्यायोग 5. पंचरात्र 6. उरुभङ्ग
7. अभिषेक 8. बालचरित 9. अविमारक
10. प्रतिमानाटक 11. प्रतिज्ञायौगन्धरायण 12. स्वप्नवासवदत्त तथा
13. चारुदत्त

डॉ० ए०डी० पुसालकर ने नाटकों की शैली, पद्धति, संवाद, पद्य आदि के विवेचन के आधार पर नाटकों का यह क्रम माना हैं-

1. दूतवाक्य 2. कर्णभार 3. दूतघटोत्कच
4. उरुभङ्ग 5. मध्यमव्यायोग 6. पंचरात्र
7. अभिषेक 8. बालचरित 9. अविमारक
10. प्रतिमा 11. प्रतिज्ञा 12. स्वप्नवासवदत्त तथा
13. चारुदत्त

ए० एस० पी० अय्यर ने विषय-शैली, मौलिकता आदि के आधार पर नाटकों का यह क्रम स्वीकार किया है-

1. दूतघटोत्कच 2. कर्णभार 3. मध्यमव्यायोग
4. उरुभंग 5. दूतवाक्य 6. पंचरात्र
7. बालचरित 8. अभिषेक 9. प्रतिज्ञा
10. अविमारक 11. प्रतिमा 12. स्वप्नवासवदत्त तथा

13. चारुदत्त

इन नाटकों का क्रम जो भी हो, ये कृतियाँ महाकवि भासरचित हैं इसमें कोई विवाद नहीं है। भास की इन सम्पूर्ण नाट्य-कृतियों को मूलकथा स्रोत के आधार पर चार भागों में इस प्रकार विभक्त किया जा सकता है-

(अ) रामायणकथाश्रित

(1) प्रतिमानाटक

(2) अभिषेक

(ब) महाभारत कथाश्रित

(3) दूतवाक्य

(4) कर्णभार

(5) दूतघटोत्कच

(6) मध्यमव्यायोग

(7) पंचरात्र

(8) उरुभङ्ग

(स) उदयनकथाश्रित

(9) प्रतिज्ञायौगन्धरायण

(10) स्वप्नवासवदत्तम्

(द) लोककथाश्रित

(11) अविमारक

(12) चारुदत्त

(13) बालचरित

उपर्युक्त नाटकों की कथा को क्रमशः इस प्रकार संक्षेप में देखा जा सकता है-

(1) प्रतिमानाटक

भास की यह कृति सात अंकोंवाली है। यह करुण रस प्रधान नाटक हैं।

प्रथम अंक में कुलक्रम, अवस्था, योग्यता आदि से युक्त राम का राज्याभिषेक नहीं हो पाता है। इक्ष्वाकुओं के वृद्धावस्था के अलंकार वल्कल धारण कर राम सीता और लक्ष्मण के साथ वनवास जाते हैं। सभी नर-नारी उन्हें अश्रुपूरित नेत्रों से देखते हैं।

द्वितीय अंक में दशरथ पागलों की भांति प्रलाप करते हैं। राम, सीता और लक्ष्मण को वन में छोड़ लौटे सुमन्त्र से खाली रथ लौटने की बात सुन दशरथ कहते हैं कि यदि इन तीन प्रियजनों के बिना खाली रथ आया है तो यमराज ने दशरथ को लेने रथ भेजा है।

सुमन्त्र के मुख से जब दशरथ सुनते हैं कि राम, सीता तथा लक्ष्मण ने संदेश देने के लिए मुँह खोले पर अश्रुवेग से कण्ठावरोध हो जाने के कारण बिना कुछ कहे वन चले गए, तो महाराज मूर्च्छित हो जाते हैं। होश में आने पर पितरों का साक्षात् करते हुए वे कहते हैं- 'हे पितरः। अयमहमागच्छामि'' तथा मूर्च्छित हो जाते है। कंचुकी उन्हें वस्त्र से ढँकता है। इस प्रकार, दशरथ की मृत्यु की सूचना होती हैं।

तृतीय अंक में दशरथ की मृत्यु से अनजान भरत ननिहाल से लौटते है। संयोगवश, अयोध्या में प्रवेश के पूर्व प्रतिमागृह पहुँचते हैं, जहाँ मृत इक्ष्वाकुवंशीय राजाओं की प्रतिमाएँ रखी हुई हैं। देवकुलिक से दशरथ की मृत्यु तथा राम वनगमन की बात सुन भरत शोकाकुल होकर बार-बार मूर्च्छित होते हैं। वहीं भरत की माताएँ भी आ जाती हैं तथा उनके साथ भरत का करुण वार्तालाप होता है। भरत कैकेयी को कोसते हैं। वे अपने अभिषेक के प्रसंग को सुनकर किन्तु अवज्ञा कर राम से मिलने वन चले जाते हैं।

चतुर्थ अंक में राम, लक्ष्मण तथा भरत की मुलाकात होती है। भरत राम के समक्ष राज्य का मात्र रक्षक बने रहने की इच्छा प्रकट करते हुए राम का खड़ाऊँ माँगते है। राम भरत को अपना खड़ाऊँ देते हैं तथा सुमन्त्र से महाराज के समान भरत को संरक्षण प्रदान करते रहने के लिए कहते हैं। भरत सुमन्त्र के साथ अयोध्या के लिए लौटते हैं।

पंचम अंक में राम पिता के वार्षिक श्राद्ध के संदर्भ में चिन्तित हैं। तब सीता पितरों का श्राद्ध सामर्थ्यानुसार करने की सलाह देती है। शोकग्रस्त राम के पास ब्राह्मण वेश में रावण आता है। सत्कार के क्रम में ब्राह्मण द्वारा उपन्यस्त मायारूपी कांचनमृग के जाल में राम के फँसने पर रावण अकेली सीता का अपहरण कर लेता है।

षष्ठ अंक में सीता हरण की सूचना सुमन्त्र भरत को देते हैं भरत मूर्च्छित हो गिर पड़ते हैं। होश में आने पर वे कैकेयी को कोसते हैं। उपयुक्त अवसर देख कैकयी महाराज द्वारा श्रवण कुमार की हत्या तथा अंधमुनि के शाप की बात बताती है। सुमन्त्र इसकी पुष्टि करते हैं भरत आत्मग्लानि से भरकर माँ से क्षमायाचना करते हैं। सीताहरण का समाचार सुनकर कौशल्या मूर्च्छित हो जाती है।

सप्तम अंक के विष्कम्भक में तपस्वी नन्दिलक के द्वारा सूचना मिलती है कि राम रावण को मारकर तथा विभीषण को राज्यारूढ़ कर सीता के साथ वापस मुनि–वन आये हैं। वहीं पर माता कैकयी तथा सुमन्त्र राम का राज्याभिषेक करते हैं तथा पुष्पक विमान पर आरूढ़ सभी अयोध्या आ जाते हैं। इस तरह करुण रस प्रधान इस नाटक का सुखात्मक पर्यवसान होता हैं।

(2) अभिषेक

इस नाटक में किष्किन्धाकाण्ड से लेकर युद्धकाण्ड तक की प्रसिद्ध रामायणी कथा का छः अंकों में वर्णन है।

प्रथम अंक में बाली के साथ सुग्रीव का युद्ध होता है। उसी में सुग्रीव का पक्ष लेकर राम बाली पर प्रहार करते हैं। मरते समय बाली राम से कहता है कि आपने हमें क्यों मारा? राम उत्तर देते हुए कहते हैं कि तुम्हें तुम्हारे दुराचार का दण्ड दिया गया है। इस प्रकार बाली स्वर्ग जाता है और सुग्रीव वानरराज होते हैं।

द्वितीय अंक में पूर्व व्यवस्था के अनुसार सुग्रीव सीता के अन्वेषणार्थ सभी दिशाओं में वानरों को भेजते हैं। उनमें से हनुमान को मुमूर्ष जटायु बताता है कि रावण को सीता ले गया है। उनकी बात पर श्रद्धा करके हनुमान लंका

जाते हैं। उन्हें वहाँ अशोकवाटिका में सीता का साक्षात्कार होता है। सीता को हनुमान अपना परिचय देते हैं।

तृतीय अंक में हनुमान रावण की अशोकवाटिका का विध्वंस करना शुरू करते हैं, जिसकी सूचना दूत रावण को देते हैं। रावण हनुमान को पकड़ने के लिए राक्षस-सेना भेजता है जिसके नष्ट होने के बाद अक्षकुमार आता है जो हनुमान के द्वारा मारा जाता है। अनन्तर मेघनाद (रावण का ज्येष्ठ पुत्र) हनुमान को रावण के पास लाकर उपस्थित करता है। हनुमान अपना परिचय देते हुए राम का आदेश सुनाते हैं। रावण का गुस्सा बढ़ता है। विभीषण भी रावण को हनुमान की बात मान लेने की सलाह देते हैं। पर रावण उसे ठुकरा देता है। रावण विभीषण को शत्रु के पक्ष में होनेवाला कहकर उसे दूर जाने के लिए कहता है।

चतुर्थ अंक में, हनुमान के आने पर सुग्रीव राम की ओर से सेना सजाते हैं, सेना समुद्रतट पर पहुँचती हैं, जहाँ विभीषण पहुँचकर राम के शरणागत होते हैं। राम के डर से सागर मार्ग प्रदान करता है, सेना के साथ राम लंका पहुँचते हैं। उनके पहुँचने के बाद शुक सारण नामक दो राक्षस वानर रूप धारण करके राम की सेना में पहुँचते हैं। शंका होने पर वे पकड़े जाते हैं, विभीषण उन्हें पहचान लेते हैं। राम उन्हें दण्ड नहीं देते हैं तथा उनके द्वारा रावण को युद्ध का सन्देश भेजते हैं।

पंचम अंक में, राम तथा रावण की सेना में लड़ाई होती है। एक-एक कर योद्धा राक्षस मारे जाते है। रावण की सेना परास्त होने लगती है। क्रोधित रावण सीता का वध करना चाहता है। परन्तु, मंत्रियों के समझाने पर रावण स्त्री-वध से विरक्त होता है। राम तथा लक्ष्मण के सिर की प्रतिकृति मँगाकर रावण सीता से उन्हें मृत बताकर स्वयं को स्वीकार करने को कहता है। परन्तु सीता उसकी बातों पर विश्वास नहीं करती।

षष्ठ अंक में, राम-रावण का घनघोर युद्ध होता है। रावण मारा जाता है। अग्निदेव सीता की शुद्धि का प्रमाण बनते है। अग्नि ही राम के अभिषेक की बात बताते हैं। राम सीता को अंगीकृत करते हैं। इस तरह राम के अभिषेक के साथ नाटक का सुखान्त होता है।

(3) दूतवाक्य

भास की यह कृति एक अंक वाली है। यह वीर रस प्रधान एक व्यायोग रूपक है। दुर्योधन वीर राजा के रूप में रंगमंच पर उपस्थित होता है। वह आमन्त्रित राजाओं तथा सभासदों के साथ सभा-भवन में बैठता है, तभी कंचुकी कृष्ण के पाण्डवों के दूत के रूप में आने की सूचना देता है। कृष्ण के लिए 'नारायण' शब्द के प्रयोग से दुर्योधन क्रोधित होता है। वह दरबारियों को खड़े होकर कृष्ण का स्वागत करने से मना करता है तथा स्वयं कृष्ण का अपमान करने के लिए द्रौपदी-चीर-हरण वाले चित्र-फलक को देख पाण्डवों की निन्दा करने लगता है। कृष्ण के प्रवेश करते ही सभी दरबारी खड़े हो जाते हैं और दुर्योधन कृष्ण के प्रभाव से आसन से च्युत हो जाता है। औपचारिक शिष्टाचार के बाद कृष्ण राज्य में पाण्डवों का हिस्सा माँगते हैं। दुर्योधन पाण्डवों की निन्दा करता है। दोनों में कटु वार्तालाप होता है। अन्ततः दुर्योधन कृष्ण को शिष्टाचार के उल्लंघन के कारण बन्दी बनाने का आदेश देता है। किसी के आगे नहीं बढ़ने पर स्वयं दुर्योधन आगे बढ़ता है। तब कृष्ण विराट रूप प्रस्तुत करते हैं। दुर्योधन किंकर्तव्यविमूढ हो चला जाता है। नाराज श्रीकृष्ण पाण्डवों के शिविर में लौटने को उद्यत होते हैं। धृतराष्ट्र उनके चरणों में गिर पुत्र की गलती के लिए क्षमा याचना करते है।

(4) कर्णभार

भास द्वारा रचित यह रूपक करुण रस प्रधान है। अंगेश्वर कर्ण युद्धवेश में मंच पर आता है। किन्तु भावी युद्धोत्सव में सेनापति कर्ण की मुखमुद्रा उसके अभूतपूर्व मानसिक सन्ताप को अभिव्यक्त करती है। वह कहता है कि मैं कौरवों का अभीष्ट पूर्ण कर दूँ यदि रणक्षेत्र में अर्जुन को पा जाऊँ। वह शल्यराज से कहता है कि जहाँ अर्जुन है वहीं मेरे रथ को ले चलो। असामयिक रूप से उसका उत्साह ठण्डा पड़ने लगता है। अपनी इस स्थिति का विश्लेषण करते हुए शल्य को अपने जन्म, शस्त्र-शिक्षा, शाप आदि की कहानी विस्तारपूर्वक वह एक साँस से सुना जाता है। युद्ध के दोनों फलों को सुखपूर्वक अंगीकार करने के उद्देश्य से वह फिर अर्जुन के सामने रथ ले चलने को कहता है। तभी

इन्द्र ब्राह्मण भिक्षुक के रूप में उपस्थित होते हैं तथा उसकी रक्षा का एकमात्र साधन कवच-कुण्डल माँग लेते हैं। कर्ण के महादान से इन्द्र ग्लानि का अनुभव करते हैं। वे देवदूत के द्वारा कर्ण को विमला नामक अमोघ अस्त्र प्रदान करते है। दानवीर कर्ण प्रतिदान लेने से आनाकानी करता है, परन्तु, ब्राह्मण के वचन का आदर करने के लिए उसे स्वीकार कर लेता है। पुनः रथारूढ़ हो कर्ण अपने प्रतिद्वन्द्वी अर्जुन के पास शल्य को रथ ले चलने के लिए कहता है।

(5) दूतघटोत्कच

महाकवि भास द्वारा रचित यह रूपक करुण रस प्रधान है। अर्जुनपुत्र के वीरगति प्राप्त होने की सूचना पाकर धृतराष्ट्र अत्यन्त दुखी हो जाते हैं। उनके लिए अभिमन्यु अपने ही कुल का दीपक है। गान्धारी तथा दु:शला करुण विलाप करती है। दु:शला कौरव कुल की सभी स्त्रियों को वचन से विधवा बना डालती है। दुर्योधन, शकुनि तथा धृतराष्ट्र के वार्त्तालाप के क्रम में घटोत्कच कृष्ण के संन्देश को लेकर उपस्थित होता है। वह कृष्ण के सन्देश को सुनाते हुए कहता है "हाय पुत्र अभिमन्यु! हाय कुल के दीपक! हाय युद्धकुल के अंकुर! तुम अपनी माँ, मामा तथा मुझे भी छोड़कर पितामह को देखने स्वर्ग चले गये। एक पुत्र के विनाश से अर्जुन की यह अवस्था हुई है, फिर तुम्हारी अवस्था क्या होगी। अतः शीघ्र ही अपने पक्ष की सम्पूर्ण सेना को लौटा लो जिससे अपने पुत्र शोक से उठी हुई अग्नि में हवि की भाँति तुम्हारे ही शरीर और प्राण न जल जायें"। धृतराष्ट्र इस पर विश्वास करते हैं, किन्तु दुर्योधन तथा शकुनि कृष्ण तथा पाण्डवों का उपहास करते हैं। घटोत्कच के साथ इन दोनों की बहस होती हैं, धृतराष्ट्र बीच-बचाव करते हैं। घटोत्कच कृष्ण के अन्तिम संदेश को कहता हुआ कौरवों को सत्पथ पर अग्रसर होने का उपदेश देता है। घटोत्कच द्वारा कृष्ण के इस भरतवाक्य के रूप में प्रस्तुत उपदेश के साथ ही रूपक समाप्त होता है।

(6) मध्यमव्यायोग

महाकवि भास द्वारा रचित इस व्यायोग की कथा का आधार महाभारत का

हिडिम्बावध पर्व है। इस रूपक की योजना अत्यन्त प्रभावकारी तथा रोचक है। नेपथ्य से असहाय विप्र कुल की पुकार सुनाई देती है। तब ब्राह्मण केशवदास अपने तीन पुत्रों और पत्नी के साथ प्रवेश करता है, पीछे घटोत्कच भी आता है। घटोत्कच अपनी माँ के लिए एक व्यक्ति की माँग रखता है। कुल की रक्षा के लिए क्रमशः सभी अपना प्राण उत्सर्ग करने को तत्पर होते हैं। विप्रकुल की अवस्था इस समय अत्यन्त करुण हो जाती है। पिता बड़े पुत्र को तथा माँ कनिष्ठ पुत्र को रख लेती है। मध्यम पुत्र घटोत्कच के लिए बच जाता है। विप्र मध्यम घटोत्कच के साथ जाने से पूर्व प्यास बुझाने तालाब की ओर जाता है। उसके लौटने में विलम्ब होने पर घटोत्कच, मध्यम! मध्यम! की पुकार करता है। तभी पाण्डव मध्यम 'भीम' अपनी पुकार सुन–समझकर उपस्थित होते हैं। वे विप्रकुल की रक्षा करने के लिए स्वयं घटोत्कच के साथ चल पड़ते हैं। हिडिम्बा मध्यम के रूप में आर्यपुत्र भीम को देख प्रसन्न होती है। भीम केशवदास को आश्रम के प्रवेश द्वार तक पहुँचाने की बात कहते हैं।

(7) पंचरात्र

महाकवि भास की इस रचना का आधार महाभारत को विराट पर्व है। तीन अंकों वाले इस समवकार रूपक का वीर रस प्रधान है।

प्रथम अंक में आरम्भिक कतिपय विघ्नों को ऋत्विजों द्वारा शान्त कराने के बाद दुर्योधन का विशाल यज्ञ सम्पन्न होता है। साधुवाद के पश्चात् दुर्योधन आचार्य द्रोण से यज्ञ की आचार्य दक्षिणा स्वीकार करने की प्रार्थना करता है। अधिक आग्रह होने पर द्रोण कहते हैं– पाण्डवों को उनका राज्यार्ध दे दो, यही हमारी यज्ञदक्षिणा होगी। शकुनि इसे धर्मवञ्चना बताते हुए मना करने की सलाह देता है किन्तु शकुनि से विचार विमर्श के पश्चात् यदि 'पाण्डवों' का पता पाँच दिनों में लग जाय, इस शर्त पर वह राज्यार्ध देने के लिए तैयार हो जाता है। भीष्म के अनुरोध पर द्रोणाचार्य शर्त स्वीकार कर लेते है। भीष्म को बिना अस्त्र प्रयोग के कीचकों की हत्या से पाण्डव भीम की उपस्थिति का भान हो जाता है। पाण्डवों का पता लगाने के लिए भीष्म के द्वारा विराट के गोधन–हरण की योजना बनाई जाती है।

द्वितीय अंक में, विराट के जन्मदिन के उपलक्ष्य में उनके यहाँ उत्सव मनाया जा रहा है। इसी समय विराट के पास भीष्म की उपस्थिति में कौरवों द्वारा गोधन पर आक्रमण की तथा कुमार उत्तर द्वारा वृहन्नला को सारथी बनाकर युद्ध हेतु जाने की सूचना मिलती है। विराट अपने पुत्र की मदद के लिए जाने को उद्यत होते हैं, उसी समय दूतमुख से उन्हें सूचना मिलती है कि भीष्म आदि परास्त हो गये हैं। केवल अभिमन्यु लड़ रहा है। थोड़ी देर बाद दूत खबर देता है कि युद्ध समाप्त हो गया है। राजा अपने पुत्र को देखने की उत्कण्ठा प्रकट करते हैं,जो उस समय युद्ध में बहादुरी दिखानेवाले वीरों का नाम अंकित कर रहा था। विराट वृहन्नला को पुकारकर युद्ध का विवरण पूछते हैं। इसी समय एक दूत आकर प्रसन्नतापूर्वक खबर देता है कि युद्ध में अभिमन्यु पकड़ लिया गया है, अभिमन्यु को पकड़नेवाला वही है जिसे आपने पाकशाला में नियुक्त कर रखा है। राजा प्रसन्न होते हैं और वृहन्नला को आदेश देते हैं कि वह आदर के साथ अभिमन्यु को बुला लाये। वृहन्नला की अभिमन्यु से तथा भीम से भेंट होती है। भीम तथा वृहन्नला दोनों मिलकर अभिमन्यु को चिढ़ाते हैं, अभिमानी अभिमन्यु इसे अपना अपमान मानता है और अभिमानपूर्ण शब्दों में इस पर अपनी अप्रसन्नता प्रकट करता है। इस प्रकार वृहन्नला अभिमन्यु के साथ कुछ बातें करके भीम तथा अभिमन्यु को विराट के पास ले जाती है। वहाँ जाने पर अभिमन्यु से कुछ अपमानजनक प्रश्न किये जाते है। जिसका उत्तर वह उत्तेजित स्वर में देता है।

इसी समय कुमार उत्तर वहाँ उपस्थित होता है और घोषित करता है कि आज के युद्ध में हमारी नहीं बल्कि अर्जुन की जीत हुई है। ये हैं अर्जुन जो श्मशानस्थित शमीवृक्ष से अपने गाण्डीव, धनुष तथा तूणीर लाकर कौरवों को परास्त करने में समर्थ हुए है। युधिष्ठिर ने घोषित किया कि अज्ञातवास का समय समाप्त हो गया है, इन सब बातों से अभिमन्यु को आनन्द के साथ आश्चर्य भी हुआ और उसे अपने पितृवर्गों से मिलकर नितांत संतोष हुआ। पाण्डवों का परिचय पाकर विराट को बड़ा गौरव का अनुभव हुआ। विराट युद्ध में विजय के उपलक्ष्य में अर्जुन को अपनी कन्या उत्तरा को देने की घोषणा करते हैं, जिसे अर्जुन अभिमन्यु की वधू के रूप में स्वीकार करते हैं।

तृतीय अंक में, कौरवों के पक्ष में ख़बर फैलती है कि अभिमन्यु को शत्रुओं ने रथ से उतारकर हरण कर लिया है। सूचना से ही भीष्म समझ लेते हैं कि अभिमन्यु का हर्त्ता भीमसेन ही हो सकता है। शकुनि को यह कथन ठीक नहीं लगता। वह उपहास में कहता है कि आप उत्तर को भी अर्जुन ही कह सकते हैं जिसने हमलोगों को पराजित किया है। द्रोण और भीष्म स्पष्ट करते हैं कि वह बाणवृष्टि केवल अर्जुन की ही हो सकती है, जिसने सूर्य को अस्त कर दिया था। भीष्म के ध्वज में लगा एक बाण लाया जाता है और शकुनि उसमें अर्जुन का नाम पढ़ता है, पढ़ते ही वह उस बाण को फेंक देता है। द्रोणाचार्य कहते हैं कि वह अर्जुन था जिसने हमें परास्त किया। द्रोणाचार्य के कथन से शकुनि असंतुष्ट हो कहता है कि आपलोगों को सारे संसार में पाण्डव ही वीर दीखते हैं। क्या यह नहीं हो सकता कि दूसरा भी कोई अर्जुन हो, जिसका यह बाण है? दुर्योधन भी इस कथन का समर्थन करता है, इसी समय दुर्योधन के दरबार में कुमार उत्तर आता है तथा युधिष्ठिर की ओर से अभिमन्यु के विवाह में भीष्मादि गुरुजनों की अनुमति माँगता है।

इस तरह सबको ज्ञात हो जाता है कि पाण्डव विराट के घर हैं। भीष्म की प्रेरणा से द्रोण कहते हैं कि अभी पंचरात्र की अवधि बीती नहीं हैं, दुर्योधन अपनी प्रतिज्ञा पूरी करें तो अच्छा हो। हारकर दुर्योधन भी पाण्डवों को राज्यार्ध देने की घोषणा करता है। द्रोण अपनी प्रसन्नता प्रकट करते है।

(8) उरुभङ्ग

महाकवि भासरचित यह एक दुःखान्त रूपक है। इसकी कथा का आधार महाभारत का शल्य पर्व है जिसका समस्त कथा-सूत्र एक ही घटना 'भीम द्वारा गदायुद्ध में दुर्योधन का उरुभङ्ग' पर केन्द्रित है। कौरव पक्ष में अवशेष बचे दुर्योधन का भीम के साथ गदायुद्ध प्रारम्भ होता है। दुर्योधन भीम के सिर पर प्रहार करता हैं, भीम गिर पड़ते हैं। कृष्ण भीम को अपनी जाँघ थपथपाकर गुप्त संकेत करते हैं। भीम संकेत पाकर उत्साहित हो दुर्योधन की जाँघ पर गदा-प्रहार करते है। जाँघ टूटने से दुर्योधन गिर पड़ता है। धर्मानुमोदित गदायुद्ध की इस तरह अवहेलना देख बलराम उग्र होते हैं। किन्तु, पाण्डव तथा कृष्ण भीम

को आवृत कर वहाँ से ले जाते हैं। दुर्योधन की जीवन-लीला की समाप्ति होती है। धृतराष्ट्र वनगमन करते हैं। अश्वत्थामा सोये हुए पाण्डुपुत्रों के वध के लिए शस्त्र धारण करता है। बलदेवजी का भरतवाक्य-कथन होता है।

(9) प्रतिज्ञायौगन्धरायण

महाकवि भासरचित चार अंकों वाला यह नाटक वत्सराज उदयन तथा अवन्तिराजपुत्री वासवदत्ता की परिणय-कथा से सम्बद्ध है। प्रथम अंक में उज्जैन-नरेश महासेन प्रद्योत नीलकुवलय नामक नकली हाथी के छल से उदयन को बन्दी बना अपनी राजधानी लाते हैं। प्रद्योत को अपनी पुत्री वासवदत्ता के लिए योग्य वर की तलाश है। यौगन्धरायण उदयन के बन्दी बनाए जाने की सूचना पाकर प्रतिज्ञा करता है कि 'यदि राहुग्रस्त चन्द्रमा की भाँति शत्रुओं द्वारा पकड़े गये स्वामी उदयन को मैं मुक्त न करा दूँ तो मेरा नाम यौगन्धरायण नहीं।

द्वितीय अंक में प्रद्योत के पास वासवदत्ता के विवाहार्थ कई राजाओं के प्रस्ताव आते हैं। वे महारानी के साथ विचार-विमर्श करते हैं कि इनमें-से कौन सबसे उपयुक्त वर होगा। इसी समय कंचुकी आकर सूचित करता हैं- 'उदयन'। उसका तात्पर्य है कि उदयन बन्दी बना लिया गया। परन्तु, महासेन को अपनी समस्या का समाधान मिल जाता है। प्रद्योत उदयन की सुख-सुविधा का पूरा ध्यान रखने का आदेश देते हैं।

तृतीय अंक में यौगन्धरायण आदि वेश परिवर्तित कर उदयन को छुड़ाने की योजना बनाते हैं। वे सांकेतिक भाषा में बातें करते हैं। विदूषक उदयन-वासवदत्ता के प्रेम की बात बताता है। वह यह भी बताता है कि वासवदत्ता को छोड़ उदयन जाने को तैयार नहीं। एक बार फिर यौगन्धरायण प्रतिज्ञा करता है कि "यदि जिस भाँति गाण्डीवधन्वा अर्जुन ने सुभद्रा का हरण किया उसी भाँति राजा वांसवदत्ता का हरण नहीं कर लेते तो मेरा नाम यौगन्धरायण नहीं।"

(10) स्वप्नवासवदत्तम्

महाकवि भासरचित छः अंकोंवाले इस नाटक का प्रधान रस शृंगार है।

प्रथम अंक में, भोगविलास में लिप्त उदयन के राज्य का अधिकांश भाग आरुणि हड़प लेता है। पुष्पक भद्रादि भविष्य–वक्ताओं के कथन में विश्वास कर यौगन्धरायण लावाणक ग्राम के अग्निदाह में वासवदत्ता के जल जाने की खबर फैला देता है तथा स्वयं काषायवस्त्र धारण कर मगधराजपुत्री के पास अवन्तिकावेशधारिणी वासवदत्ता को अपनी बहन के रूप में न्यास रख देता है। वासवदत्ता के जलने से उदयन प्राण त्यागने को उद्यत होते हैं। किन्तु, रुमण्वान् के प्रयत्न से वे प्रकृतिस्थ होते है।

द्वितीय अंक में, अवन्तिका पद्मावती के साथ सखी रूप में घुल–मिलकर गेंद खेलती है। तृतीय अंक में, अवन्तिका पद्मावती के साथ उदयन की दूसरी शादी की सूचना पा दुखी होती है। चतुर्थ अंक में, प्रमद वनस्थित माधवीलतामण्डप में बैठकर उदयन से अपनी प्रशंसा सुन बहुत प्रसन्न होती है।

पंचम अंक में, पद्मावती की शिरोवेदना सुन अवन्तिका व्यथित होती है। वह समुद्रगृह में उसके मनोविनोदनार्थ पहुँचती है तथा सोये उदयन को पद्मावती समझ उसके साथ सो जाती है। उदयन स्वप्न में बड़बड़ाते हैं। सहसा वासवदत्ता यौगन्धरायण की योजना को याद कर अलग हो जाती है। जाते समय उदयन की लटकती भुजा को बिछावन पर रखती है तभी उदयन जाग जाता है। अपने चरित्र की रक्षा करती वासवदत्ता भाग जाती हैं। तथा उदयन किवाड़ से टकराकर गिर जाता है। विदूषक प्रवेश कर उसे बहलाने की कोशिश करता है कंचुकी आरुणि को पराजित करने की पूरी व्यवस्था की सूचना देता है तथा उदयन युद्ध के लिए प्रस्थान करते हैं।

षष्ठ अंक में, प्रद्योत के यहाँ से रैभ्य सगोत्र कंचुकी तथा वासवदत्ता की सेविका वसुन्धरा आते हैं। चित्र फलक में अवन्तिका की छाया देखकर पद्मावती उसी तरह की कन्या को अपने पास धरोहर के रूप में रखने की बात बताती है तब अवन्तिका बुलाई जाती है। उदयन, वसुन्धरा, कुंचकी सभी उसे पहचान लेते हैं। तभी यौगन्धरायण अपनी धरोहर वापस माँगने पहुँच जाता है। उसकी भी पहचान हो जाती है। यौगन्धरायण उदयन से अपने प्रपंच के लिए सकारण क्षमा माँगता है। उदयन महासेन को वासवदत्ता तथा राज्यप्राप्ति की खबर स्वयं सुनाने उज्जैन जाने का निर्णय लेते हैं।

(11) अविमारक

महाकवि भासरचित छः अंकोंवाला यह रूपक शृंगार रस प्रधान है। इसमें सौवीर राजकुमार अविमारक तथा कुन्तिभोज कन्या कुरंगी के प्रणय से परिणय तक की कहानी वर्णित है। प्रथम अंक में, राजा कुन्तिभोज पुत्री के विवाह हेतु चिन्तित हैं। सैनिकों की विशेष देखदेख में कुरंगी उद्यान विहार के लिए गयी है। उद्यान में हस्ति-सम्भ्रम की घटना अचानक घटती है। सभी रक्षक भाग पड़ते हैं तथा हाथी राजकुमारी की तरफ झपटता है। तभी कोई सुन्दर युवक उपस्थित हो हाथी को पीटकर हटा देता है। इस क्रम में दोनों एक-दूसरे को देखते हैं तथा प्रेम में पड़ जाते हैं।

द्वितीय अंक में, प्रेम में पड़े कुरंगी तथा अविमारक की मन:स्थिति दिखाई देती है। कुरंगी के परिजन इस स्थिति का प्रतीकार करने की इच्छा से प्रेरित होकर कुरंगी के गुप्तमिलन का निश्चय करके अविमारक के घर का पता लगाते हैं। धात्री तथा नलिनिका उसके पास जाती हैं तथा गुप्तरूप से कन्यापुर में प्रवेश करने का आमन्त्रण अविमारक को देती हैं। अविमारक इस आमन्त्रण को सहर्ष स्वीकार करता है।

तृतीय अंक में, धात्री तथा नलिनिका अविमारक के कन्या के अन्त:पुर में गुप्त प्रवेश का सारा प्रबन्ध करती हैं। अविमारक चोर रूप में कन्यापुर में प्रवेश करता है। यहाँ उसे प्रियतमा कुरंगी का सहवास प्राप्त होता है। वह उसके साथ आनन्दपूर्वक रहने लगता है।

चतुर्थ अंक में, अविमारक तथा कुरंगी का प्रेम-जीवन एक वर्ष को प्राप्त होता है। संयोगवश यह बात राजा को पता चलती है। तब पकड़े जाने के भय से वह वहाँ से निकल भागता है। लेकिन कुरंगी के वियोग में वह आत्मघात करना चहता है। तदनुसार वह प्रथमत: जल में डूबकर, द्वितीयत: अग्निप्रवेश कर तथा तृतीयत: पर्वतशिखर से गिरकर प्राण देने का प्रयास करता है। प्रथम दो प्रयास में वह असफल होता है तथा तृतीय में उसे एक सस्त्रीक विद्याधर से भेंट होती है। विद्याधर अविमारक को ऐसी अँगूठी देता है, जिसे दायें हाथ में पहनने पर तो दृश्य किन्तु, बाँये हाथ में पहनने पर अदृश्य हुआ जा सकता है।

इस प्रकार इस अद्भुत अँगूठी की सहायता से अविमारक पुनः कन्यापुर में प्रवेश करने का निश्चय करता है।

पंचम अंक में, कुरंगी वियोगावस्था में घुलती जा रही है। वह रस्सी में गला फँसाकर मरने की तैयारी करती है। तभी विद्याधरप्रदत्त अँगूठी की सहायता से अविमारक कन्यापुर में प्रवेश करता है। कुरंगी से मिलकर वह प्रसन्न होता है।

षष्ठ अंक में, कुन्तिभोज को सौवीरराज के पुत्र विष्णुसेन का कोई पता नहीं चलने पर वह काशिराज के पुत्र जयवर्मा के साथ कुरंगी का विवाह करने का निश्चय करते है। अतः कुन्तिभोज दूत भेजकर जयवर्मा को अपने यहाँ बुला लेते है। जयवर्मा के साथ उसकी माता सुदर्शना आती है। विवाह का दिन निश्चित होता है। इस अवसर पर सौवीरराज भी उपस्थित होते हैं। विवाह होनेवाला ही है कि नारद उपस्थित होते हैं। आते ही नारद कहते हैं कि अविमारक कुन्तिभोज के अन्तःपुर में ही है। साथ ही, अविमारक के कुरंगी से गान्धर्व विवाह करने सम्बन्धी सभी बातें भी बताते हैं। जयवर्मा का विवाह कुरंगी की छोटी बहन सुमित्रा से होता है। इस प्रकार सभी आनन्दित होते हैं।

(12) चारुदत्त

महाकवि भासरचित यह रूपक चार अंकोंवाला है। कवि ने प्रथम अंक में चार दृश्यों की योजना की है। प्रथम दृश्य में सूत्रधार अपने योग्य किसी ब्राह्मण की खोज करता है। वह मैत्रेय को निमन्त्रित करता है, किन्तु वह निमन्त्रण स्वीकार नहीं करता। मैत्रेय वैभव-सम्पन्न चारुदत्त के जीवन तथा वर्त्तमान दुःखमय स्थिति का वर्णन करते हुए उसके पास जाता है। द्वितीय दृश्य में चारुदत्त अपनी दरिद्रता पर क्षोभ प्रकट करता है। विदूषक उसे सान्त्वना देता है। तृतीय दृश्य में शकार तथा विट वारंगना वसन्तसेना का पीछा करते हैं। अंधेरे की ओट में वसन्तसेना चारुदत्त के घर में संयोगवश प्रवेश पा जाती है, जबकि चौराहे पर देवबलि चढ़ाने जाती हुई रदनिका को विट तथा शकार वसन्तसेना समझकर पकड़ लेते है। मैत्रेय बीच-बचाव करता है। विट चारुदत्त के व्यक्तित्व से भयभीत होकर क्षमा-याचना करता है, किन्तु शकार वसन्तसेना को बाहर नहीं निकालने पर मरण तक वैर की धमकी दे जाता है। चतुर्थ दृश्य

में चारुदत्त वसन्तसेना को रदनिका समझ अपना उत्तरीय भीतर रखने को कहता है। वसन्तसेना संकोचवश विलम्ब करती है, तभी विदूषक प्रवेश कर शकार की बात सुनता है। वसन्तसेना पहचान ली जाती है। वह अपने आभूषण चारुदत्त के पास धरोहर के रूप में छोड़ चली जाती है।

द्वितीय अंक में तीन दृश्यों की योजना है। प्रथम दृश्य में वसन्तसेना अपनी दासी मदनिका से चारुदत्त के प्रति अपना प्रेम प्रकट करती है। द्वितीय दृश्य में संवाहक विजयी जुआरियों के भय से वसन्तसेना के घर में प्रवेश करता है। उसे चारुदत्त को पुराना भृत्य समझ वसन्तसेना जुआरियों का ऋण चुकता कर देती है। वसन्तसेना के वात्सल्यपूर्ण व्यवहार से प्रभावित संवाहक प्रव्रज्या धारण करने चला जाता है। तृतीय दृश्य में, चेट मतवाले हाथी से परिव्राजक की रक्षा तथा चारुदत्त द्वारा प्रवारक से सम्मानित होने का वृतान्त सुनाता है। चारुदत्त के इस व्यवहार से वसन्तसेना अत्यन्त प्रभावित होती है और वह उसे देखने महल की छत पर चली जाती है।

तृतीय अंक में, तीन दृश्य हैं। प्रथम दृश्य में विदूषक को अष्टमी होने के कारण स्वर्णभाण्ड की सुरक्षा का भार मिलता है। स्वर्णभाण्ड हाथ में ले वह सो जाता है। द्वितीय दृश्य में, सज्जलक चारुदत्त के घर में कलात्मक सेंध बनाकर भीतर प्रवेश करता है। सोया हुआ विदूषक चारुदत्त समझ सज्जलक को स्वर्ण–भाण्ड देता है। सज्जलक उसे लेकर चम्पत हो जाता है। तृतीय अंक में, मदनिका सेंध देख चोर के घुसने की बात कहती है। चारुदत्त आश्चर्यचकित होता है। विदूषक कहता है कि मैंने आपको स्वर्णभाण्ड देकर अच्छा ही किया। चारुदत्त पूछता है कि आपने क्या और कब दे दिया था? विदूषक उत्तर देता है कि आधी रात को ....। चोर द्वारा स्वर्ण–भाण्ड ले जाने से सभी खिन्न होते हैं। चारुदत्त की पत्नी अपनी शत सहस्र मूल्यवाली मुक्तावली विदूषक के हाथों वसन्तसेना के पास पति को लोकापवाद से बचाने के लिए भेजती है।

चतुर्थ अंक में चार दृश्य हैं। प्रथम दृश्य में, वसन्तसेना चित्रफलक में चारुदत्त की प्रतिकृति का आरोप करती है तथा माता के आदेश से शकार के लिए सजने की बात पर नाराज होती है। द्वितीय दृश्य में, सज्जलक अपनी प्रेमिका मदनिका से मिलकर चुराये हुए स्वर्णाभूषणों को दे वसन्तेसना की

गुलामी से मुक्त होने को कहता है, मदनिका वसन्तसेना के गहनों को पहचान लेती है तथा उसे चारुदत्त की ओर से वसन्तसेना को समर्पित करने को कहती है। वसन्तसेना इनकी बातों को छिपकर सुन लेती है। सज्जलक मदनिका की बात मान लेता है। तृतीय दृश्य में, विदूषक बताता है कि चारुदत्त आपके आभूषण जुए में हार गया तथा उनके बदले यह मुक्तावली भेजी है। मुक्तावली लेकर वसन्तसेना विदूषक को विदा करती है। तभी मदनिका चारुदत्त के यहाँ से किसी के आने की सूचना वसन्तसेना को देती है। चतुर्थ तथा अन्तिम दृश्य में मदनिका सज्जलक के साथ प्रवेश करती है। सज्जलक चारुदत्त की तरफ से चुराये गये आभूषणों को देता है। वसन्तसेना उन्हीं आभूषणों से मदनिका को अलंकृत कर परिणीता नायिका के रूप में अपनी गाड़ी में बैठाकर सज्जलक के साथ विदा करती है। वसन्तसेना चारुदत्त द्वारा भेजी गयी मुक्तावली पहन उसके घर अभिसरण हेतु प्रस्तुत होती है। रूपक सहसा समाप्त हो जाता है।

(13) बालचरित

महाकवि भासरिचत पाँच अंकों वाला यह रूपक श्रीकृष्ण की बाल-लीलाओं पर आधारित है। प्रथम अंक में, कंस के बन्दीगृह में जन्मे श्रीकृष्ण के दैवी प्रभाव से सात आश्चर्यजनक कार्य सम्पन्न होते है। इस क्रम में वसुदेव श्रीकृष्ण को अपने मित्र नन्दगोप की पुत्री से बदलने में सफल होते हैं।

द्वितीय अंक में, प्रतिनायक कंस के यहाँ छः अपशकुन घटते हैं, जिनमें राजश्री विष्णु के पास वापस चली जाती है। तृतीय अंक में वृन्दावन के गोप-समुदाय का वर्णन हैं, जहाँ बालक कृष्ण द्वारा छः राक्षसों की खेल-खेल में हत्या तथा कई चमत्कारी बाल-लीलायें जन-जन के द्वारा चर्चित होती हैं। चतुर्थ अंक में, कालिया नाग को युमना से निकल जाने के लिए कृष्ण विवश कर देते हैं। पंचम अंक में कंस के यहाँ महाधुन महोत्सव आयोजित हैं। कंस कृष्ण को आमन्त्रित कर हत्या की योजना रखता है, परन्तु अन्य राक्षसों के साथ कंस की भी हत्या कृष्ण क्षण भर में कर देते हैं। यद्यपि एक बालक द्वारा इतने कार्यों को सम्पन्न करना आश्चर्यजनक है तथापि भास ने इस कथा को नाटकीय रुप देने की सफल कोशिश की है।

इस प्रकार, हम देखते हैं कि भास के नाटकों के कथानक अलग-अलग

परिवेशों का प्रतिनिधित्व करते हैं। उनकी प्रत्येक रचना कथावस्तु, पात्र, रस तथा नाटकीयता की दृष्टि से अलग-अलग हैं। पात्रों का चयन तथा उनके चरित्र-चित्रण की भिन्नता भास को नाटककारों के बीच विशिष्ट स्थान प्रदान करती है। इनके प्रत्येक नाटक कथावस्तु प्रधान हैं। माध्यम गद्य हो अथवा पद्य, भावनाओं को, सरलतम शैली में प्रस्तुत करना भास की विशेषता है। भाव की बात यदि करें तो भाव की गम्भीरता प्रत्येक कथावस्तु में है। किन्तु, इन गंभीर भावों की अभिव्यक्ति में भी भास की भाषा कभी दुरूह नहीं हुई बल्कि, भाषा में सर्वत्र सरलता ही है। सबसे बढ़कर प्रत्येक नाटक में नाटकत्व ऊपर है और कवित्व उससे नीचे है। सचमुच नाटककार के रूप में भास एक सफल नाटककार हैं।

भासकृत रामकथाश्रित नाटकों की विशेषता

संस्कृत वाङ्मय के क्षेत्र में भास के तेरह रूपकों का उद्धार बीसवीं शताब्दी के प्रथम दशक की सबसे महत्वपूर्ण घटना है। इन तेरह नाटकों में से दो नाटक रामकथा पर आश्रित हैं- 1. अभिषेक 2. प्रतिमा।

नाटक के तीन तत्व होते हैं- वस्तु, नेता और रस। इन तीनों तत्त्वों में से कथावस्तु नाट्य-शरीर का पार्थिव तत्त्व होता है। अर्थ, भाव, रस, गुण आदि तत्व वस्तु तत्त्व रुपी नाट्य शरीर के अन्तर्गत होते हैं और उनकी अभिव्यंजना नाट्य की सार्थक शब्द-राशि के द्वारा की जाती है। कथावस्तु आत्मा है तो नाट्य शरीर है। नाटक में कथावस्तु का एक विशिष्ट महत्व है।

अभिषेक नाटक और प्रतिमा नाटक की कथावस्तु को क्रमशः देखना चाहेंगे।

अभिषेक नाटक में वाल्मीकीय रामायण के किष्किन्धाकाण्ड से लेकर युद्धकाण्ड तक की घटनाओं का नाट्य-रूपान्तर प्रस्तुत किया गया है। इसमें छः अंक हैं। प्रथम अंक में बालि के साथ सुग्रीव का युद्ध होता है। सुग्रीव का पक्ष लेकर राम ने बालि का वध किया क्योंकि दुराचारी को दण्ड देना आवश्यक था। सुग्रीव का राजा के पद पर अभिषेक हुआ।

इसके द्वितीय अंक में सुग्रीव सीता के अन्वेषण के लिए सभी दिशाओं में

वानरों को भेजता है। उन्हीं वानरों में हनुमान को मरणासन्न जटायु सूचित करता है कि सीता का हरण रावण ने किया है। हनुमान उसकी बात पर विश्वास करके लंका जाते हैं जहाँ अशोकवाटिका में वे सीता से मिलकर अपना परिचय देते हैं।

तृतीय अंक में हनुमान अशोक वाटिका का विध्वंस करते हैं। रावण को इसकी सूचना मिलती है। वह हनुमान को पकड़ने के लिए सेना तथा अपने पुत्र अक्षयकुमार को भेजता है। हनुमान अक्ष को मार डालते हैं। अन्ततः मेघनाद हनुमान को पकड़ लेता है और रावण की सभा में ले जाता है। रावण और हनुमान में विवाद होता है। विभीषण बुलाया जाता है, वह सीता को लौटा देने का परामर्श देता है। इस पर रावण उसे शत्रु का पक्षपाती कहकर लंका छोड़ने का आदेश देता है।

चतुर्थ अंक में हनुमान के लौटने पर राम सेनासहित समुद्र पार करते हैं, विभीषण उनकी शरण में आता है, शुक और सारण नामक दो राक्षस वानर रूप में राम की सेना में पकड़े जाते हैं। राम उन्हें बिना दण्ड के छोड़ देते हैं और उन्हीं के द्वारा रावण को युद्ध-संदेश भेजते हैं।

पंचम अंक में, युद्ध में अनेक राक्षसों के मारे जाने पर रावण सीता को मारना चाहता है किन्तु, उसके मंत्री स्त्रीवध से उसे रोक देते हैं, वह राम - लक्ष्मण के सिरों की प्रतिकृति बनवाकर सीता के पास ले जाता है और सीता से कहता है कि अब तो वे दोनों मारे गये, मुझे स्वीकार कर लो। इसी बीच में राम की विजय का समाचार मिलता है, रावण दुःखी होकर लौट जाता है।

षष्ठ अंक में रावण के मारे जाने की सूचना मिलती है। विभीषण सीता को राम के पास ले जाते हैं। सीता की अग्नि-परीक्षा होती है। अग्नि साक्षात् आकर राम को कहते हैं कि सीता लक्ष्मी हैं-

इमां भगवती लक्ष्मीं जानीहि जनकात्मजाम्।
सा भवन्तमनुप्राप्ता मानुषीं तनुमास्थिता।।

(अभिषेकनाटक 6-28)

अग्नि के अनुरोध से ही राम का अभिषेक होता है। राम कहते हैं कि

मंगलसूत्र से बँध जाने पर और भद्रासन पर बैठाकर भी जिस राजा ने माता कैकेयी की इच्छापूर्ति के लिए मेरा अभिषेक रोक दिया था वही पिता आज प्रसन्न हृदय से स्वर्गीय होने पर भी मेरा अभिषेक कर रहे हैं।

येनाहं कृतमङ्गलप्रतिसरो भद्रासनारोपितो-
ऽप्यम्बायाः प्रियमिच्छता नृपतिना भिन्नाभिषेकः कृतः।
त्यक्तं दैवगतिं गतेन गुरुणा प्रत्यक्षतः साम्प्रतं
तेनैवाद्य पुनः प्रहृष्टमनसा प्राप्ताभिषेकः कृतः।।

(अभिषेकनाटकम् 6-34)

इस नाटक में सुग्रीव का अभिषेक प्रथम अंक में किया गया है। दूसरा अभिषेक नाटक के अन्त में नायक राम का होता है। इस प्रकार, अभिषेक रुप घटना की प्रधानता वाले इस नाटक का नाम कवि ने अभिषेक-नाटक किया है। कहने का आशय यह है कि सुग्रीव के अभिषेक से प्रारम्भ होनेवाले इस नाटक की अन्तिम परिणति राम के राज्याभिषेक में होती है जो कि इस नाटक का फल भी है। अतः उसी के आधार पर इस नाटक का नामकरण हुआ है।

इस नाटक में भास के व्यक्तित्व का एक महत्वपूर्ण बिन्दु हमेशा की तरह दृष्टिगोचर होता है जो है उनकी मौलिकता। इस नाटक का आधार किष्किन्धाकाण्ड से प्रारम्भ कर लङ्काकाण्ड के उत्तरार्ध तक की कथा है। इस सुपरिचित कथानक को नाटककार भास ने अपनी मौलिकता के माध्यम से सजाया-सँवारा है। इतना ही नहीं, बालि-वध को न्याय रूप देने का पर्याप्त प्रयास किया गया है। दो स्थानों पर कवि ने अपनी नवीन सूझ से काम लिया है-पहला समुद्र का मार्ग देना और दूसरा जटायु से समाचार जानकर हनुमान द्वारा समुद्र पार करना। पहली कल्पंना में-प्रचलित कथा यह है कि श्रीराम ने नल-नील की सहायता से समुद्र पर सेतु बाँधा जिससे वानर-सेना पार हुई। पर, इस नाटक में डरे हुए वरुणदेव ने समुद्र के जल को बीच से सुखाकर मार्ग दे दिया है। दूसरी कल्पना में-प्रचलित कथा के अनुसार जटायु और राम का मिलन सुग्रीव से मित्रता के पूर्व ही हो चुका था किन्तु, इस नाटक में संकेत है कि जटायु से समाचार जानकर हनुमानजी ने समुद्र पार किया।

इस नाटक के नायक राम और नायिका सीता हैं। साथ ही लक्ष्मण, सुग्रीव, हनुमान, जटायु, अक्षयकुमार, मेघनाद, विभीषण, समुद्र, शुक, सारण, अग्निदेव आदि पात्र हैं। नाटक का प्रतिनायक रावण है। इन सभी का चरित्र-चित्रण भास ने मनोवैज्ञानिक ढंग से किया है। सभी पात्र सम्बन्धित चरित्रों को भलीभाँति निभाते नजर आते है।

इस रचना में पाँच संधियों का भी सुन्दर विनिवेश हुआ है।

इस नाटक में भास ने अपनी अलंकारप्रियता का परिचय दिया है। किन्तु अलंकारों के प्रयोग करने से रसचर्वणा में कोई व्यवधान नहीं आया है। बल्कि अलंकार रसोपकारक ही हैं। इस नाटक का प्रधान रस वीर तथा वृत्ति सात्वती है।

इस प्रकार हम देखते हैं कि छः अंकों वाला यह नाटक लोकप्रिय कथा के आधार पर खड़ा है। कथावस्तु की सफलता के लिए अपनी विशिष्टता के अनुरूप इन्होंने रावण द्वारा प्रेषित कुंभकर्ण के गमन रूप भूमिकावाले सांयोगिक परिस्थिति का अंकन किया है। इसके अतिरिक्त भावों के अनुरूप भाषा, लघु वाक्य तथा गंभीर हास्य भी इसमें उपन्यस्त है-जो, भास की विशिष्ट विशेषताएँ हैं। प्रधान रस वीर है और अन्य रस इसी के सहायक हैं। अलंकारयोजना, वर्ण्य-विषय का चित्रांकन-प्रशंसनीय हैं। इनके वर्णनों में प्रकृति के सभी अंश सम्मिलित हैं। प्रकृति के प्रत्येक तत्त्व को ये समदृष्टि से देखते हैं। सबसे बढ़कर नाटकीयता की दृष्टि से यह एक सफल नाटक है। अभिषेक नाटक के उपस्थापन में भास एक कवि और एक नाटककार दोनों ही रूपों में सफल सिद्ध हैं।

प्रतिमा नाटक राम -कथा पर आश्रिंत भास का दूसरा नाटक है। इसमें सात अंक हैं। इसमें राम के राज्याभिषेक होते-होते रुक जाने से आरम्भ करके वनवास, सीता-हरण, रावण-वध तथा राम के राज्याभिषेक तक की घटनाओं का नाट्य-रूपान्तरण है।

नाटक के प्रथम अंक में दशरथ के राजप्रासाद में राम के राज्याभिषेक की तैयारी चल रही है। सब सामग्री आ चुकी है किन्तु अभिषेक का कार्यक्रम सहसा रुक जाता है। राम को वन जाने का आदेश मिलता है। सीता के आग्रह पर लक्ष्मण को और लक्ष्मण की प्रार्थना पर सीता को वन जाने की अनुमति मिलती है। राम, सीता और लक्ष्मण वन चले जाते हैं।

द्वितीय अंक में, शोकविह्वल दशरथ का चित्रण है। वे बार-बार मूर्च्छित होते हैं। कौशल्या उन्हें आश्वस्त करती है। सुमंत्र राम को छोड़कर अयोध्या लौटते हैं। दशरथ की मृत्यु हो जाती है।

तृतीय अंक में भरत ननिहाल से लौटते हैं और अयोध्या के बाहर एक स्थान पर देवमंदिर समझकर रुक जाते हैं। किन्तु, वहाँ अयोध्या के पुरातन राजाओं की प्रतिमायें लगी हुई हैं।.भरत दुखी होते हैं। वहाँ सुमंत्र के साथ राम की माताएँ भी आती हैं। कैकेयी को देखकर भरत क्रोध से भरकर उनको फटकारते हैं।

चतुर्थ अंक में, सुमंत्र के साथ भरत राम को पुनः अयोध्या ले चलने के उद्देश्य से तपोवन में पहुँचते हैं। राम भरत का स्वागत करते हैं किन्तु उनके आग्रह को नहीं स्वीकार करते हैं। साथ ही, राज्यरक्षा का उपदेश देते हैं। भरत राम की चरण-पादुका माँगते हैं, जिनके आदेश से वे राज्य की देखभाल करना चाहते हैं।

पंचम अंक में, सीता-हरण का दृश्य है। राम अपने पिता का श्राद्ध करने के लिए चिन्तित हैं। कपटी परिव्राजक के रूप में रावण आकर उन्हें श्राद्ध हेतु सामग्रियों की सूची बताता है, जिसमें कांचन मृग भी है। अकस्मात् कांचन मृग प्रकट होता है। राम उसे पकड़ने के लिए चले जाते हैं, लक्ष्मण पहले ही तीर्थयात्रा से लौटे हुए कुलपति के स्वागत के लिए बाहर गये हैं। केवल सीता को अकेली देखकर रावण उसे हर लेता है। जटायु उसका प्रतिरोध करते हैं।

षष्ठ अंक के विष्कम्भक में जटायु के मारे जाने की सूचना मिलती है। मुख्य अंक अयोध्या के राजप्रसाद से सम्बद्ध है जहाँ सुमंत्र सीता-हरण की सूचना भरत को देते हैं। सुनकर भरत कैकेयी पर अपना क्रोध उड़ेल देते हैं। कैकेयी राजा को मिले हुए शाप की कथा सुनाकर अपने को निर्दोष सिद्ध करती है। भरत सेना के साथ रावण पर आक्रमण के लिए प्रस्तुत होते हैं।

सप्तम अंक में रावण-विजय के बाद राम जनस्थान में पहुँचते हैं जहाँ उन्होंने वनवास का कुछ समय पहले बिताया था। भरत सेना के साथ वहीं पहुँचते हैं। राजमाताएँ आई हुई हैं। सब के सामने कैकेयी के अनुरोध से राम राज्यभार ग्रहण करते हैं। सबका सुखद समागम होता हैं।

इस नाटक के तृतीय अंक में भरत को अयोध्या के बाहर ही प्रतिमा-गृह के द्वारा अपने पिता की मृत्यु का हृदयद्रावक समाचार मिलता है और वे वहीं से राम को वापस लौटाने के लिए चल पड़ते हैं।

तृतीय अंक में दशरथ की प्रतिमा संबंधी इस घटनाक्रम के आधार पर ही भास ने इस नाटक का नाम प्रतिमानाटक किया।

इस नाटक में भी कवि भास के व्यक्तित्व की विशिष्टता 'मौलिकता' अच्छी तरह उभरकर सामने आई है। वाल्मीकीय रामायण की प्रसिद्ध कथा का इतना रोचक और प्रभावशाली परिवर्तन भास ने किया है कि पाठक भावविभोर हो उठता है। राम के पूर्वजों की 'प्रतिमागृह' सम्बन्धी भास की कल्पना उन्हें कवियों की श्रेणी में विशिष्टता प्रदान करने के लिए पर्याप्त है ।

इस नाटक के नायक राम और नायिका सीता हैं। भरत पताका नायक हैं। इसके अतिरिक्त कैकेयी, लक्ष्मण, शत्रुघ्न, कौशल्या, सुमन्त्र आदि कई पात्र हैं। प्रतिनायक रावण है। इन सभी का चरित्र-चित्रण भास ने मनोवैज्ञानिक ढंग से किया है। सभी पात्र संबंधित चरित्रों को भलीभाँति निभाते नजर आते है। इस नाटक में पाँच सन्धियों का भी सुन्दर विनिवेश हुआ है।

इस नाटक में भी भास ने अपनी अलंकारप्रियता का परिचय दिया है। किन्तु अलंकारों के कारण रसचर्वणा में किसी प्रकार का व्यवधान नहीं होता, बल्कि ये रसोपकारक ही हैं।

कुल मिलाकर, सात अंकों वाला यह नाटक लोकप्रिय कथा के आधार पर आधारित है। भावों के अनुरूप भाषा, लघु वाक्य तथा गंभीर हास्य-जो भास की विशिष्ट विशेषता है- इसमें उपन्यस्त हैं। प्रधान रस करुण और अन्य इसी के उपकारक हैं। अलंकार-योजना और वर्ण्य-विषय का चित्रांकन प्रशंसनीय है। प्रकृति में व्याप्त सभी तत्त्व आदर के पात्र हैं। काव्य-कला और नाटकीयता दोनों की दृष्टि से यह एक सफल नाटक है।

इस प्रकार रामकथा पर आधारित भास के ये दोनों नाटक भास की मौलिकता और कल्पना के अंश को पाकर पाठकों को हठात् अपनी ओर आकृष्ट करते हैं।

सन्दर्भ

1. काव्यप्रकाश, पृष्ठ–5
2. अग्निपुराण
3. काव्यमीमांसा
4. अविदितगुणापि सत्कविर्भणितिः कर्णेषु वभति मधुधाराम्, संस्कृत आलोचना, पृष्ठ–17 आचार्य बलदेव उपाध्याय
5. संस्कृत साहित्य का इतिहासः वाचस्पति गैरोला, चौखम्बा विद्याभवन, वाराणसी, तृतीय संस्करण, पृष्ठ–675
6. www.google.co.in
7. प्रथितयशसां भाससौमिल्ल कविपुत्रादीनां प्रबन्धनतिक्रम्य कथं वर्त्तमानस्य कवेः कालिदासस्य कृतो बहुमानः।, मालविकाग्निमित्रम् , पृष्ठ–2
8. सूत्रधारकृतारम्भैर्नाटकैर्बहुभूमिकैः।
सपताकैर्यशो लेभे भासे देवकुलैरिव।।
बाणभट्टः हर्षचरितम्
9. महाकवि भास एक अध्ययनः आचार्य बलदेव उपाध्याय, पृष्ठ–4
10. प्रसन्नराधवः जयदेव
11. काव्यमीमांसाः राजशेखर
12. अवन्तिसुन्दरीः दण्डी
13. भासः एस० पी० अय्यर, पृष्ठ 13–15
14. भास एवं भवभूति के नाटकों में रसतत्वः डॉ. उमेश पाण्डेय, विद्यानिधि प्रकाशन, दिल्ली, प्रथम संस्करण, पृष्ठ–21
15. संस्कृत साहित्य का इतिहासः वाचस्पति गैरोला, पृष्ठ–680
16. भास एवं भवभूति के नाटकों में रसतत्त्वः डॉ० उमेश पाण्डेय, पृष्ठ–21
17. महाकवि भास एक अध्ययनः आचार्य बलदेव उपाध्याय, पृष्ठ–150
18. वही, पृष्ठ–153
19. भास एवं भवभूति के नाटकों में रसतत्त्वः, डॉ. उमेश पाण्डेय, पृष्ठ–23
20. अविमारक
21. स्वप्नवासवदत्तम्, 1/4++
22. वही 1/11
23. भास एवं भवभूति के नाटकों में रसतत्वः डॉ उमेश पाण्डेय, पृष्ठ–24
24. वही, पृष्ठ–24

द्वितीय अध्याय

भवभूति का परिचय

मानव जीवन के करुणा और वेदना जैसे गंभीर पहलुओं के उपासक महाकवि भवभूति संस्कृत साहित्य के नाटककारों की प्रथम श्रेणी में पांक्तेय हैं। ये संस्कृत-नाटक-साहित्य के ऐसे जाज्वल्यमान नक्षत्र हैं जिनकी दूरगामिनी ज्योति काल की अबाध बाधाओं को बाधित करती हुई चतुर्दिक् प्रसृत होती तथा आलोक फैलाती चली आ रही है। संस्कृत नाट्य को उन्होंने सहज अनुशासित ढंग से स्वयं के बनाये मार्ग पर उन्मुख किया है। डॉ० भोलाशंकर व्यास ध्यान दिलाते हैं कि संस्कृत के प्रायः सभी नाटक काव्यमय अधिक हैं। संस्कृत नाटकों की प्रकृति भावुक अधिक है। यहाँ नाटककार प्रथमतः कवि हैं। बाद में नाटककार, और यह भवभूति पर भी घटित होती है। भवभूति का कवित्व भावमय है। भवभूति भी कलापक्ष के मोह से छूटे हुए नहीं हैं, किन्तु ज्यों-ज्यों भवभूति की भारतीयता परिपक्व होती रही है, त्यों-त्यों इनकी भावप्रवणता व्यक्त होती गई है, और जहाँ भाव फूट पड़ना चाहते हैं, वहाँ भवभूति का पाण्डित्य भी रस-प्रवाह में बह निकलता है। भवभूति के कवि की यह सबसे बड़ी विशेषता है, जो उन्हें संस्कृत-साहित्य में अमर बना देती है।[1]

महाकवि वाल्मीकि, व्यास और कालिदास के बाद कदाचित् भवभूति ही ऐसे प्रतिभापूत महाकवि नजर आते हैं जिन्होंने अपनी अलौकिक साहित्य साधना के द्वारा भारतीय संस्कृति और साहित्य को एक नया आदर्श तथा नयी व्याख्या प्रदान की है। सदियों से आती हुई संस्कृत नाट्य परम्परा को इन्होंने एक नयी शैली और शक्ति प्रदान कर उसे एक नये क्षितिज की ओर उन्मुख किया। प्रायः सभी परवर्ती नाटककार और कवि उनकी उदात्त कला से प्रभावित

हुए हैं- किन्तु फिर भी यह दूसरी बात है कि भवभूति के चरण-चिह्नों पर चलते हुए भी कोई इनकी ऊँचाई नहीं छू सका। जीवन और साहित्य के क्षेत्र में इन्होंने जो आदर्श मानदण्ड स्थापित कर दिया वह आज भी अप्रतिम एवं सर्वश्लाघ्य है।[2]

संस्कृत साहित्याकाश में बाणभट्ट के बाद सम्भवत: भवभूति ऐसे दूसरे कवि हैं जिन्होंने अपनी कृतियों में अपने सम्बन्ध में कुछ अधिक प्रकाश डालने की चेष्टा की है। सामान्त: संस्कृत के पुराने कवि अपने सम्बन्ध में कोई संकेत नहीं देते। कालिदास जैसे महाकवि की भी अपने वंश, समय, स्थान आदि के प्रति उदासीनता का ही परिणाम है कि उनके काल-निर्धारण के क्रम में कभी-कभी कई शताब्दियों का परस्पर विरोधी अन्तर दिखा दिया जाता है। सौभाग्यवश भवभूति के जीवन एवं समय के सम्बन्ध में स्वदेशी एवं विदेशी विद्वान् बहुत कुछ एकमत हैं और इस सन्दर्भ में वे एक निश्चित निष्कर्ष पर पहुँचे हैं। यह निष्कर्ष, जैसा कि हम आगे देखेंगे, तत्कालीन साहित्य, इतिहास आदि ग्रन्थों की गवेषणा पर आधृत है और किसी दूसरे शोधकर्ता के लिए उससे असहमत होने की शायद ही कोई जगह है।[3]

भवभूति ने अपनी तीनों नाट्यकृतियों के आमुखों में अपने वंश आदि के सम्बन्ध में किंचित् विवरण प्रस्तुत किया है। इन कृतियों में सबसे अधिक विवरण महावीरचरित में, उससे कुछ कम मालतीमाधव में तथा सबसे कम उत्तररामचरित में प्राप्त होता है। इसके आधार पर भवभूति के जीवनवृत का जितना अंश प्रकाशित होता है, वह कुछ इस प्रकार है-इनके पूर्वज दक्षिणापथ में विदर्भ (आधुनिक बरार) के अन्तर्गत पद्मपुर नामक नगर के रहने वाले थे। ध्यातव्य है कि मालतीमाधव की अधिकांश पाण्डुलिपियों में पद्मपुर की अवस्थिति विदर्भ में बतायी गयी है-

अस्ति दक्षिणापथे विदर्भेषु पद्मपुरं नाम नगरम्।

उनका गोत्र काश्यप था तथा वे कृष्णयजुर्वेद की तैत्तिरीयशाखा को मानते थे। वे पञ्चाग्नियों का आधान करने वाले, चरणगुरु[4] (अपनी शाखा के अध्येताओं के गुरु), पंक्तिपावन[5] (वैदिक आचार एवं प्रवचन आदि करनेवालों में अग्रगण्य), चान्द्रायण आदि धार्मिक नियमों के पालक, सोमपान करने

वाले तथा उदुम्बर नामधारी ब्रह्मवादिन्[6] थे। अपने पूर्वजों के गुंण-कीर्तन में भवभूति ने जिन विशेषणों का प्रयोग किया है, उनसे स्पष्ट है कि भवभूति का वंश एवं परिवार वैदिक आचार-विचार, यज्ञ-जाप, ब्रह्मविद्या के अध्ययन-अध्यापन आदि का केन्द्र था। भवभूति की पाँचवी पीढ़ी पहले महाकवि हुए थे जिन्होंने वाजपेय यज्ञ किया था। भवभूति के पितामह का नाम भट्टगोपाल तथा पिता का नाम नीलकण्ठ था। उनकी माता जातुकर्णी थीं। भवभूति ने जिस क्रम से अपनी पाँच पीढ़ियों के कुलपुरुषों के नाम गिनाये हैं, उसके अनुसार उनका वंशानुक्रम इस प्रकार है[7]-

(1 महाकवि

(2) अज्ञात

(3) अज्ञात

(4) भट्टगोपाल

(5) नीलकण्ठ (पत्नी जातुकर्णी)

(6) भवभूति (गुरु ज्ञाननिधि)

भवभूति के गुरू ज्ञाननिधि थे। भवभूति अपने विद्वत्कुल के योग्य ही मेधावी व्यक्ति हुए और इन्होंने पद (व्याकरण), वाक्य (तर्क) तथा प्रमाण (पूर्वमीमांसा) जैसे शास्त्रों में पाण्डित्य प्राप्त किया।

भवभूति के वास्तविक नाम के विषय में विद्वानों में मतभेद है। भवभूति के सभी नाटकों में 'श्रीकण्ठ, पदलाञ्छन भवभूति' नाम मिलता है। प्रश्न उठता है कि इस महाकवि का नाम "भवभूति" है या "श्रीकण्ठ"? इन दो नामों में से वास्तविक नाम कौन है तथा उपाधि कौन है? तो 'भवभूतिर्नाम' यह स्पष्ट बताता है कि कवि का नाम भवभूति है। भवभूति अपने तीनों नाटकों में कहीं भी 'श्रीकण्ठो नाम' नहीं लिखते है। 'नाम' शब्द का जब इतना स्पष्ट प्रयोग 'भवभूति' के साथ आया है, तो कोई कारण नहीं बनता कि कवि का वास्तविक नाम भवभूति नहीं माना जाय।

'श्रीकण्ठपदलाञ्छनो भवभूतिर्नाम' का प्रयोग महाकवि ने अपने तीनों नाटकों की प्रस्तावना में किया है, जिसका सीधा अर्थ यही है कि उनका नाम भवभूति था और वे श्रीकण्ठ पद (पदवी या उपाधि) से विभूषित थे।

इधर कुछ विद्वानों का कथन है कि भवभूति के पिता का नाम नीलकण्ठ था इसलिये पुत्र का नाम श्रीकण्ठ होना स्वाभाविक है। किन्तु, विद्वानों का यह तर्क पुष्ट नहीं भी हो सकता है क्योंकि नीलकण्ठ के भी पिता का नाम गोकण्ठ नहीं बल्कि, गोपाल था । साथ ही, 'भवभूति' को कवि की उपाधि कल्पना करनेवालों की पंक्ति में वीर राघव ने महावीरचरित की टीका में लिखा है- कवि का पितृकृत नाम श्रीकण्ठ था, 'साम्बा पुनातु भवभूति पवित्रमूर्तिः' की रचना से सन्तुष्ट होकर राजा ने उन्हें 'भवभूति' की उपाधि दी। अनन्त पण्डित आर्यासप्तशती की टीका में लिखते हैं-

तपस्वी कां गतोऽवस्थामिति स्मेराननामिव।
गिरिजायाः कुचं वन्दे भवभूतिसिताननौ।।

इस श्लोक के कारण कवि को भवभूति की उपाधि प्राप्त हुई है। मालतीमाधव के टीकाकार जगद्धर का भी यही मत है- 'नाम्ना श्रीकण्ठः प्रसिद्धचा भवभूतिः।' उत्तररामचरित की टीका में पण्डित शेषराज शास्त्री प्राचीन टीकाकारों के मतों का उल्लेख करते हुए कहते हैं-'कालिदासस्य दीपशिखेव, भारवेरातपत्रमिव, माघस्य घण्टेव उत्तररामचरित प्रणेतुश्च भवभूतिरित्युपाधिश्चैवमेव संगच्छते।' परन्तु उपर्युक्त चार उदाहरणों में से प्रथम तीन की उपाधियों का प्रयोग तो उनके नामों के स्थान पर नहीं होगा तो फिर, लोग भवभूति का वास्तविक नाम भूलकर उनकी उपाधि का ही प्रयोग क्यों करने लगे?[8] इतना ही नहीं श्रीकण्ठ और भवभूति नामों के अतिरिक्त 'उम्बेक' सुरेश्वर और विश्वरूप नाम भी भवभूति के लिए प्रयुक्त होने की चर्चायें यत्र-तत्र हैं। अनेक विद्वानों के अपने-अपने मत हैं। आचार्य बलदेव उपाध्याय के अनुसार 'यह तो प्रायः माना जाने लगा है कि जिस प्रतिभाशाली विद्वान् ने नाटकों में अपना नाम भवभूति रखा, उसी ने मीमांसा शास्त्र के ग्रन्थों में अपना नाम उम्बेक दिया तथा उसी ने कालान्तर में भगवान् शंकराचार्य के द्वारा अद्वैत मत में दीक्षित होने पर सुरेश्वराचार्य के नाम से प्रख्याति की'। विश्वरूप और सुरेश्वर की एकता डॉ० पी०वी० काणे ने प्रमाणित कर दी है।[9] डॉ० भाण्डारकर को भवभूति और उम्बेक की अभिन्नता में सन्देह है। डॉ० मिराशी एवं डॉ० अयोध्या प्रसाद सिंह के अनुसार ये दोनों पृथक् व्यक्ति हैं, एक नहीं । जबकि डॉ० गंगा सागर राय का मत है कि

'वर्तमान स्थिति में हम इतना ही कह सकते हैं कि भवभूति तथा उम्बेक एक ही व्यक्ति थे, पर सुरेश्वर और विश्वरूप के साथ भवभूति की एकता निश्चित नहीं है।[10]

उत्तररामचरित की प्रस्तावना में श्री काणे ने भवभूति और उम्बेक की अभिन्नता का विधिवत् परीक्षण किया और अन्त में वे भी इसी निष्कर्ष पर पहुँचते हैं कि दोनों के अभिन्न होने की अत्यधिक सम्भावना है। पं० बलदेव उपाध्याय ने मण्डन, सुरेश्वर विश्वरूप, भवभूति तथा उम्बेक को एक ही व्यक्ति मान लिया है। इनके अनुसार जिस प्रतिभाशाली विद्वान ने नाटकों में अपना नाम भवभूति रखा, मीमांसा में उसी ने अपना नाम उम्बेक रखा और कालान्तर में आचार्य शंकर द्वारा संन्यासी बनाये जाने पर उसी का नाम सुरेश्वर पड़ा।[11] किन्तु भवभूति और उम्बेक की अभिन्नता मान लेने पर भी भवभूति के साथ मण्डन, सुरेश्वर तथा विश्वरूप आदि नामों की अभिन्नता स्वीकार नहीं की जा सकती। उत्तररामचरित की प्रस्तावना में डॉ० काणे ने इन नामों की अभिन्नता का विधिवत् और साधिकार प्रत्याख्यान किया है। अतः इस स्थिति में यहाँ इतना ही कहा जा सकता है कि भवभूति और उम्बेक की अभिन्नता की संभावनाएँ अधिक हैं किन्तु विश्वरूप, सुरेश्वर तथा मण्डन आदि नामों के साथ भवभूति की एकता अनिश्चित नहीं अपितु अमान्य ही है।[12] इस सम्बन्ध में श्री काणे का यह कथन कि – "उम्बेक कुमारिल के शिष्य थे तथा उन्होंने कुमारिल के श्लोकवार्तिक और मण्डन के भावनाविवेक पर टीकायें लिखी। भावनाविवेक के एक स्थल पर उन्होंने कई पाठों को बताया है। कोई व्यक्ति अपने ग्रन्थ की ही टीका में कई पाठों को उद्भावित नहीं कर सकता । अतः ये एक व्यक्ति नहीं"[13] ही मुझे सही प्रतीत होता है।

भवभूति का समय-निर्धारण

यह हमारा सौभाग्य है कि जहाँ भास के समय निर्धारण में विद्वान् एक सहस्त्र वर्ष का अन्तर रखते हैं और कालिदास के विषय में 500 वर्ष आगे-पीछे तक घूमते हैं, वहाँ भवभूति का समय सीमित समय में निश्चित किया जा सकता है। यद्यपि अपनी वंशावली आदि के सम्बन्ध में स्पष्टतया निर्देश

करनेवाले भवभूति अपने कालनिर्धारण के सम्बन्ध में मौन दिखाई पड़ते हैं। लेकिन अन्त: साक्ष्य तथा बाह्य साक्ष्य के आधार पर किसी निर्णय पर पहुँचना अधिक कठिन नहीं लगता। ध्यातव्य है कि अन्त: साक्ष्य की अपेक्षा बाह्य साक्ष्य कहीं अधिक मूल्यवान हैं।[14]

यद्यपि भवभूति ने अपनी कृतियों में अपने समय का या तत्कालीन किसी राजा अथवा कवि का कहीं कोई निर्देश नहीं किया है, किन्तु भवभूति के समय-निर्धारण में अन्त: साक्ष्य के रूप में भवभूति की भाषाशैली और काव्यकला का अध्ययन स्वाभाविक है।

यह निर्विवाद है कि काव्यकला के क्षेत्र में भवभूति महाकवि कालिदास से पूर्ण प्रभावित हैं और जहाँ तक इनकी भाषा-शैली का प्रश्न है उस पर बाणभट्ट की 'ओज समासभूयस्त्व' गद्य शैली का गाढ़ा रंग चढ़ा हुआ है। मालतीमाधव में विरही माधव कालिदास के विरही यक्ष की तरह मेघ को दूत बनाकर अपनी प्रिया के पास संदेश भेजता है-

दैवात्पश्येर्जगति विचरन्मत्प्रियां मालतीं चे-
दाश्वास्यादौ तदनु कथयेर्माधवीयामवस्थाम्।
आशातन्तुर्न च कथयतात्यन्तमुच्छेदनीय:
प्राणत्राणं कथमपि करोत्यायताक्ष्या: स एक:।।

मालतीमाधव 9/26

यहाँ न केवल कालिदास के मेघदूत के भावों का ही अनुकरण हुआ है बल्कि भाव के साथ मन्दाक्रान्ता छन्द की भी अनुकृति पायी जाती है। भवभूति के नाटकों में इसके अतिरिक्त भी कई ऐसे स्थल हैं जहाँ कालिदास की काव्यकला का प्रभाव स्पष्ट दिखता है।

इससे स्पष्ट है कि भवभूति कालिदास के काफी बाद हुए थे। ध्यातव्य है कि विवादास्पद होते हुए भी कालिदास का समय अधिकांश विद्वानों ने पाँचवीं सदी का आरंभ माना है।

भवभूति की भाषाशैली पर बाण की प्रगल्भ गद्यशैली का संस्कार अंकित है। भवभूति की भाषाशैली पर ऐसे युग की छाप स्पष्ट दिखती है जब काफी सुदीर्घ

एवं संश्लिष्ट वाक्य लिखे जाते थे और भाषा की स्वाभाविक गति पर पाण्डित्य एवं विदग्धता का बोझ होता था। भावसंक्षेप की जगह भाव-विस्तार का महत्व अधिक था। और भाषाशैली के उपर्युक्त लक्षण बाण एवं दण्डी की कृतियों में मिलते हैं। हर्षचरित में बाण ने जिस प्रकार की शैली का प्रयोग किया है न्यूनाधिक रूप में वही शैली भवभूति ने मालतीमाधव के प्रथमांक में अपनाया है।[15]

इससे स्पष्ट होता है कि भवभूति बाणभट्ट की भाषाशैली से अवश्य प्रभावित थे। बाणभट्ट का समय सातवीं सदी का पूर्वार्द्ध है। बाण ने हर्षचरित के प्रारम्भ में प्रायः सभी पूर्ववर्ती लब्धप्रतिष्ठ कवियों एवं आचार्यो का उल्लेख किया है। किन्तु, उस सूची में भवभूति का कहीं कोई उल्लेख नहीं है। बाणभट्ट की प्रवृत्ति को देखते हुए यह तय है कि अगर भवभूति बाण के पूर्ववर्ती या समसामयिक भी होते तो निश्चय ही भवभूति जैसे रससिद्ध महाकवि का बाण ने उल्लेख किया होता किन्तु, ऐसा नहीं हैं। इससे यह सूचित होता है कि भवभूति बाण के परवर्ती हैं। इस प्रकार सातवीं सदी के बाद ही भवभूति का समय का निर्धारण करना समुचित है।

800 ई० के आगे भवभूति की रचनाओं के प्रमाण मिलने लगते हैं। डॉ० काणे ने काव्यालंकार सूत्रवृत्ति के प्रणेता आचार्य वामन का समय 800 ई० माना है वामन ने भवभूति के दो श्लोक उद्धृत किये है।[16] प्रतिहार राजा महेन्द्रपाल (885-910ई०) एवं महीपाल (910-919) की राजसभा के कवि राजशेखर ने तो बालरामायण की प्रस्तावना में स्वयं को भवभूति का अवतार ही घोषित कर दिया है। इस तरह यह स्पष्ट हो जाता है कि भवभूति उक्त दोनों से पूर्ववर्ती थे। स्पष्ट यह भी होता है कि भवभूति का समय 700 ई० से 800 ई० के भीतर कहीं-न कहीं अवश्य रहा होगा जिसका उद्घाटन अन्य तथ्यों से भी होता है-

कल्हण ने अपनी राजतरंगिणी में कन्नौज के राजा यशोवर्मन पर कर्कोटवंशीय राजा ललितादित्य मुक्तापीड की विजय का वर्णन करते हुए यशोवर्मन की राजसभा के कवि वाक्पतिराज के साथ भवभूति का नामोल्लेख किया है।[17]

कविर्वाक्पतिराजश्री भवभूत्यादिसेवितः।
जितो ययौ यशोवर्मा तद्गुणस्तुतिवन्दिताम्।।

डॉ0 उमेश पाण्डेय इस विषय में कहते हैं कि यह आश्चर्यजनक प्रतीत होता है कि बाणभट्ट आदि ने स्वयं अपने आश्रयदाता राजा का नाम उल्लिखित किया है जबकि भवभूति अपनी तीनों नाट्यकृतियों में इस विषय पर भी मौन रहे हैं। इससे अनुमान लगाया जा सकता है कि अपनी कृतियों के समापन कर चुकने के बाद भवभूति यशोवर्मन द्वारा सम्मानित किये गये होंगे। इसकी पुष्टि वाक्पतिराज के प्राकृत महाकाव्य गउडवहो की निम्न गाथा से होती है-

भवभूइजलहिणिग्गयकव्वामय रसकणा इव फुरन्ति।
जस्स विसेसा अज्जवि वियडेसु कहाणिवेसेसु।।
भवभूतिजलधिनिर्गत काव्यामृतरसकणा इव स्फुरन्ति।
यस्य विशेषा अद्यापि विकटेषु कथानिवेशेषु।।[18]

उपर्युक्त कथन से स्पष्ट होता है कि यशोवर्मन की राजसभा में भवभूति वाक्पतिराज से वरिष्ठ सदस्य रहे होंगे। इससे इस बात का भी संकेत मिलता है कि गउडवहो की रचना के समय वाक्पतिराज यशोवर्मन की राजसभा से अवश्य सम्बद्ध थे, अन्यथा वे गउडवहो में यशोवर्मन की यशोगाथा का गान नहीं करते। गउडवहो की रचना का समय की सूचना इसमें एक जगह वर्णित खण्डग्रास सूर्यग्रहण के वर्णन से मिलती है। इसकी गणना करके प्रो० जैकोबी ने उसकी तिथि 14 अक्टूबर 733 ई० निर्धारित की है, ऐसा डॉ० मिराशी ने लिखा है। स्पष्ट होता है कि भवभूति 733 ई० के पूर्व ही आठवीं शताब्दी के प्रथम चतुर्थांश में अवश्य विद्यमान थे।

राजतरंगिणी के अनुसार ललितादित्य-मुक्तापीड से यशोवर्मन पराजित हुए थे। डॉ० मिराशी राजतरंगिणी के तिथि सम्बन्धी आँकड़ों का परीक्षण करके ललितादित्य का समय 693-730 ई० निश्चित करते है जो जैकोबी द्वारा निर्धारित सूर्यग्रहण के समय से मेल नहीं खाती। लेकिन समकालीन चीनी इतिहास में कुछ ऐसे प्रमाण उपलब्ध होते हैं, जिनसे पता चलता है कि चीनी राजाओं के दरबार में भारतीय दूत विद्यमान थे। उदाहरण के लिए तेंग राजाओं की वंशावली के इतिहास में उल्लिखित है कि भारतीय राजा त्वेन्तों-लो-पिलि (अर्थात् ललितादित्य के द्वितीय पूर्ववर्ती राजा चन्द्रापीड) ने अरबों के आक्रमण को व्यर्थ करने के लिए 713 ई० में अपना दूत भेजकर चीनी सम्राट से

सहायता माँगी थी। ऐसे ही आँकड़ों से स्पष्ट होता है कि ललितादित्य का शासनकाल 724 ई० से 761 ई० तक रहा। यह तिथि उक्त सूर्यग्रहण की तिथि 733 ई० से काफी मेल खाती है। इसी समय यशोवर्मन का अपना सैनिक अभियान शुरू हुआ था, जो कालान्तर में ललितादित्य द्वारा उनकी पराजय का कारण बना।

इस प्रकार अन्तः एवं बाह्य साक्ष्यों के विश्लेषण से यह निष्कर्ष निकाला जा सकता है कि वाक्पतिराज ने अपना गउडवहो 735 ई० में समाप्त किया होगा जब तक भवभूति की पार्थिव सत्ता न रही होगी। इस आधार पर भवभूति का रचनाकाल 700 ई० से 730 ई० के बीच रखा जा सकता है। भवभूति के इस कालनिर्धारण में अधिक-से-अधिक 10-5 वर्षों का व्यतिक्रम हो सकता है, जो स्वाभाविक भी है।[19] इस तरह भवभूति सातवीं सदी के अन्तिम चरण से लेकर आठवीं सदी के प्रथम चरण तक में विद्यमान थे-यह निश्चित होता है।

भवभूति का जन्म-स्थान

भवभूति का जन्म स्थान भी विद्वानों के बीच गवेषणा का विषय रहा है। यद्यपि भवभूति ने अपने यशस्वी वंश के परिचय-क्रम में दक्षिणापथ में संस्थित विदर्भ देश के पद्मपुर नामक नगर में अपना जन्म बताया है-

अस्ति दक्षिणापथे पद्मपुरं नाम नगरम्।[20]

यहाँ दक्षिणापथ का प्रचलित अर्थ दक्षिण भारत है।[21] कामसूत्र के टीकाकार यशोधर ने 'नर्मदाया दक्षिणेन देशो दक्षिणापथः' कहते हुए नर्मदा के दक्षिणपूर्ववर्ती भू-भाग को दक्षिणापथ माना है। राजशेखर ने भी इसी तथ्य को प्रकारान्तर से व्यक्त करते हुए लिखा है- 'माहिषमत्याः परतो दक्षिणापथः।' डॉ० मिराशी माहिष्मती को नेमा जिले के अन्तर्गत आधुनिक महेश्वर से अभिन्न मानते हैं। किन्तु भवभूति निर्दिष्ट पद्मपुर की भौगोलिक स्थिति के संबंध में विद्वानों में मतवैभिन्य है। टीकाकार जगद्धर और त्रिपुरारी ने 'पद्मावती' को 'पद्मपुर' का पर्याय माना है। जो मालतीमाधव प्रकरण का कार्यक्षेत्र है। डॉ० मिराशी ने जेनरल कनिंघम की पुस्तक 'क्वाएन्स ऑफ मेडाइवल इण्डिया' पृष्ठ-22 में उल्लिखित विचारों को उद्धृत करते हुए लिखा है कि 'ग्वालियर राज्य में सिन्धु

या सिन्धु नदी के किनारे बसा हुआ नरवार नामक स्थान ही प्राचीन पद्मावती था। एम० वी० लेले, एम० के० वेल्वेल्कर, पी० वी० काणे आदि ने भी अपने मत पद्मपुर की गवेषणा के सम्बन्ध में व्यक्त किये हैं, किन्तु डॉ० मिराशी ने पुरातात्विक तथा अन्य प्रमाणों के आधार पर निष्कर्षस्वरूप अपना अभिमत दिया है कि भण्डारा जिले में आमगाँव रेलवे स्टेशन से लगभग ढाई मील की दूरी पर अवस्थित पद्मपुर नामक गाँव ही भवभूति की जन्मस्थली माननी चाहिए। यद्यपि पद्मपुर, पदमपुर, पद्मापुर नाम से तीन गाँव उस क्षेत्र में प्राप्त होते है, किन्तु डॉ० मिराशी निर्दिष्ट पद्मपुर के आसपास खुदाई से प्राप्त कई मूर्तियों, मन्दिरों के भग्नावेशेषों की प्राप्ति से असली पद्मपुर प्रतीत होता है। यहाँ ध्यातव्य है कि इस गाँव के निकटवर्ती क्षेत्रों में अभी भी कृष्णयजुर्वेदीय तैत्तिरीय शाखा के अनुयायी कई श्रोत्रिय ब्राह्मण-परिवार है जो भवभूति के गोत्रादि से समानता रखते हैं। डॉ० काणे ने डॉ० मिराशी के स्थापना का खण्डन किया है। इनका कहना है कि स्वयं डॉ० मिराशी ने विदर्भ में पद्मपुर नाम के 6 ग्रामों का उल्लेख किया है तथा यह भी स्वीकार किया है कि विदर्भ में अबतक कहीं उत्खनन नहीं हुआ हैं, जिससे प्राचीन ध्वंसावशेषों का पता चले। ऐसी परिस्थिति में आमगाँव के पद्मपुर को भवभूति का जन्मस्थान मानना तर्कसंगत नहीं लगता। इसके अतिरिक्त 'पद्मपुर' वाकाटकनरेशों की राजधानी थी, इसका कोई प्रमाण नहीं मिलता। जबकि नन्दिवर्धन तथा प्रवरपुर वाकाटकनरेशों की राजधानी थी, यह सुपरिचित है।

ऐसी परिस्थितियों में पद्मपुर की पहचान अनिश्चित है। पद्मावती से उसका साम्य स्थापित करना ठीक नहीं क्योंकि मालतीमाधव में पद्मावती नगरी के सूक्ष्म वर्णन से पता चलता है कि विदर्भ की राजधानी कुण्डिनपुर से विदर्भराज के मंत्री का पुत्र माधव अपने पिता के द्वारा प्रत्यक्षत: तो अध्ययन के लिये पर वस्तुत: मालती को प्राप्त करने के लिए पद्मावती भेजा जाता है। मालती पद्मावती के मंत्री भूरिवसु की कन्या है। इससे यह प्रतीत होता है कि पद्मावती नगरी भवभूति के समय में विदर्भ से बाहर थी। भवभूति ने दण्डकारण्य गोदावरी तथा जनस्थान का भी बहुत ही व्यापक तथा सूक्ष्म वर्णन किया है। यह उनके दण्डकारण्य के प्रगाढ़ परिचय तथा उसके प्रति प्रेम का द्योतक है।[22]

मालतीमाधव में उल्लिलिखत वाक्यों–

''**मारिष, सुविहितानि रंगमंगलानि। सन्निपतितश्च कालप्रियानाथस्य यात्राप्रसंगेन नानादिगन्तवास्तव्योजनः।, तत्किमित्युदासते भरताः। आदिष्टोऽस्मि विद्वत्परिषदा यथा–अद्य त्वयाऽपूर्ववस्तुप्रयोगेण वयं विनोदयित्वा इति**''[23] को देखने से ऐसा प्रतीत होता है कि भवभूति के नाटक कालप्रियानाथ के यात्रा–प्रसंग में अभिनीत होते थे। इसी तरह की बातें महावीरचरित और उत्तररामचरित–नाटकों में भी उपलब्ध होती हैं।[24] कालप्रिय के उल्लेख के आधार पर डॉ० मिराशी प्रभृति विद्वानों ने इसे कलापी नामक स्थान माना है।[25]

राजा भोज ने अपनी शृंगारमंजरी कथा में वत्सदेश की राजधानी कौशाम्बी में कालप्रिय देव की स्थिति स्पष्ट बतायी हैं–

> **अस्ति वत्सेषु कौशाम्बी नाम नगरी–सुरूपसम्पदा विजितम–करकेतुः सुभगः कलाकलापकुशलः समानशीलवयो–भिराप्तैरनुगम्यमानो भगवतः कालप्रियदेवस्य मधुसमकण्ठी यात्रायामात्रकमनीयवेषस्तमेव भगवन्तं प्रक्षितुमयासीत्।।**

भवभूति के नाटकों के समान यहाँ भी बताया गया है कि कालप्रियदेव की यात्रा होती थी और लोग उसे देखने जाते थे। उनकी दाड़ी या निशान की यात्रा वसन्त ऋतु में होती थी। भोज का यह विवरण भवभूति की ही परम्परा में यदि हो तो भवभूति के नाटक के वसन्त ऋतु में होने वाली कालप्रियदेव की यष्टि–यात्रा के अवसर पर खेले गये थे। भवभूति के तथाकथित आश्रयदाता यशोवर्मा की राजधानी कन्नौज से कौशाम्बी की दूरी बहुत अधिक नहीं हैं। तब कौशाम्बी यशोवर्मा के राज्य में ही था। पवाया से दो परस्पर विरोधी दिशा में प्रदर्शित प्रभामण्डलयुक्त मानवाकार एक सूर्यस्तम्भ–शीर्ष प्राप्त हुआ है। ऐसे स्तम्भ 'यष्टि' कहलाते हैं और इनके सम्मान में यात्रा आयोजित होती थी। इस तरह बहुत हद तक संभावना बनती है कि भवभूति के कालप्रियानाथ पद्मावती (पवाया) के ही हों, जिनकी यष्टि का शीर्ष भाग आज भी सुलभ है तथा उन्हीं के सम्मान में आयोजित यात्रा में इनके नाटक प्रदर्शित होते रहे हों।[26]

भवभूति का व्यक्तित्व : नाट्य-कृतियों के आलोक में

संस्कृत-वाङ्मय में स्व-परिचय प्रस्तुत करने के विषय में प्रायः कवियों की रूढ़िबद्धता रही है। कवि एवं नाटककार भवभूति ने यद्यपि अपने विषय में कुछ स्पष्ट संकेत दिये हैं, तथापि अपने से सम्बन्धित कई बिन्दुओं पर मौन ही रहे हैं। व्यक्तिगत तथा पारिवारिक तथ्यों का उद्घाटन उन्होंने स्वयं किया है। तदनुसार ये काश्यप गोत्रोत्पन्न पंक्तिपावन ब्रह्मवादिन् कुल में उत्पन्न हुए थे। इनका श्रोत्रिय परिवार अपने ज्ञानविज्ञान, वैदिक कर्मकाण्ड, शीलस्वाध्याय के लिए परम्परा से प्रतिष्ठित एवं पूज्य था। भवभूति को अपनी वंश-परम्परा से पाण्डित्य एवं वैदुष्य का, शील एवं स्वाध्याय का, मान एवं प्रतिष्ठा का बहुत बड़ा रिक्थ उपलब्ध हुआ था। उन्होंने अपने को पदवाक्यप्रमाणज्ञ, वश्यावाक् एवं पूर्णप्रज्ञ महाकवि कहा है।[27] इनके संस्कार नितान्त शुद्ध थे। ब्राह्मण-संस्कृति तथा वैदिक आचार-विचार में भवभूति की दृढ़ निष्ठा थी। उन्होंने निगमागम का तलस्पर्शी अध्ययन ही नहीं किया था, बल्कि पूरी निष्ठा एवं विधिवत् स्वाध्याय के द्वारा उसे हृदयंगम भी किया था। साहित्य एवं दर्शन के क्षेत्र में वे विधिवत् शिक्षित एवं पूर्णतः दीक्षित थे। उनके व्यक्तित्व में दार्शनिक ज्ञान-विज्ञान का, स्वच्छ शील एवं विधिवत् स्वाध्याय का, साहित्य एवं कला का अपूर्व परिपाक हुआ था। मीमांसक होने से वैदिक कर्मकाण्ड के प्रति उनकी स्वाभाविक रुचि रही होगी-यह स्वयंसिद्ध है, फिर भी कट्टरकर्मकाण्डी की तरह उनका दृष्टिकोण संकीर्ण एवं कलुषित नहीं था। वे ज्ञानक्षेत्र में शंकराचार्य की तरह अद्वैतवादी और भावक्षेत्र में भक्तिवादी थे। गुणानुसार नाम वाले ज्ञाननिधि जैसे गुरु से शास्त्रों का इन्होंने विधिवत् अध्ययन किया था। कुल, गुरु और वैयक्तिक गुणवत्ता-इन सबका समन्वित प्रभाव ही था कि ये एक प्रकाण्ड विद्वान्, सुधी दार्शनिक और सबसे बढ़कर सजग कलाकार थे। इनकी तीनों नाट्य-कृतियों में इनके उपर्युक्त रूपों का कलात्क समन्वय द्रष्टव्य है।

इनकी कृतियों में यथार्थ के साथ आदर्श, सौन्दर्य के साथ शील तथा भक्ति के साथ ज्ञान भी सम्पृक्त है। ये एक ओर चैतन्यज्योतिस्वरूप निर्गुण निराकार ब्रह्म के प्रति श्रद्धांजलि अर्पित करते हैं।[28] तो दूसरी ओर शिव, गणेश एवं सूर्य की स्तुति करते हुए अपने को भगवान् श्रीराम का विनीत भक्त भी

घोषित करते हैं।[29] इन्होंने अपने उपास्य श्रीराम का अपने नाटकों के माध्यम से लीलास्मरण किया है। इनके दो नाटकों के नायक भी श्रीराम ही हैं। इनके सभी नाटक 'कालप्रियानाथ' भगवान् शंकर की यात्रा के अवसर पर प्रथमतः अभिनीत हुए थे-जिससे शिव के प्रति भी इनकी आस्था समान भाव से व्यक्त होती है। इस प्रकार ज्ञानक्षेत्र में शंकराचार्य की तरह अद्वैतवेदान्ती और भावक्षेत्र में भवभूति के भक्तिवादी व्यक्तित्व का परिचय प्राप्त होता है। भवभूति का व्यक्तित्व राष्ट्रवादी चिन्तक के रूप में भी उभरकर सामने आता है। महावीरचरित के एक श्लोक में[30] इन्होंने स्पष्ट किया है कि राष्ट्र के रक्षक बुद्धिजीवी जिस देश में हों वह राष्ट्र न कभी जीर्ण होता है, न नष्ट होता है और न कभी उसे कोई परेशानी होती है। इस तरह परोक्षतः भवभूति शिक्षा के महत्व को प्रतिपादित करते हुए प्रत्यक्ष रूप से राष्ट की रक्षा का भार बुद्धिजीवियों पर मानते है जो सर्वथा उपयुक्त है।[31]

भवभूति के व्यक्तित्व, आचार-विचार आदि के सम्बन्ध में उनकी नाट्य-कृतियों से खान-पान में उनकी सामिष रुचि होने का पता चलता है। इसका स्पष्ट संकेत उन्होंने अपने दोनों रामनाटकों में दिया है। पंक्तिपावन, ब्रह्मवादिन श्रोत्रिय कुल में उत्पन्न अपने वंश का जिस तरह गौरवपूर्ण गुणगान ओजस्वी शब्दों में किया है। उनको देखते हुए इनका मांसभक्षी होना कुछ अजीब लगता है। संभव है शैव मतावलम्बी होने का प्रभाव हो या काव्य-साधना के क्रम में यायावर जिन्दगी व्यतीत करनेवाले भवभूति को किसी दिन क्षुधा-पीड़ित हो मांस-भक्षण करना पड़ा हो और उसका स्वाद इन्हें प्रिय लगने से आदत बन गयी हो। यद्यपि इन्होंने अपनी इस निन्दनीय आदत के प्रति आशंका के कारण धर्मसूत्रकारों के तत्सम्बन्धी मतों की ओर संकेत भी किया है।[32] अस्तु! मान्यताएँ एवं कारण जो भी हों, भवभूति मांसभक्षी थे-यह संकेतित होता है।

विदित है कि ये एक ब्रह्मवादिन् कुल में उत्पन्न प्रकाण्ड पण्डित थे। विश्वास है कि ये पाण्डित्य और कर्मकाण्ड की अपनी पैतृक परम्परा में दीक्षित किये गये होंगे। ऐसे कुलीन ब्राह्मण युवा से सहज अपेक्षा यही रही होगी कि वह पारिवारिक परम्परा को आगे बढ़ाये, कर्मकाण्ड, अध्ययन, अध्यापन आदि के प्रति समर्पित रहे। लेकिन इनकी प्रवृत्ति परम्परा से हटकर बन गई।

रंगमंच से जुड़ना, नटों से मित्रता करना, अभिजात हिन्दू परिवार की परम्परा को अवहेलित करना इत्यादि भवभूति के व्यावहारिक प्रकृति का हिस्सा बन गया। यद्यपि तब समाज में नटों की स्थिति सम्माननीय नहीं थी। अभिजात हिन्दू के मन में यह धारणा बैठ गयी थी कि नट नीच और अनैतिक होता है। वनवास के लिए जाते समय राम जब सीता को छोड़कर जाने का इरादा व्यक्त करते हैं, तो सीता चिढ़कर कहती हैं "शैलूष इव माम् परेभ्यो दातुमिच्छसि"- नट-भाण्ड की तरह मुझे अन्य को सौंपना चाहते हो। उक्त प्रसंग भवभूति के समय की अवधारणा और भवभूतिकृत सामाजिक अवमानना को प्रकट करने में पूर्ण सफल है। भवभूति शास्त्र-परम्परा के अनुगामी परिवार से संबंध रखते थे। प्रथमतः तो शास्त्र-परम्परानुसार कार्य को छोड़कर उन्होंने काव्य-रचना का मार्ग चुना। द्वितीयतः वेद, उपनिषद्, सांख्य, योग आदि के ज्ञान को पाने के बाद नाट्य-रचना में उपयोग करना शुरू कर दिया। स्वाभाविक था कि उनकी तीखी आलोचना हुई होगी। किसी भी रूप के मानव को मानवमात्र समझने वाला इस संवेदनशील और भावुक भवभूति को अपने ही बन्धुजनों के इस व्यवहार से जबरदस्त आघात लगा होगा तथा भवभूति को सम्मान के लिए भावी पीढ़ी पर संतोष एवं विश्वास करना पड़ा होगा, जो -'उत्पत्स्यते मम कोऽपि समानधर्मा' द्वारा व्यक्त हुआ है।[33] अपनी नाट्य-सृष्टि के लिए वेदादि विषयक ज्ञान का खुले शब्दों में निषेध करते हैं।[34] भवभूति का हृदय नाटककार का हृदय है। इनका व्यक्तित्व कलात्मक हैं, नाट्य-सृष्टि के लिए जो ज्ञान ग्राह्य है, वे एक जागरुक कलाकर होने के चलते उतने से ही मतलब रखते हैं। नाट्य-विधा से अतिशय लगाव के कारण ही शायद इनका गंभीर ज्ञान वैदिक मूल्य से संपृक्त होता हुआ उत्कृष्ट कला के साथ नाट्य-कृतियों के रूप में सृजित होता चला गया। वस्तुतः संस्कारजन्य विरासत के रूप में प्राप्त इतनी पवित्र ज्ञान-सम्पदा को नाट्य-कला का सहज-संस्कार बना देना भवभूति के चमत्कारजनक सन्तुलित और धैर्यवान् व्यक्तित्व का अवबोधक है।[35] ये नाट्यकला के मर्मज्ञ कलाकार, रससिद्ध कवि एवं सुधी समालोचक थे। इन्होंने नाट्यकला को लक्षण ग्रन्थों की रुढ़िबद्धता से मुक्त कर उसे एक नया परिवेश प्रदान किया। इन्होंने शास्त्रीय नियमों की परवाह किये बिना हृदय के उच्छल संगीत एवं वेदनामयी अनुभूति को नाटकीय भावभूमि में अवतरित किया। शास्त्रीय सिद्धान्तों के विरुद्ध उत्तररामचरित में करुण रस को अंगीरस

के रूप में प्रतिष्ठित कर सदा के लिय अमर कर दिया। आदिकवि वाल्मीकि की चिरनिर्वासिता सीता के मिथ्या परिवाद को कला के सुनहले पानी से धोकर पुनः जिस नाटकीय भावभूमि में राम से मिलन कराया है–वह भवभूति की लोकोत्तर नाट्य–प्रतिभा का ज्वलन्त प्रमाण है। इन्होंने संस्कृत नाटकों की सुखान्त परम्परा का मात्र निर्वाह नहीं किया अपितु वाल्मीकि की चिरप्रतिष्ठित परम्परा के ऊपर पुनः एक स्वस्थ नाटकीय परम्परा का नित्य नूतन निर्माण किया है।[36] महाकवि भवभूति की शैली एवं शील में मान एवं स्वाभिमान का, निष्ठा एवं आशा का गौरवपूर्ण सम्मिश्रण हुआ है। कलागत मूल्यों के प्रति इनकी निष्ठा अनन्य थी। जैसा कि ''ये नाम केचिदिह..........'' आदि श्लोक से पता चलता है कि इनको अपने जीवनकाल में कट्टर पंडित समाज की कटूक्तियों का गरलपान करना पड़ा था, किन्तु इससे भवभूति के भावुक नाटककार को चाहे जितना भी आघात एवं क्षोभ हुआ हो, किन्तु कलागत मूल्यों के प्रति इनकी गंभीर आस्था उत्तरोत्तर दृढ़तर ही होती गयी है। प्रस्तुत पंक्तियों में उनके गौरवूपर्ण व्यक्तित्व का, मान एवं स्वाभिमान का, अपरिमित निष्ठा एवं उज्ज्वल आशावाद का गुरुगंभीर स्वर मुखर हुआ है। वर्तमान के कुहासा से भरे वातावरण से विक्षुब्ध होते हुए भी कलाकार किसी सुनहली आशा किरण से गौरवान्वित होता रहता है। उसे दृढ़ विश्वास है कि उनके साहित्यिक मूल्यों का समुचित आदर आज नहीं तो कल अवश्य होगा, क्योंकि देशकाल के इस व्यापक आयाम में कोई समानधर्मा सुधी कलाकार अवश्य ही जन्म लेगा, जो उनकी कृतियों एवं कृतित्वों का समुचित सम्मान करेगा। यह मात्र प्रतिभा एवं पाण्डित्य का मिथ्या उद्घोष नहीं, बल्कि एक विद्वान कलाकार की सात्विक अनुभूति की अटूट निष्ठा एवं गंभीर आशावाद का उज्जवल उद्गार है।[37] इनकी कृतियों में गंभीर आशावाद के साथ पवित्र आदर्शवाद के संचरण के कारण ही इनका जीवन सर्वथा शृंखलित, मर्यादित, प्रशान्त एवं सौहार्द्रपूर्ण प्रतीत होता है। दाम्पत्य जीवन के जो मर्यादित शुद्ध चित्र अंकित किये गये हैं, उनको देखकर ऐसा लगता है कि भवभूति का दाम्पत्य जीवन भी कुछ वैसा ही था। भवभूति की नारी तीर्थोदक तथा वह्नि की तरह आजन्म शुद्धशीला एवं विश्ववन्दनीया है।[38] 'इयं गेहे लक्ष्मी' के रूप में पत्नी का प्रत्येक स्पर्श अमृततुल्य है। यह भवभूति के प्रगाढ़ दाम्पत्य जीवन का जहाँ पोषक है, वहीं नारी के प्रति उनके उदात्त दृष्टि का परिचायक भी है। नारी के शारीरिक

सौन्दर्य की अपेक्षा उसके शील एवं सद्गुणों ने भवभूति के मानस को अधिक प्रभावित एवं उत्प्रेरित किया है। उनके नाटकों में दाम्पत्य प्रणयभाव के अत्यन्त सुकुमार एवं उदात्त चित्रों को मनोविज्ञान की भूमिका में रखकर कुछ विद्वानों ने यह अनुमान किया है कि भवभूति का अपना दाम्पत्य जीवन अत्यन्त विषम, कटु एवं कलहग्रस्त होगा। क्योंकि मनोविज्ञान के अनुसार प्रायः कोई भी कलाकार उन आदर्शों की स्थापना काफी संवेग के साथ करते दिखाई देता है, जिनका उनके वैयक्तिक जीवन में प्रायः अभाव ही अभाव रहता है।

मनोविज्ञान के 'इच्छापूर्ति का सिद्धांत' के अनुसार अपनी कृतियों में वह कला के माध्यम से उस अभाव की पूर्ति कर आत्मतोष करता है। किन्तु यदि भवभूति का दाम्पत्य जीवन सर्वथा विषम एवं विषण्ण होता तो नारी के प्रति उनका दृष्टिकोण इतना उदार, उज्ज्वल एवं सुप्रसन्न नहीं होता। पुनः 'दारानपत्याय' अर्थात् विवाह सन्तति के लिए (आनन्द मनाने के लिए नहीं) कहना भवभूति के गृहस्थ जीवन के प्रति रुचि तथा सन्तानप्रियता को स्पष्ट करता है, जो इस बात को भी सिद्ध करता है कि भवभूति का सामाजिक संस्कारों के प्रति मर्यादित लगाव था। वे मानते थे कि मातृत्व नारीत्व का चरम उत्कर्ष है। यहाँ भी, भवभूति जीवन में निष्ठा और मर्यादा के पक्षधर दिखते है।

भवभूति के किसी नाटक से ऐसा संकेत नहीं मिलता कि वे किस राजसभा से संबद्ध थे अथवा किस राजा की कृपादृष्टि उनपर थी। इससे स्पष्ट होता है कि आर्थिक दृष्टि से वे सम्पन्न थे। उनके व्यक्तित्व की शीलसम्पन्नता, सम्मान, निष्ठा, आशा और स्वाभिमान का गौरवपूर्ण सम्मिश्रण उनके नाटकों से प्रतिध्वनित होता है। मालतीमाधव के 'ये नाम केचिदिह नः प्रथयत्वज्ञां' के द्वारा इनके व्यक्तित्व का क्रान्तिकारी दृष्टिकोण, प्रचण्ड पाण्डित्य तथा कला के प्रति अक्षुण्ण आस्था पक्ष सामने आता है।

महावीरचरित में कई प्रसंग ऐसे है जिससे प्रमाणित होता हैं कि भवभूति एक प्रगतिशील कवि हैं। यद्यपि यह सत्य है कि महावीरचरित का आधार-ग्रन्थ वाल्मीकिकृत रामायण ही है। तथापि वाल्मीकि के राम का चरित्र-गठन और भवभूति के राम का चरित्र-गठन बिल्कुल पृथक हैं। एक 'राम' ही नहीं अपितु रावण आदि का भी चरित्र-गठन में भवभूति की मौलिकता और प्रगतिशीलता झलक उठी है। महावीरचरित का एक प्रसंग-

रामः - वत्स!

साधारण्यान्निरातंकः कन्यामन्योऽपि याचते।
किं पुनर्जगतां जेता प्रपौत्रः परमेष्ठिनः।।[39]

अर्थात् वत्स! साधारणता के कारण कन्या की मंगनी अन्य कोई भी कर सकता है, फिर ब्रह्मा के प्रपौत्र जगत् विजयी रावण की क्या बात है?

उपर्युक्त प्रसंग से कवि की दृष्टि के विषय में कई बातें ध्वनित होती हैं। जैसे-रावण को कवि ब्रह्मा के प्रपौत्र कह रहें हैं। ध्यातव्य है कि लंकापति रावण अयोध्याकुमार राम के समकालीन हैं। रावण और राम दोनों को कवि ऐतिहासिक पात्र स्वीकार करते हैं। रावण को कवि ब्रह्मा के प्रपौत्र के रूप में वर्णित कर रहे हैं। तो क्या ब्रह्मा एक दिव्य पात्र की जगह ऐतिहासिक पात्र न हुआ?

इस तरह के उदाहरण भवभूति को अन्य कवियों से अलग करते हैं। भवभूति ने राम या रावण किसी को भी एक दिव्य शक्ति के रूप में नहीं बल्कि एक मानवीय शक्ति के रूप में ही स्वीकार किया है।

इसके अतिरिक्त भवभूति रचित नाटकों के पात्रों के संवाद प्रायः अधिक लम्बे हैं । जिससे इनके व्यापक एवं गहन ज्ञानयुक्त होने का अनुमान किया जा सकता है। भवभूति के परिवेश तथा रचनाओं की विविध भंगिमाओं के आलोक में डॉ० अयोध्या प्रसाद सिंह अपना निष्कर्ष प्रस्तुत करते हुए लिखते हैं-

''मेरी दृष्टि में भवभूति ने अपनी कृतियों में आस्था, सत्य, सदाचार, निर्भीकता, धर्म या कर्तव्य की बलिवेदी पर सर्वस्व समर्पण जैसे मूल्यों की जैसी प्राणवान् प्रतिष्ठा की है, वैसा संस्कृत साहित्य का कोई भी दूसरा कवि नहीं कर पाया है। इन्होंने न केवल महत्तर जवीन की उदात्तता का उद्घोष किया है, प्रत्युत उसे उसी के सर्वथा अनुकूल गरिमामयी वाणी भी प्रदान की है। यह सब कुछ उनके परिवेश से निरपेक्ष नहीं है। वस्तुतः उनकी साहित्यिक चेतना आद्यन्त अपने परिवेश की गरिमा से रेखांकित है। अपने साहित्य के माध्यम से उन्होंने इसी परिवेश के तपःपूत आदर्शो को विश्वजनीन बनाकर 'भूम्ना रसानां गहनाः प्रयोगाः' के रूप में स्थापित किया है।[40]

निष्कर्ष के रूप में कहा जा सकता है कि विप्रकुल में उत्पन्न इस कवि के

संस्कार जितने परिमार्जित थे उतने ही ये चिन्तनशील, अध्ययनशील एवं अहं प्रवृत्ति-प्रधान मानव थे। प्रखर बुद्धिवाले इस कवि में धैर्य, संकल्प-शक्ति और मौलिकता का अद्भुत समावेश था। समाज में ये कम मिलनसार और सामान्य आमोद-प्रमोदों के अवसर पर कम भूमिका निभानेवाले रहे होंगे। यदि समास-शैली में कहा जाय तो भगवान् श्रीराम के व्यक्तित्व-निर्णय में जो निष्कर्ष इन्होंने लिखा है, वह मानों इनके ही व्यक्तित्व का सच है कि महापुरुषों का हृदय वज्र से भी अधिक कठोर और फूल से अधिक सुकुमार होता है-इस रहस्य को सही-सही कौन समझ सकता है?

वज्रादपि कठोराणि मृदूनि कुसुमादपि।
लोकोत्तराणां चेतांसि को नु विज्ञातुमर्हति?।।

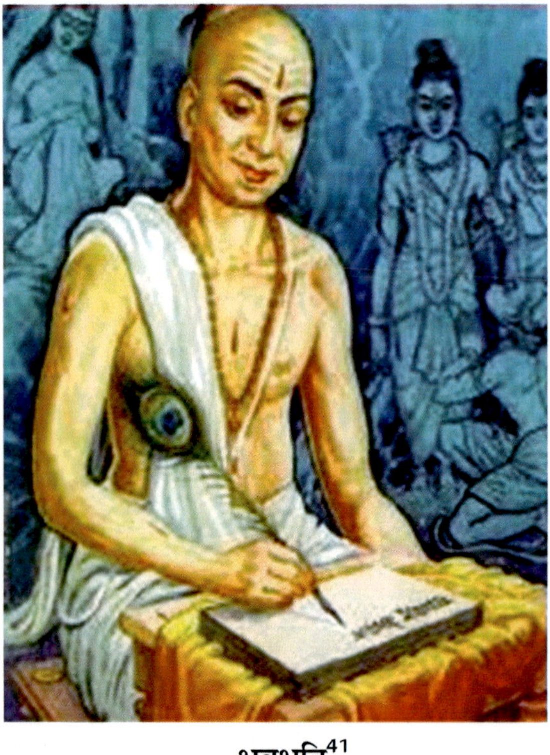

भवभूति[41]

इनके ग्रन्थ एवं परिचय

संस्कृत नाट्य साहित्य की परम्परा में भवभूति के तीन नाटकों का योगदान रहा है–महावीरचरित, मालतीमाधव तथा उत्तररामचरित। वस्तुतः महाकवि भवभूति की अब तक यही तीन नाट्य–कृतियाँ उपलब्ध हुई हैं। इनके अतिरिक्त सुभाषित–संग्रहों में भवभूति के नाम से कुछ ऐसे पद्य पाये जाते हैं जो कि उनके उक्त नाटकों में नहीं आये हैं। हाँ, उनके इन पद्यों में वर्ण्यविषय–वैविध्य है। परन्तु भाषाशैली की दृष्टि से ये पद्य भवभूति के ही लगते हैं।[42] उदाहरणार्थ कतिपय पद्यों को लिया जा सकता है–

किं चन्द्रमाः प्रत्युपकारलिप्स्या करोति गोत्रिः कुमुदावबोधनम्
स्वभाव एवोन्नतचेतसां सतां परोपकारव्यसनं हि जीवितम्।।

–गदाधरभट्ट, रसिकजीवन 3/15

निस्ससार करघातविदीर्णध्वान्तदन्त रुधिरारुणमूर्तिः।
केसरीव कटकादुदयाद्रेरंकलीनहरिणो हरिणांकः।।

–सदुक्तिकर्णामृत, 1/80/2

भुवां धर्मारम्भे पवनचलितं तापहतये
पटच्छत्राकारं वहति गगनं धूलिपटलम्।
अमी मन्दाराणां दवदहनसन्देहितधियो
न ढौकन्ते पातुं झटिति मकरन्दं मधुलिहः।।

–सदुक्तिकर्णामृत 2/157/1

इसी प्रकार, भवभूति के नाम प्राप्त पद्यों में से एक पद्य हमें भवभूति की लुप्त रचनाओं पर विचार करने के लिए बाध्य कर देता है–

गाढग्रन्थि प्रफुल्लद्गल विफलफणापीठनिर्यद्विषाग्नि
ज्वालानिष्ठप्त चन्द्रद्रवदमृतरसप्रोषित प्रेत भावाः।
उज्जृम्भा वभ्रनेत्रद्युतिमसकृदसृक्तृष्णालोकयन्त्यः
पान्तु, त्वां नागनालग्रथितशवशिरः श्रेणयो भैरवस्य।।

इस श्लोक की तरह ही भवभूति के मालतीमाधवप्रकरण में 'चूडापीडकपाल'

इत्यादि पद्य की रचना इसी प्रकार की है। उसमें भी कवि ने 'पान्तु त्वाम्' का प्रयोग किया है। सदुक्तिकर्णामृत में इसी प्रकार का एक और नान्दीपरक श्लोक प्राप्त होता है-

वैकुण्ठस्य करंकपंकनिहितं स्त्रष्टुः कपालं करे
प्रत्यंगं च विभूषणं विरचितं नाकौकसां कीकसैः।
यस्य स्थावरजंगमस्य जगतः शुभ्रं तनौ विभ्रतः
कल्पान्तेषु कपालिनो विजयते रौद्रं कपालव्रतम्।।

-सदुक्तिकर्णामृतं 1/18/3

भवभूति के इस अप्राप्य नाटक की पुष्टि शार्ंगधरपद्धति में प्रस्तुत निम्नलिखित श्लोक से भी होती है-

निरवद्यानि पद्यानि यदि नाट्यस्य का क्षतिः।
भिक्षुकक्षाविनिक्षिप्तः किमिक्षुर्नीरसो भवेत्।।

शार्ंगधरपद्धति, 146

इस श्लोक में प्रयुक्त नाट्य पद से यह ध्वनित होता है कि शार्ंगधर ने इस श्लोक को महाकवि भवभूति के नाटक से उद्धृत किया है।

उपर्युक्त विवेचन के साथ ही डॉ० शिव बालक द्विवेदी लिखते हैं कि भवभूति के अनेक टीकाकारों का कथन है कि उन्हें उनके निम्नलिखित श्लोक के द्वारा भवभूति की उपाधि प्राप्त हुई थी।

तपस्वीं कां गतोऽवस्थामिति स्मेराननाविव।
गिरिजायाः स्तनो वन्दे भवभूति सिताननौ।

सदुक्तिकर्णामृत में यह श्लोक इस पाठान्तर के साथ प्रस्तुत किया गया हैं-

कां तपस्वी गतोऽवस्थामिति स्मेराविव स्तनौ
वन्दे गौरीधनाश्लेषभवभूति सिताननौ।

सदुक्तिकर्णामृत 1/22/4

प्राचीन टीकाकारों के उक्त अभिमत से यह स्पष्ट हो जाता है कि महाकवि भवभूति ने इन प्रसिद्ध तीन नाटकों के पूर्व किसी नाटक की रचना अवश्य की

होगी जिसमें संभवत: उन्होंने यह पद्य उपन्यस्त किया होगा, क्योंकि कवि ने अपने तीनों नाटकों की प्रस्तावनाओं में भवभूति पद का प्रयोग किया है।

कतिपय विद्वानों का अभिमत है कि उन्होंने गाढग्रन्थि इस मंगलाचरणपरक श्लोक से किसी महाकाव्य की रचना की होगी और उसी में 'तपस्वी का' इत्यादि श्लोक का प्रयोग किया होगा जिससे उन्हें भवभूति की उपाधि मिली होगी। परन्तु महाकवि भवभूति के द्वारा महाकाव्य की रचना का समर्थन शार्ङ्गधरपद्धति का 'निरवद्यानि पद्यानि' इस श्लोक के द्वारा नहीं होता है पुनश्च 'गाढग्रन्थि' इत्यादि श्लोक भवभूति के मालतीमाधव प्रकरण की नान्दी से सादृश्य रखता है। अन्य भी संस्कृत साहित्य में विरचित महाकाव्यों का प्रारंभ स्रग्धरा जैसे बड़े छन्दों से नहीं हुआ है और इसके विपरीत अनेक नाटक स्रग्धरा, शार्दूलविक्रीडित छन्दों से प्रारम्भ हुये हैं। इससे यह सिद्ध होता है कि महाकवि भवभूति का अप्राप्य ग्रन्थ महाकाव्य न होकर कोई नाटक ही रहा है।

सदुक्तिकर्णामृत में भवभूति की कृति से उद्धृत दो श्लोक प्रस्तुत किये गये हैं जो कि मंगलाचरणात्मक हैं। यहाँ ध्यातव्य है कि नाटकों की नान्दी में एक से अधिक श्लोकों के द्वारा मंगलाचरण की परम्परा रही है जबकि महाकाव्यों में प्राय: एक ही श्लोक के द्वारा मंगलाचरण या तो इष्टदेवता के स्तवन द्वारा अथवा वस्तुनिर्देशात्मक हुआ है।

उपर्युक्त कारणों से तथा श्लोकों की प्रकृति से यह निश्चित किया जा सकता है कि महाकवि भवभूति की प्राप्य तीन नाटकों से भिन्न कोई रचना अगर रही हैं, तो वह नाटक ही सिद्ध होती हैं।[43]

किन्तु, प्रामाणिक सामग्री के अभाव में यह निश्चित नहीं किया जा सकता कि महाकवि भवभूति ने किसी अन्य प्रसिद्ध नाटक की रचना की होगी। इस प्रकार संस्कृत नाट्य साहित्य की परम्परा में भवभूति के तीन नाटकों का योगदान रहा है–महावीरचरित, मालतीमाधव तथा उत्तररामचरित। संक्षेप में इनकी कथावस्तु इस प्रकार है –

(1) महावीरचरित

यह सात अंकों वाला वीर रस प्रधान नाटक है। रामायण के पूर्वार्ध भाग की कथावस्तु पर यह आधारित है।

यज्ञ की रक्षा हेतु विश्वामित्र दशरथ से राम तथा लक्ष्मण को माँगकर लाये हैं। इसी यज्ञ को देखने के लिए जनकपुरी से कुशध्वज सीता और उर्मिला को लेकर आये हैं। रावण का एक दूत सीता की मँगनी का प्रस्ताव लेकर आता है। राजा तथा ऋषिवर टालमटोल करते हैं। तभी ताड़का कोलाहल के साथ प्रवेश करती है। राम विश्वामित्र की आज्ञा से उसे मारते हैं। राजा की उत्कण्ठा राम के प्रति बढ़ती है। शिवधनुष मँगाया जाता है और राम उसे तोड़ डालते है। इस तरह चारों भाइयों की जनक तथा कुशध्वज की पुत्रियों से स्थिर हो जाती है। राम सुबाहु तथा मारीच का भी वध करते हैं। इनकी सूचना लेकर दूत लंका जाता है। रावण का नीतिकुशल मंत्री क्रोधी ब्राह्मण जामदग्न्य को राम के विरुद्व भड़काने में सफल होता है। शतानन्द, दशरथ, विश्वामित्र, जनक आदि जामदग्न्य के क्रोध को शान्त करने मे असफल होते हैं। राम के साथ उनका थोड़ा संघर्ष होता है।

जामदग्न्य राम की वीरता से प्रभावित हो लौट जाते हैं। तब माल्यवान् शूर्पणखा को मन्थरा के वेश में कैकेयी की दासी बनाकर भेजता है तथा दशरथ द्वारा दिये गये दो वरदानों के रूप में एक से राम को चौदह वर्ष का वनवास तथा दूसरे से भरत को राजगद्दी की माँग करवाता है। ऐसा होने पर राम वन के खर आदि राक्षसों को मारते हैं। रावण मौका देख सीता का अपहरण कर लेता है। वन में भटकते राम को सुग्रीव मिलता है। रावण से प्रेरित बालि राम द्वारा मारा जाता है। राम लंका पर चढ़ाई करते हैं तथा राक्षसों सहित रावण को मारकर विभीषण को लंकाधिपति बनाते हैं। अग्निशुद्धा सीता को ले राम पुष्पक विमान से अयोध्या लौटते हैं तथा उनका राज्याभिषेक होता है।

(2) मालतीमाधव

महाकवि भवभूति रचित यह दस अंकोंवाला प्रकरण है। यह शृंगाररस प्रधान है।

प्रथम अंक के मदनोत्सव में नायक–नायिका एक–दूसरे को देख परस्पर आसक्त होते हैं। तथा वियुक्त हो दयनीय कामदशा को प्राप्त होते हैं। द्वितीय अंक में भूरिवसु अपनी पुत्री मालती का विवाह नन्दन के साथ करने का निर्णय लेते हैं, जबकि कामन्दकी मालती को माधव से विवाह करने को तैयार कर

लेती है। तृतीय अंक में कामन्दकी शिवमंदिर के निकट मालती तथा माधव के मिलन की योजना को कार्यान्वित करती है।, किन्तु पिंजरे से शेर् के निकलकर उत्पात मचाने से यह संभव नहीं हो पाता। मकरन्द शेर को मार डालता है परन्तु घायल हो बेहोश हो जाता है। माधव मित्र की ऐसी स्थिति देखकर बेहोश हो जाता है। चतुर्थ अंक में दोनों होश में आते हैं। मकरन्द मालती के साथ मदयन्तिका को देखता है। दोनों में प्रेम हो जाता है। तभी मालती की शादी नन्दन से तय होने की सूचना मिलती है। पाँचवें अंक में कापालिक अघोरघण्ट मालती को कराला देवी पर बलि चढ़ाने के लिए उठा ले जाता है, परन्तु श्मशान से माधव उपस्थित हो अघोरघण्ट को मार डालता है। षष्ठ अंक में कपालकुण्डला अघोरघण्ट का बदला लेने के लिए सचेष्ट दिखाई देती है, तभी राजा के सैनिक मालती को लेकर चले जाते है। मालती की शादी नन्दन के साथ शुरु हो जाती है। परन्तु कामन्दकी अपनी बुद्धिमत्ता से मालती की जगह मकरन्द को नारी बनाकर बैठा देती है। तथा मालती को शिवमन्दिर में ले जाकर माधव के साथ गान्धर्व विवाह करा देती है। सप्तम अंक में नन्दन सुहागरात मनाने जाता है तथा मालती वेषधारी मकरन्द से पीटे जाने पर बुरा-भला कहता चला आता है। मदयन्तिका भाभी को समझाने उस कक्ष में जाती है तथा मकरन्द को देखकर अत्यन्त विस्मित एवं प्रसन्न होती है। अष्टम अंक में मालती तथा माधव मकरन्द तथा मदयन्तिका की उद्यान में प्रतीक्षा करते हैं परन्तु कलहंस आकर सूचित करता है कि मदयन्तिका को भगाने के क्रम में मकरन्द बन्दी बना लिया गया है। मित्र की रक्षा के लिए माधव चला जाता है तथा अवसर का लाभ उठा कपालकुण्डला मालती का अपरहण कर श्री पर्वत पर ले जाती है। सैनिकों के साथ हुए भयंकर युद्ध में माधव तथा मकरचन्द की वीरता को देखते हुए राजा उन्हें छोड़ देते हैं। नवम अंक में मकरन्द के साथ माधव विक्षिप्तावस्था में विन्ध्यपर्वत पर घूमता हुआ दिखाई पड़ता है। तभी कामन्दकी की शिष्या सौदामिनी माधव को सूचित करती है कि उसने मालती को बचाकर कुटिया में रखा है। दशम अंक में भूरिवसु, मदयन्तिका आदि मालती के शोक में सन्तप्त दिखाई पड़ते हैं। इसी बीच मकरन्द आकर मालती तथा माधव के मिलन की सूचना देता है। बाद में मकरन्द का मदयन्तिका के साथ शुभ-विवाह सम्पन्न होता है।

(3) उत्तररामचरित

महाकवि भवभूति का यह चिरस्मरणीय नाटक सात अंकों में निबद्ध है। रामायण के नायक राम के उत्तरार्ध जीवन–चरित पर आधारित यह करुण रस प्रधान है।

प्रथम अंक के प्रस्तावना से पता चलता है कि ऋष्यशृंग के द्वादशवर्षीय सत्र में भाग लेने राम की मातायें तथा गुरुजन चले गये हैं। अष्टावक्र नये राजा राम को वशिष्ठ का संदेश सुनाते हैं। राम लोकाराधन के निमित्त सीता को त्यागने की प्रतिज्ञा करते है। उक्त प्रतिज्ञा के ब्याज से वपित करुण रस का बीज नाटकीय व्यंग्य की सार्थकता सिद्ध करता है। दुर्मुख द्वारा सीता विषयक लोकापवाद सुनते ही सीता के मनोविनोदार्थ अन्त:पुर में गये राम अपनी प्रतिज्ञा के अनुरूप गर्भिणी सीता को दोहद के बहाने निर्वासित कर देते हैं। द्वितीय अंक में शम्बूक–वध हेतु राम दण्डकारण्य तथा पंचवटी पहुँचते है। वहाँ सीता के साथ बिताये दिनों की याद उन्हें करुणाभिभूत कर देती है। तृतीय अंक में तमसा से मुरला राम की अन्तर्गूढ़ करुण–व्यथा को 'पुटपाक सदृश' बताती है तथा तमसा सीता को अदृश्य रहने की शक्ति प्रदान करती हुई उन्हें 'करुणा की सदेह मूर्ति' बताती है। सीता की पूर्वसखी वासन्ती राम को पंचवटी का पुनरावलोकन कराती है। राम सीता को हिंसक वन्य–पशु द्वारा अवश्य खाये जाने की बात कहते हैं तथा अपने अन्त:करण की वेदना को व्यापकता के साथ अभिव्यक्त करते हैं। चतुर्थ अंक में जनक निर्वासित सीता की संसोच्य स्थिति पर विलाप करते है। कौशल्या मूर्च्छित होती है। तभी राम के अश्वमेध यज्ञ का घोड़ा आता है। सैनिकों की गर्वोक्ति लव सहन नहीं कर पाता तथा घोड़े को बन्दी बना रक्षकों को भगा देता है। पंचम अंक में चन्द्रकेतु तथा लव का संघर्ष होता है। षष्ठ अंक में विद्याधर दम्पत्ति लव–चन्द्रकेतु के दिव्यास्त्रों द्वारा घनघोर युद्ध की सूचना देते हैं। अंक के अंत में नेपथ्य से सूचना की जाती है कि राम की मातायें बार–बार मूर्च्छित हो रही हैं तथा जनक उन्हें प्रकृतिस्थ कर रहे हैं। सप्तम अंक में आयोजित गर्भनाटक में भवभूति अद्भुत रस के योग से राम तथा सीता का मिलन कराकर नाट्य की सुखान्त परम्परा का निर्वाह करते हैं। भरत वाक्य के साथ नाटक समाप्त होता है। इस प्रकार इस

नाटक में राम के उत्तरार्ध जीवन का जीवनचरित नाटकीय आयाम में दृष्टिगत होता है।

वस्तुत: भवभूति के ये तीनों नाटक भवभूति की प्रतिभा को उजागर करते हैं। भवभूति की विद्वता, मौलिकता, धैर्य और नाट्यकला की उच्चता इन नाटकों में हम पाते हैं।

भवभूतिकृत रामकथाश्रित नाटकों की विशेषता

उर्वर काव्यप्रतिभा वाले यशस्वी नाटककार भवभूति के जो तीन नाट्यग्रन्थ उपलब्ध होते हैं, वे हैं- महावीरचरित, मालतीमाधव एवं उत्तररामचरित। इनमें से महावीरचरित एवं उत्तररामचरित में कवि ने रामायण के चरितनायक राम के प्राय: सम्पूर्ण जीवनवृत्त को नाटकीय रूप प्रदान किया है। प्रथम 'महावीरचरित' में राम के जीवनवृत्त का पूर्वांश तथा द्वितीय 'उत्तररामचरित' में राम के जीवनवृत्त का उत्तरांश कवि ने प्रस्तुत किया है। मालतीमाधव की कथावस्तु बहुत कुछ कवि की कल्पना पर आधारित है। इस प्रकार, भवभूतिकृत रामकथाश्रित नाटक दो हैं- (1) महावीरचरित (2) उत्तररामचरित। इन नाटकों की विशेषताओं का विश्लेषण करने से पहले यह निर्धारित करना आवश्यक है कि वस्तु, नेता और रस-ये नाटक के प्रमुख तत्त्व माने गये हैं। इन तीनों तत्वों के सहज सफल होने से ही नाटक सफल माना जाता है।

महावीरचरित

प्रस्तुत नाटक के नामकरण पर यदि विचार करें तो,........ महावीर पद चरित नायक राम को व्यंजित नहीं करता। सामान्य अर्थ में यह पद किसी भी बड़े शूर-वीर के लिए प्रयुक्त हो सकता है। लोक-प्रचलित विशिष्ट अर्थ में एक व्यक्ति का निर्देश इससे मिलता है जो या तो जैन धर्म के प्रवर्तक तीर्थंकर महावीर हैं, अथवा रामभक्त हनुमान हैं। संभव है, भवभूति के समय इस शब्द की अर्थ-परम्परा कुछ भिन्न रही हो, किन्तु इसके पुराने प्रयोगों को देखने से इतना निश्चित-सा लगता है कि विशेष अर्थ में इसका अभिधेय राम कभी नहीं रहा। यों 'महावीर' शब्द का एक अर्थ 'विष्णु' भी है। राम विष्णु के अवतार

थे ही, तो क्या इसी अर्थ में भवभूति ने इस शब्द को अपनी प्रथम नाट्य कृति के अभिधान के रूप में चुना है? कुछ निश्चित रूप से कहना कठिन प्रतीत होता है, क्योंकि इतना मान लेने पर भी एक शंका रह ही जाती है- 'राम' तथा तद्वाची कतिपय प्रचलित शब्दों को छोड़कर भवभूति 'महावीर' जैसे अस्पष्ट शब्द को अपने राम-नाटक की संज्ञा के लिए क्यों चुनते हैं? [44]

'महावीरचरित' इस अभिधान को लेकर कई बातें खोजी जा सकती हैं। और यहाँ एक आश्चर्यजनक तथ्य सामने आता है कि 'महावीर' शब्द का प्रयोग महावीरचरित में एक बार भी चरित-नायक राम के लिए नहीं किया गया है। किन्तु दूसरा तथ्य यह है कि यहाँ जिन पात्रों के लिए 'महावीर' का प्रयोग हुआ है, उन सबों की तुलना में राम की शक्ति, तेज, प्रताप एवं महिमा अतिशायिनी होकर आयी है, जनक इसीलिए उन्हें एक वीर की संज्ञा से विभूषित करते हैं- "अयं विनेता दृप्तानामेकवीरो जगत्पतिः" (3/46) राम स्वयं गुणशाली है। वे स्वयं अपने विरोधियों या शत्रुओं तक को 'महावीर' शब्द से भूषित करते हैं- इस प्रकार बालि तक उनकी दृष्टि में 'महावीर' है। अतः राम के अतिरिक्त यहाँ दूसरे जितने 'महावीर' आये हैं, वे सभी वस्तुतः राम के ही महावीरत्व का संपोषण करते हैं, उसी के जीवन्त मापक सिद्ध होते हैं। इस प्रकाश में देखने पर महावीरचरित के वास्तविक 'महावीर' राम ही प्रकट होते हैं, भले ही स्फुट रूप से उनके लिए इस विशेषण का प्रयोग कहीं नहीं किया हो।[45]

महावीरचरित की कथावस्तु के विन्यास में कवि ने कुछ आदर्शों का पालन किया है। सर्वप्रथम, भवभूति को राम का चरित्र अत्यन्त प्रिय है। राम की कथा के प्रति उनके मन में श्रद्धा एवं भक्ति है। किन्तु रामकथा का कुछ अंश उनकी भावना को दंश मारता है। और ऐसे में भवभूति का कवि-हृदय बिना हिचकिचाये उस अंश को ही परिवर्तित कर डालता है। परिवर्तन के समय यह कवि राम के प्रति भक्तिभावना को कमतर नहीं होने देता। लेकिन यह कवि नाटककार की भूमिका को भी बखूबी निभाता है और इसके लिए सामान्य नाटकीय मर्यादा या नियम के विपरीत कुछ नहीं कहता। अपने इसी आदर्श के अनुरूप कवि ने राम के चरित्र में जहाँ कहीं भी कोई कलंक देखा

है, उसे अपने ढंग से धोने की चेष्टा की है। राम के चरित्र के अतिरिक्त कुछ अन्य चरित्रों को भी उन्होंने निष्कलंक गढ़ने की चेष्टा की है। कवि का विश्वास है कि राम के स्वजनों को भी राम के व्यक्तित्व के अनुरूप ही होना चाहिए। मूल कथा में कलंकित चरित्रवाले कैकेयी और बाली को इन्होंने महावीरचरित में निष्कलंक कर दिया है।

नाम के अनुरूप भवभूति ने महावीरचरित में मुख्य रूप से वीररस की व्यंजना करायी है। कवि सूत्रधार के मुख से इस रस की सूचना पहले ही दे देते हैं।

इस नाटक में 'वीर' शब्द का प्रयोग दो सौ से अधिक बार हुआ है। राम की विविध वीरता की पुष्टि उसने आद्योपान्त बड़ी सफलता के साथ तो की ही है, उनके अद्भुत कृत्यों के लिए कई स्थलों पर प्रत्यक्ष रूप से 'अद्भुत' शब्द का प्रयोग भी किया है। वीर रस की व्यंजना के अनुकूल ही कथावस्तु की प्रस्तुति इन्होंने की है। राम को अपने प्रबल विरोधियों एवं शत्रुओं से जूझने का पर्याप्त अवसर दिया गया है। हाँ, इसके लिए कहानी के अन्य अभीष्ट प्रसंगों को या तो अत्यधिक संक्षिप्त या फिर लुप्त कर दिया गया है। वीर रस के उपस्थापन के क्रम में यद्यपि भवभूति परशुराम के कथा-प्रसंग को लगभग तीन अंकों तक खींच देते हैं जिससे नाटकीय कार्य-व्यापार एक ही बिन्दु पर उलझा रह जाता है। यहाँ कवि की यह भूल ही मानी जा सकती है कि नेता एवं वस्तु के विकास की उपेक्षा कर उन्होंने रस के सृजन में अपने कवित्व का उपयोग किया है। इस नाटक में इक्कीस बार क्षत्रिय वंश को निर्मूल करनेवाले महाबली परशुराम, वानरयूथपति बाली एवं निशाचरपति रावण जैसे अत्यन्त वीर पात्रों की उपस्थिति है। विश्वामित्र जैसे उच्च गुणों वाले पात्र हैं। ताड़का और शूर्पणखा जैसी राक्षसी शक्तियोंवाली राक्षसी पात्र भी हैं। और इन सबके बीच सबों में महान् विशाल एवं स्निग्ध हृदयवाले, महान् और परम तेजस्वी राम हैं। प्रतिपक्षी वीरों से संधर्ष की बात हो या स्त्रियों के विपक्ष संघर्ष की बात- हर जगह राम महावीरों के महावीर राम के पौरुष की झलक मिलती है।

भवभूति की नाट्य प्रतिभा कुशलता से समन्वित है। राम की चौदह-

वर्षीय जीवन-अवधि की घटनाओं को इन्होंने सूक्ष्मता से प्रस्तुत किया है। भवभूति की मौलिकता ने नाटक की नाटकीयता में महत्त्वपूर्ण योगदान दिया है। इस नाटक में आदि से अन्त तक बड़ी कुशलता से नायक राम के जीवन से सम्बन्धित ताटका-वध, राम-विवाह, परशुराम-कोप जैसी घटनाओं का गुंफन किया गया है।

महावीरचरित में माल्यवान् तथा शूर्पणखा को नयी भूमिका दी है। इस नाटक में कैकेयी का चरित्र कलंकित होने से बच गया है तथा राम का सीता एवं लक्ष्मण के साथ वनगमन नाटकीय दृष्टि से साभिप्राय हो गया है। इसके लिए कवि ने माल्यवान् तथा उसकी कूटनीतिक योजना का प्रयोग किया है। इस योजना से कथावस्तु अन्विति को पाकर अपने लक्ष्य की ओर बढ़ती दिखाई देती है। नाटककार ने इसके द्वारा कथा के सुविस्तृत आयाम को भी अपेक्षाकृत संक्षिप्त रूप देने में सफलता पाई है। इस प्रकार विश्वामित्र के आश्रम में ही सीता की मँगनी के लिए आये हुए रावण-पुरोहित सर्वमाय के सामने ही ताटका-वध होता है। राम को जृम्भकास्त्र समर्पित किया जाता है, शिव-धनुष तोड़ा जाता है और सीता के साथ राम के विवाह का अनुष्ठान पूरा किया जाता है। इससे एक ओर तो कथा के सुदीर्घ विस्तार को नाटकीय संक्षेप मिलता है, तो दूसरी ओर इसके द्वारा रावण के आसुरी पुरुषार्थ को प्रत्यक्ष चुनौती दी जाती है। इसी चुनौती का पहला परिणाम होता है राम के संहार के उद्देश्य से माल्यवान् द्वारा परशुराम का प्रयोग। कवि ने परशुराम के क्रोध के साथ रावण को सम्बन्धित कर अपनी नाटकीय प्रतिभा का परिचय दिया है। जब अजेय परशुराम भी राम से हार मान लेते हैं, तो माल्यवान् अयोध्या से संवाद लेकर जनकपुर जाती हुई कैकेयी की दासी मन्थरा के शरीर में शूर्पणखा का प्रवेश कराकर तथा उससे राम के सीता एवं लक्ष्मण के भी वनवास के उद्देश्य की सिद्धि कराकर अपनी कुशल नीति के दूसरे शस्त्र का प्रयोग करता है। इस नीति-प्रयोग से कई प्रयोजन एक साथ ही एक ही जगह सिद्ध हो जाते हैं- (1) कैकेयी तथा मन्थरा दोनों के कलंक का मार्जन हो जाता है। (2) जनकपुर में ही राम के अभिषेक आदि का प्रसंग ला देने तथा वहीं उनके वनगमन की भूमि तैयार कर देने से कथानक का आयाम संक्षिप्त, किन्तु

तीक्ष्णाग्र बन जाता है। (3) आज्ञापत्र में राम के साथ सीता एवं लक्ष्मण के भी वनगमन का निर्देश कर देने से राम को सीता एवं लक्ष्मण को समझाने-बुझाने में व्यर्थ समय नहीं देना पड़ता। (4) नाटकीय दृष्टि से सीता-हरण की भूमिका यहीं तैयार हो जाती है।

भारतीय नाटककारों ने सर्वदा 'सत्यमेव जयते' का घोष किया है। इसी निष्ठा के परिणामस्वरूप नीतिज्ञ माल्यवान् की योजना की असफलता होती है और राम के अडिग चरण निरन्तर विजय की ओर बढ़ते हैं। माल्यवान् महापराक्रमी बाली को रावण की मैत्री का हवाला देकर राम के विरूद्ध भड़काने में कृतकार्य होता है। सीता तो पहले ही रावण द्वारा अपहृत हो चुकी रहती है। किन्तु, राम के उज्ज्वल पुरुषार्थ का एक रूप यह है कि वे कठिन-से-कठिन परिस्थिति में भी निराश नहीं होते और न उनका मनोबल टूटता है। अन्ततोगत्वा जब उनके पुरुषार्थ के चरण बाली के रूप में आई हुई विकट आँधी को भी लाँघ जाते हैं, तो माल्यवान के आगे राम के साथ प्रत्यक्ष संघर्ष के अतिरिक्त दूसरा कोई मार्ग नहीं रह जाता है। अन्ततः रावण पर राम की विजय होती है। असत्यरूपी अन्धकार सत्य के प्रखर तेज से तिरोहित हो जाता है। अन्याय पर न्याय की विजय होती है।

प्रस्तुत नाटक में प्रारम्भ से अंत तक कार्य-कारण सम्बन्ध है। भवभूति की नाट्यकला का चमत्कार यहाँ दर्शनीय हैं जहाँ ये अपने गंतव्य को निर्धारित कर सधे कदमों से चलते हुए अन्ततः उसे प्राप्त करने में सफल हुए है।

उत्तररामचरित

भवभूति के तीनों नाटकों में से उत्तररामचरित सर्वश्रेष्ठ नाटक है जिसमें उनकी नाट्यकला तथा कवित्व शक्ति चरम परिणति को प्राप्त हुई है।

उत्तररामचरित भवभूति के कीर्तिस्तम्भ का आधार है। इसमें कवि ने श्रीरामचन्द्र का परवर्ती आख्यान उपनिबद्ध किया है। नाटक का कथानक सात अंकों में व्याप्त है। प्रस्तुत नाटक में करुण रस की व्यंजना प्रधान रूप से हुई है।

इस नाटक में महावीरचरित के समान ही नायक-नायकादि हैं, दोनों की प्रकृति भी एक ही है। किन्तु, यदि महावीरचरित के पश्चात् उत्तररामचरित को

देखते हैं तो हमें यह स्पष्ट हो जाता है कि वस्तु और भाव, दोनों ही दृष्टियों से हम किसी बहुत ऊँचे धरातल पर आ पहुँचे है। यहाँ कवि ने राम के उत्तरचरित को वर्ण्य-विषय के रूप में चुना है। चाहे वाल्मीकिकृत रामायण हो या पद्म पुराण, दोनों में ही राम द्वारा सीता-निर्वासन की कथा थोड़े-से अन्तर के साथ दी हुई है। कवि ने अपने नाटकीय वृत्त के लिए लगभग इसी कथानक को ग्रहण कर लिया है। हाँ, उनके नाटकीय आविष्कारों का प्रधान क्षेत्र राम का स्थूल वृत्त नहीं, वरन् उनका सूक्ष्म मनोजगत् हैं, जहाँ सीता के निर्वासन से सम्भूत कई उलझी हुई गुत्थियाँ जन्म लेती हैं-ये ही गुत्थियाँ, उनके निदान तथा मौलिक समाधान उत्तररामचरित के वास्तविक वैशिष्ट्य है।[46]

डॉ० अयोध्या प्रसाद सिंह कहते हैं- जिस एक समस्या ने भवभूति को उत्तररामचरित लिखने की प्रेरणा दी, वह थी- क्या राम द्वारा सीता का निर्वासन उचित था? इस नाटक का सम्पूर्ण वृत्त इसी प्रश्न या उसके समाधान के इर्दगिर्द चक्कर काटता हुआ प्रतीत होता है।

इस नाटक का पहला अंक कई महनीय गुणों से संवलित है। मर्यादापुरुषोत्तम राम अपनी प्रेयसी पत्नी सीता को एक झटके से निर्वासित कर देते हैं राम का यह अत्यन्त असंगत एवं कठोर कार्य, जो रामोचित तो नहीं ही लगता-सहृदय पाठक के मन को धक्का-सा देता है। राम के चरित्र की इस विसंगति को दूर करने के लिए कवि किसी मौलिक कल्पना की सहायता नहीं लेता बल्कि राम की चारित्रिक समस्या को एक मानव-समस्या के रूप में लेते हैं ताकि इसका समाधान मानवीय समाधान हो सके। यह कवि की कलादृष्टि ही है जो सीता निर्वासन के कार्य के लिए सम्यक् पार्श्वभूमि बनाता है। सीता-त्याग के चलते जिन कार्य-व्यापारों की निःसृति भावी अंकों में होती है, उन सबके सूक्ष्म बीजाणु इस प्रथम अंक में वर्तमान है, नाटकीय महत्व वाली चार बातों का पता प्रेक्षकों को प्रस्तावना में ही मिल जाता है कि (1) राम अभी-अभी अभिषिक्त हुए है, (2) उनके अभिषेक में आमंत्रित लंकायुद्ध के सहयोगी मित्रवर्ग राजर्षि, महर्षि आदि विदा किये जा चुके हैं, (3) शृंग के द्वादशवार्षिक यज्ञ में भाग लेने के लिए वशिष्ठ, अरुन्धती तथा राम की माताओं का भी प्रस्थान हो चुका है और (4) सीता के सम्बन्ध में रक्षोगृहस्थितिमूलक लोकापवाद

भी फैल चुका है। एक संभावित अनर्थ के प्रति दर्शकों को सशंकित और समुत्सुक कर दिया जाता है। सूत्रधार की यह आशंका है कि यदि सीता-सम्बन्धी फैली हुई किंवदन्ती महाराज राम के कानों तक पहुँचे तो बड़ा अनर्थ होगा। किन्तु, राम और सीता का अमंगल प्रतिबिम्बित न होने लगे इसके लिए सचेष्ट कवि नट के माध्यम से कहता हैं-"देवता तथा ऋषि लोग सब प्रकार से मंगल करेंगे"। इस प्रकार नाटक के सुखान्त होने की सूक्ष्म झलक भी मिल जाती है।

प्रस्तावना के अंत में अपने स्नेही पिता राजर्षि जनक के वियोग में अवसन्न देवी को आश्वस्त करने के लिए नरेन्द्र अपने धर्मासन से उठकर वासगृह की ओर जा रहे हैं-

स्नेहात्सभाजयितुमेत्य दिनान्यमूनि
नीत्वोत्सवेन जनकोऽद्य गतो विदेहान्।
देव्यास्ततो विमनसः परिसान्त्वनाय
धर्मासनाद्विशति वासगृहं नरेन्द्रः।।

(उ० च०/1/7)

इस वर्णन में देवी, नरेन्द्र एवं धर्मासन जैसे पदों की जगह कवि सीता, राम तथा सिंहासन जैसे शब्दों का प्रयोग कर सकता था। किन्तु कुछ ही समय के पश्चात् वह जिस धर्म या न्याय के नाम पर लोकाराधक द्वारा तीर्थोदक एवं वह्नि जैसी पवित्र सीता का त्याग कराता है, उस सन्दर्भ में उक्त पदों की सटीकता अद्भुत है। नाटक की विषय वस्तु के समारम्भ के लिए इससे अच्छे सांकेतिक भाव-स्फुरण की कल्पना नहीं की जा सकती।

सीता को निर्वासित करने के पूर्व ही यह स्पष्ट कर दिया जाता है कि राम प्रजा को प्रसन्न करने की दिशा में कोई निर्णय लेने के लिए सर्वथा स्वच्छन्द तो हैं ही, उनका मार्गदर्शन कराने के लिए कोई भी गुरुजन उनके सन्निकट नहीं, अतः अपने कर्तव्य-निर्धारण में वे सर्वथा एकाकी हैं।

भवभूति एक सजग कलाकार का परिचय देते हुए सीता के निर्वासन की बाह्य परिस्थितियों को और भी नाटकीयता प्रदान करते हैं। परित्याग से पूर्व

राम एवं सीता के अन्त:करण में मनोवैज्ञानिक संवेगों को उद्बुद्ध करते हैं। राम और सीता दोनों में से कोई नहीं जानते कि वे शीघ्र ही एक दूसरे से वियुक्त होनेवाले है। किन्तु, दर्शकों को सीता के सम्बन्ध में लोकनिन्दा का पहले से ही पता है और वे उसे लेकर किसी भावी अनर्थ की सम्भावना भी करने लगे हैं। भवभूति ने इस स्थिति को अधिक-से-अधिक नाटकीय मूल्य प्रदान किये हैं। और इसके लिए उन्होंने सधे हुए सटीक पदों का प्रयोग किया है।

अब यदि प्रथम अंक में चित्रदर्शन को ही लें तो इस नाटकीय योजना के द्वारा कवि ने सीता-निर्वासन के शोक एवं उसमें निहित मार्मिकता तथा राम के कर्तव्य-भाव को तीव्रतर बनाने का कार्य किया है। यहाँ सत्रह प्रधान चित्रों के माध्यम से कवि ने एक ही साथ कई नाटकीय अर्थों की सिद्धि कराई है। ये चित्र या तो नाट्यवस्तु के गठन में सहायक होते हैं, या नाटक के मनोविज्ञान अथवा रस की दृष्टि से महत्व रखते हैं। पहला चित्र जृम्भकास्त्रों के दिव्य रूपों का है जिनसे नाटक के आदि में ही अद्भुत तत्व की सृष्टि की जाती है। नाटकीय विषयवस्तु के कलात्मक विन्यास में अद्भुत तत्वों का अपना वैशिष्ट्य हैं, इसलिए भारतीय नाटकों की अन्तिम संधि 'निर्वहण' में अद्भुत का समावेश अनिवार्य माना गया है। भवभूति की विशेषता यहाँ इसमें दीखती है कि उन्होंने अपने नाटक के आरंभ में ही अद्भुत, विप्रलम्भ एवं करुण की भावात्मक संसक्ति के द्वारा जिस नाटकीय भाव-धारा का उन्नयन किया है, नाटक के अन्त में उसकी कलात्मक परिणति भी उन्हीं तीन तत्वों के माध्यम से कराई है। आदि और अन्त का यह अपूर्व समवाय उत्तररामचरित के वैयक्तिक स्वरों में से एक है जो इस नाटक को भाव-संगठन की दृष्टि से महत्तर प्रतिष्ठा प्रदान करता है।[47]

चित्र में अतीत के पृष्ठों के खुलने के साथ-साथ सीता के प्रति राम का प्रणय-संवेग पराकाष्ठा की ओर बढ़ता जाता है। वस्तुत: नाटककार ने नायक राम के चरित्र को बचाना अपना प्रधान उद्देश्य रखा है।

चित्रदर्शन के क्लेशों से थकी-माँदी सीता राम की भुजा का आधार लेकर सो जाती है, उस सुलाने तथा शयन करने के ढंग में बड़ी तन्मयता, दो हृदयों का अटूट विश्वास और निश्छल अनुराग तरंगित होते है। निद्रित सीता को लक्ष्य

करके राम ने अपने सुखी दाम्पत्य-प्रेम के जो स्नेह-पगे भावोद्गार व्यक्त किये हैं, वे भावी वियोग-क्लेश के सर्वथा विरोध में जा पड़ते हैं। दो विरोधी परिस्थितियों का यह वर्णन बेजोड़ है। यह परिस्थिति तब तीव्र और मूर्त हो जाती है जब पत्नी-प्रेम की शीतल ऊष्मा में निमज्जित राम के हृदय को अचानक दुर्मुख की वाणी से अप्रत्याशित एवं अनिर्वचनीय आघात पहुँचता है और वे अपनी ही भुजा पर परम विश्वास, अनुराग एवं शान्ति से सोई हुई सीता का परित्याग कर देते है। जिस सीता को राम इतना पवित्र, राममयजीवित तथा और अपने सुख का एकमात्र आधार मानते हैं, उसी को तृणवत् त्याग देने में उनके धैर्य तथा कर्तव्यशक्ति की पराकाष्ठा दृष्टिगत होती है। वास्तव में जिस प्रकार सीता के प्रति राम का स्निग्ध प्रेम रामसदृश है, उसी प्रकार उन्हीं के द्वारा उसी सीता का कठोर परित्याग भी रामसदृश ही है।[48]

प्रथम अंक एकं द्वितीय अंक की घटनाओं के बीच बारह वर्षों का सुदीर्घ व्यवधान होता है। यदि ध्यान से विचार किया जाय तो इसके पीछे कवि की कलादृष्टि का वैशिष्ट्य ही प्रकट होता है।

बारह वर्षों की लम्बी वियोगावधि के पश्चात् राम एवं सीता का दो बार, दो अवसरों पर मिलन कराया जाता है-पहला तृतीय अंक में और दूसरा सप्तम अंक में। पहला मिलन वस्तुतः मिलन न होकर एकपक्षीय दर्शन मात्र है। किन्तु यह मिलन अपूर्ण होकर भी सप्तम अंक के पूर्ण मिलन से कहीं अधिक महत्वपूर्ण, भावपूर्ण एवं नाटकीय तथा मनोवैज्ञानिक दृष्टि से भी कलापूर्ण है। सप्तम अंक का चरम मिलन वस्तुतः इसी मिलन का एक सहज एवं स्वाभाविक विकास मात्र है। द्वितीय अंक कवि की गति को स्फूर्ति प्रदान करने में अपना पूरा सहयोग देता है।

सीता-निर्वासन के औचित्य को सिद्ध करना एक सिद्ध कवि ही कर सकता है और छाया अंक की सहायता से भवभूति ने इसे प्रभावी ढंग से सिद्ध किया है। इस अंक में नाटककार ने सीता के दृष्टिकोण को सामने रखकर नाटकीय सृष्टि की है। पंचवटी का अपूर्व मानवीकरण कवि की विलक्षण प्रतिभा का द्योतक है। राम के मानस में पंचवटी के भावात्मक मूल्य को मानों भवभूति ने ग्रहण कर लिया और उसे उत्तररामचरित की करुण भावभूमि का

जीवन्त पृष्ठाधार बना दिया। सीता का अदृश्य चरित्र राम के सीतामय व्यक्तित्व को साफ-साफ देख पाता है क्योंकि अबतक सीता की सोच यह थी कि दु:ख एवं वेदना की तेज आँच में वे ही सिर्फ झुलस रही है। राम तो उनका परित्याग करके सुप्रसन्न होंगे। तृतीय अंक राम के साथ सीता के हार्दिक संश्लेषण की विविध मनोवैज्ञानिक प्रक्रियाओं का महत्वपूर्ण अंक है। यदि यह अंक न होता तो सप्तम अंक के गर्भनाटक के बाद राम को सीता मिलकर भी नहीं मिल पाती, न ही वह मिलन सीता की दृष्टि से न्याय्य, स्वाभाविक या प्रत्याशित कहा जाता और न ही प्रेक्षकों को सही-सही परितोष प्राप्त होता। गंभीरतापूर्वक विचार करने पर उत्तररामचरित एक मनोवैज्ञानिक समस्यामूलक नाटक है जिसकी समस्याओं की भित्ति प्रथम अंक है, निदान तृतीय अंक तथा समाधान सप्तम अंक। यद्यपि कुछ विद्वान् तृतीय अंक में नाटकीय शक्ति को अपेक्षाकृत क्षीण मानते हैं। किन्तु यह आक्षेप निराधार है। क्योंकि काव्यात्मक एवं उच्च नाटकीय मूल्यों से यह पूर्णत: समन्वित है।

आगे भी, इस नाटक के चतुर्थ , षष्ठ एवं सप्तम अंक नाट्यशिल्प के उत्तम निदर्शन हैं। 'कौशल्याजनकयोग' नाम का चतुर्थ अंक राम एवं सीता के पुनर्मिलन की संभावना को लेकर आया है। जनक, अरुन्धती, कौशल्या आदि तत्कालीन समाज के प्रतिनिधि भी हैं। राम के 'दैवदुर्योग' तथा सीता के 'विशुद्धि-उत्कर्ष के प्रति उनके प्रबल मनोभावों को जगाकर सप्तम अंक में सीता के पक्ष में जिस लोकमत का निर्माण किया गया है, उसकी नींव यहीं डाल दी गई है। सीता के मन पर आरोपित द्वैत को समूल नष्ट करने तथा उसे पुन: 'अद्वैतंसुखदु:खयो:' में परावर्तित करने के लिए कवि जिन उपस्करों का प्रयोग करता है, उनमें उसकी सम्पूर्ण सामाजिक एवं पारिवारिक चेतना झलकती है। चतुर्थ अंक से लेकर सप्तम अंक तक कवि ने राम के पक्ष में लोकमत के निर्माण का अपेक्षित प्रयास किया है।

निर्वासन के पश्चात् सीता के मन में राम-भावना एवं राम के मन में सीता-भावना के क्रमिक विकास को कवि ने बड़ी कलात्मकता के साथ दिखाया है। इसका प्रथम नाटकीय लाभ यह है कि आरम्भ से लेकर अन्त तक वृत्त के प्रति प्रेक्षकों की उत्सुकता बनी रहती है। द्वितीय मनोवैज्ञानिक महत्व इसमें है कि

यदि निर्वासन के पश्चात् राम एवं सीता को अनायास मिला दिया जाता तो जो आघात मिलता वह राम-सीता के मानसिक संतुलन को नष्ट कर सकता था, साथ ही, अनायास मिलन को प्रेक्षक भी स्वीकार नहीं कर पाते। असीम वेदना में डूबे राम के मन में सीता के भौतिक अस्तित्व की स्वप्निल चेतना तब जाग्रत होती है-जब अदृश्य सीता अपनी उँगलियों से राम के लालट आदि का अमृत स्पर्श करती है। राम के मन के कोने में कहीं यह विश्वास जड़ जमा लेता है कि सीता जीवित हैं। सीता विषयक आशा की यह किरण तब और बलवती होती है जब ने षष्ठ अंक में सीता की आकृति से मिलते-जुलते कुश एवं लव को देखते हैं तथा उन दोनों बच्चों के प्रति अपार प्रीति का अनुभव करते है। वस्तुतः कुश एवं लव ऐसे केन्द्र-विन्दु हैं जिनकी प्रबल आकृष्टि में नाटक के दूसरे सारे भाव बँधे-से हैं। दाम्पत्य एवं वात्सल्य की सम्मिलित नाटकीय योजना से भवभूति के नाट्य-दर्शन और जीवन-दर्शन दोनों की उच्चता का बोध भली-भाँति होता है।

सप्तम अंक के गर्भ-नाटक को एक अतिशय कलात्मक उपसंहार कहना चाहिए।

इस नाटक में भवभूति के व्यक्तित्व की विशेषताएँ मौलिकता और दार्शनिकता नाट्य और जीवन दोनों ही-पुष्पित और पल्लवित दृष्टिगत होते है। प्रकृति में व्याप्त जड़ और चेतन दोनों ही प्रकार के पात्रों का इन्होंने ऐसा एकात्म-वर्णन किया है कि प्रेक्षक की उत्सुकता बढ़ती ही चली जाती है।

नाटक के सभी चरित्र अपनी उपस्थिति को जीवन्त रूप से प्रस्तुत करते नजर आते हैं। पात्रों की मनोवैज्ञानिकता का वर्णन करने में भवभूति बेजोड़ हैं।

भवभूति के अलंकार रसोपकारक ही हैं। इस नाटक का प्रधान रस करुण है वीर, वत्सल आदि इसके सहायक रूप में है।

कुल मिलाकार सात अंकों वाला यह नाटक है तो लोकप्रिय रामकथा पर आधारित किन्तु, परम्परागत कथा से अलग भवभूति ने राम और सीता के चारित्रिक उत्कर्ष को निरुपित किया है।

नाटक में वर्ण्य-विषय का चित्रांकन प्रशंसनीय है। प्रकृति में व्याप्त जड़ और चेतन सभी तत्वों में मानवीयता का आरोपण करने में भवभूति कुशल सिद्ध हुए हैं। काव्य-कला और नाटकीयता प्रत्येक दृष्टि से नाटक सफल है।

इस प्रकार रामकथा पर आधारित भवभूति के दोनों ही नाटक उनके जीवन-दर्शन की झलक प्रदान करते हुए उनकी कल्पना-शक्ति और मौलिकता के कारण पाठकों को उत्सुकता के साथ बाँधे रखते हैं।

सन्दर्भ

1. संस्कृत कवि दर्शन: डॉ० भोलाशंकर व्यास, पृष्ठ- 381-382, द चौखम्बा विद्या भवन वाराणसी-1, 1968
2. उत्तररामचरित की शास्त्रीय समीक्षा: डॉ० सत्यनारायण चौधरी, पृष्ठ- 23, चौखम्बा ओरियन्टालिया, वाराणसी प्रथम संस्करण, 1980
3. भवभूति और उनकी नाट्य-कला: डॉ० अयोध्या प्रसाद सिंह, पृष्ठ-1, मातीलाल बनारसीदास, वाराणसी, प्रथम संस्करण: 1969
4. स: गुरूर्य: क्रिया: कृत्वा वेदमस्मै प्रयच्छति। उपनीय ददद्वेदमाचार्य: स उदाहृत:।। याज्ञ: 1:34 चरण पद वेद की विशिष्ट शाखाओं के अध्येताओं के अर्थ में प्रयुक्त है (तुल० 'अनुवादे चरणानाम्'-अष्टा.: 2:4:3), जैसे कठ, कालाप, कौथुम आदि। इस प्रकार चरणगुरु का पारिभाषिक अर्थ हुआ 'वेद की विशिष्ट शाखाओं में दीक्षित आचार्य जो श्रौत सूत्रों में विहित क्रियाओं को सम्पादित करता हुआ अपनी शाखा विशेष का प्राध्यापक एवं प्रवक्ता है।
5. (क) पङ्क्तिपावना: पङ्क्तौ भेजनादिगोष्ठ्यां पावना अग्रभोजिन: पवित्रा वेत्यर्थ:। यद्वा 'यजुषां पारगो यस्तु साम्नां यश्चापि पारग:। अथर्वशिरसोऽध्येता ब्राह्मण: पङ्क्तिपावन:।' - जगद्धर

   (ख) अग्रया: सर्वेषु ये वेदेषु सर्वप्रवचनेषु च।
   श्रोत्रियाऽन्वयजाश्चैन विज्ञेया: पङ्क्तिपावन:।।
   त्रिणाचिकेत: पञ्चाग्निस्त्रिसुपर्ण: षडङ्गविद्।
   ब्रह्मदेयात्मसन्तानो ज्येष्ठसामग एव च।।
   वेदार्थवित्प्रवक्ता च ब्रह्मचारी सहस्रद:।
   शतायुश्चैव विज्ञेया ब्राह्मणा: पङ्क्तिपावना:।। -मनुस्मृति:3:184-186
6. ब्रह्मवाद भारतीय दर्शन का एक विशिष्ट सम्प्रदाय है, उसके माननेवाले ब्रह्मवादिन् कहे गये हैं। ब्रह्मवादिन् का सामान्य अर्थ यहाँ उस आचार्य से है जो न केवल ब्रह्म को जीवन और जगत् की मूल धुरी मानकर चलता है, वरन् उसके स्वरूप की विविध व्याख्याओं में निष्णात है, उनका कुशल उपदेष्टा है।
7. भवभूति और उनकी नाट्य-कला: डॉ० अयोध्या प्रसाद सिंह, पृष्ठ:2, मोतीलाल बनारसीदास, प्रथम संस्करण

8. भवभूति के नाटक: डॉ० ब्रज वल्लभ शर्मा, प्रकाशक- मध्यप्रदेश हिन्दी ग्रन्थ अकादमी, भोपाल (प्रथम संस्करण), पृष्ठ-6
9. वही, पृष्ठ- 7
10. वही, पृष्ठ- 7-8
11. संस्कृत सुकवि समीक्षा - पं० बलदेव उपाध्याय, पृष्ठ-322
12. उत्तररामचरित की शास्त्रीय समीक्षा- डॉ० सत्यनारायण चौधरी, प्रकाशक-चौखम्बा ओरियन्टालिया, वाराणसी, दिल्ली, पृष्ठ-31
13. महाकवि भवभूति- डॉ० गंगासागर राय- चौखम्बा विद्याभवन- वाराणसी, पृष्ठ-16-17
14. भवभूति और उनकी नाट्यकला: डॉ० अयोध्या प्रसाद सिंह, पृष्ठ-41
15. उत्तररामचरित की शास्त्रीय समीक्षा - डॉ० सत्यनारायण चौधरी, चौखम्बा ओरियन्टलिया, वाराणसी, पृष्ठ-35
16. भास एवं भवभूति के नाटकों में रसतत्व - डॉ० उमेश पाण्डेय, पृष्ठ-42
17. राजतरंगिणी - 4/144
18. गउडवहो - वाक्पतिराज, 799
19. भास एवं भवभूति के नाटकों में रस तत्व - डॉ० उमेश पाण्डेय, पृष्ठ-43
20. मालतीमाधव, पृष्ठ- 10
21. उत्तररामचरित की शास्त्रीय समीक्षा - डॉ० सत्यनारायण चौधरी, पृष्ठ-31
22. महाकवि भवभूति - डॉ० गंगासागर राय, चौखम्बा विद्याभवन वाराणसी, पृष्ठ-10-11
23. मालतीमाधव, पृष्ठ-7
24. भास एवं भवभूति के नाटकों में रसतत्त्व, डॉ० उमेश पाण्डेय, पृष्ठ- 40
25. वही, पृष्ठ- 40
26. वही, पृष्ठ- 41
27. उत्तररामचरित, 1/2, 7/21
28. महावीरचरित- 1/1
29. मालतीमाधव - 1/3
30. महावीरचरित- 1/7
31. भास एवं भवभूति के नाटकों में रसतत्त्व- पृष्ठ- 46
32. वही, पृष्ठ - 46-47
33. मालतीमाधव, 1/16
34. मालतीमाधव, 1/7
35. भास एवं भवभूति के नाटकों में रसतत्त्व, पृष्ठ-44
36. उत्तररामचरित की शास्त्रीय समीक्षा-डॉ० सत्यनारायण चौधरी, पृष्ठ- 42

37. वही, पृष्ठ - 42-43
38. उत्तररामचरित - 2/13
39. महावीरचरितम - व्याख्याकार - आचार्य श्रीरामचन्द्र मिश्र, चौखम्बा विद्याभवन, वाराणसी -1, द्वितीय संस्करण 1968, पृष्ठ- 30
40. भास एवं भवभूति के नाटकों में रसंतत्त्व डॉ० उमेश पाण्डेय, पृष्ठ - 46
41. www.google.co.in
42. महाकवि भवभूति - डॉ० शिवबालक द्विवेदी, ग्रन्थम्, रामबाग, कानपुर पृष्ठ-11
43. महाकवि भवभूति - डॉ० शिवबालक द्विवेदी, ग्रन्थम्, रामबाग, कानपुर, पृष्ठ- 13
44. भवभूति और उनकी नाट्य-कला-डॉ० अयोध्या प्रसाद सिंह, पृष्ठ-126
45. वही- पृष्ठ-127
46. भवभूति और उनकी नाटयकला, डॉ० अयोध्या प्र० सिंह, पृष्ठ- 134
47. वही पृष्ठ- 139
48. वही, पृष्ठ- 140

तृतीय अध्याय

रस : इतिवृत्त और स्वरूप

काव्य के असीम एवं अलौकिक आनन्द को प्रदान करनेवाला विशिष्ट तत्त्व 'रस' आरम्भ से ही भारतीय काव्यशास्त्र में विवेच्य रहा है।

भारतीय वाङ्मय में रस का प्रयोग

- वैदिक काल से होता रहा है।
- वेदों के पश्चात् उपनिषद्काल में रस के बहुविध रूप दृष्टिगोचर होते हैं।
- संस्कृत साहित्य जगत् में आदिकाव्य रामायण पर जब हम दृष्टि डालते हैं तो पाते हैं कि वाल्मीकि में रामायण के प्रणयन की प्रेरणा तथा रस का बीजारोपण विशेषकर करुण रस का अन्योन्याश्रित है।
- रामायण के पश्चात् रस की स्थापना और उसकी विश्लेषणपरक व्याख्या भरत के नाट्यशास्त्र में मिलती है।
- रस शब्द का प्रयोग विश्व साहित्य के आदि ग्रन्थ वेदों में मिलता है। दूध, जल, सोमद्रव आदि के रूप में रस का प्रयोग ऋग्वेद में मिलता है।

  सोमो देवो न सूर्योऽद्रिभिः पवते सुतः दधानः कलशे रसम्।[1]

  यस्य ते मद्यं रसं तीव्रं दुहन्यद्रिभिः स पवस्वाभिमातिहा।[2]
- दूध और जल के अर्थ में भी रस का प्रयोग है–

यो नो रसं दिप्सति पित्वो अग्ने

यो अश्वानां यो गवां यस्तनूनाम्।[3]

- ❖ ऋग्वेद में रस पदार्थो का सारभूत द्रव है, वनस्पतियों का रस है, दूध और जल है, सोमरस भी है। यहाँ सोमरस अति हर्षित शब्दों में वर्णित हुआ है–

तं गोभिर्वृषणं रसं मदाय देववीतये। सुतं भराय सं सृज।[4]

ऋग्वेद में विविध प्रयोगों से स्पष्ट होता है कि रस का मूल अर्थ संभवतः वनस्पति सार ही था जो द्रवरूप में था। प्रत्येक द्रव का विशेष गुण 'स्वाद' होता है, अतः रस का शाब्दिक अर्थ संभवतः 'आस्वाद' ही बना। सोम नामक औषधि का रस तत्कालीन आर्यों को विशेष प्रिय था जिसका कारण उसके पान से एक विचित्र आह्लाद की प्राप्ति थी, यह आह्लाद स्फूर्ति, शक्ति मद का मिश्रित रूप थी। भाषागत प्रयोग में आने के कारण रस जीवन के आह्लाद से आत्मा के आह्लाद में परिणत होते हुए आत्मानन्द का वाचक बन गया।

अथर्ववेद में यह रस अपने ऋग्वैदिक अर्थो के साथ–साथ अन्य रूपों में भी प्राप्त होता है।

प्रमुञ्चन्तो भुवनस्य रेतो गातुं धत्त यजमानाय देवाः।
उपाकृतं शशमानं यदस्थात् प्रियं देवनामप्येतु पाथः।।[5]

यहाँ 'रस' विश्व का रेतस् अर्थात उत्पादक रस के रूप में है।

भरतमुनि के अनुसार अथर्ववेद में रसतत्त्व की प्रबल प्रचुरता के कारण ही ब्रह्मा ने पंचम वेद नाट्य का निर्माण करते समय अथर्ववेद से रसतत्त्व को ग्रहण किया था।

जग्राह पाठ्यमृग्वेदात् सामभ्यो गीतमेव च।
यजुर्वेदादभिनयान् रसानाथर्वणादपि।।[6]

यद्यपि अथर्ववेदीय रस औषधियों या वनस्पतियों का रस था। साथ ही अथर्ववेद में रस शब्द आस्वाद के अर्थ में भी प्रयुक्त था।

रस मूर्त है और अमूर्त भी

यह जब किसी पदार्थ विशेष का सारभूत द्रव है तो वह मूर्त है और जब काव्य, नृत्य, गान आदि से विशेष आह्लाद की प्राप्ति हो तो वह अमूर्त है।

सोम नामक औषधि का रस तत्कालीन आर्यों को विशेष प्रिय था जिसका कारण था उसके पान से एक विचित्र आह्लाद की प्राप्ति । यह आह्लाद स्फूर्ति, शक्ति और मद का मिश्रित रूप था।

भाषागत प्रयोग में आने के कारण रस जीवन के भौतिक आह्लाद से आत्मा के आह्लाद में/आध्यात्मिक आह्लाद में परिणत होते हुए आत्मानन्द का वाचक बन गया।

उपर्युक्त तत्त्व को एक छोटे से उदाहरण से परखा जा सकता है। दैनन्दिन जीवन में कोई हँसमुख व्यक्ति या कोई ज्ञानवान् व्यक्ति जो हँसी का अथवा ज्ञान का अच्छा प्रस्तोता भी हो, उसकी प्रस्तुति को सम्बन्धित श्रोता अथवा दर्शक प्रत्यक्ष अनुभव करते हैं, या फिर यों कहें कि प्रस्तोता की प्रस्तुति दर्शक और श्रोता के दिल को छू जाती है तो सम्बन्धित दर्शक-श्रोता प्रतिक्रिया देता है कि " 'अमुक' में रस है इसमें दो मत नहीं।" - यहाँ 'अमुक' प्रस्तोता भी है और प्रस्तुति-विषय भी। स्पष्टत: यहाँ मूर्त साधन के माध्यम से अमूर्त तत्त्व 'रस' की अनुभूति होती है।

जब रंगमंच पर नाट्य के अभिनय से देखनेवाले सामाजिक को एक विशेष आह्लाद की अनुभूति होती है तो उनके हाव-भाव/कृत्य आदि से नाट्य-अभिनय करनेवाले को भी एक विशेष आह्लाद की प्राप्ति होती है- यही तो 'रस' का श्रेष्ठ उदाहरण है। यहाँ रस की मूर्त्तता और अमूर्त्तता के मध्य इतना सूक्ष्म आवरण है कि उसे अनुभव किया जा सकता है और कुछ नहीं।

निष्कर्षत: रस एक प्रक्रिया है। यह प्रक्रिया -

- एक ध्रुवीय भी है,
- द्विध्रुवीय भी, और
- त्रिध्रुवीय भी है।

रस की एकध्रुवीय प्रक्रिया

किसी काव्य का लेखन, पठन, दर्शन, श्रवण आदि का एकल रूप इसका

उदाहरण हो सकता है। जब सम्बन्धित रस की अनुभूति की धारा का प्रवाह मात्र एक दिशा में होता है।

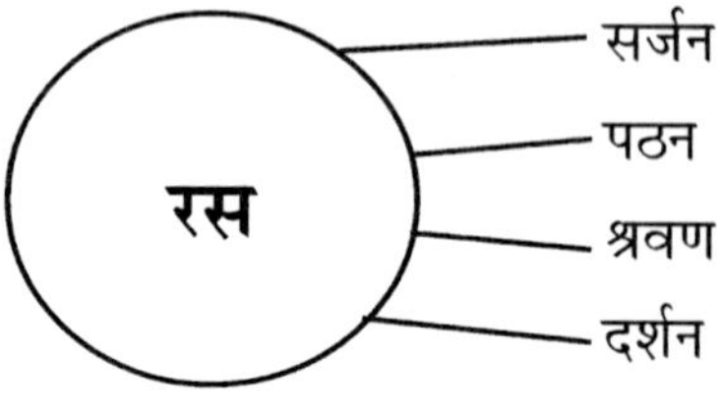

रस : एकध्रुवीय प्रक्रिया

रस की द्विध्रुवीय प्रक्रिया

जब नाट्य आदि का अभिनय होता है या फिर प्रस्तुति होती है तो- अभिनय/प्रस्तुति को आत्मसात् करते समय और अभिनय/प्रस्तुति करते समय यह द्विध्रुवीय प्रक्रिया बन जाती है। यहाँ पहले दर्शक को रसानुभूति और दर्शक की रसानुभूति के अनुभव से प्रतिक्रियास्वरूप अभिनेता को रसानुभूति.......और इस प्रकार की प्रक्रिया का अनवरत प्रत्यक्ष प्रस्तुति चलती है।

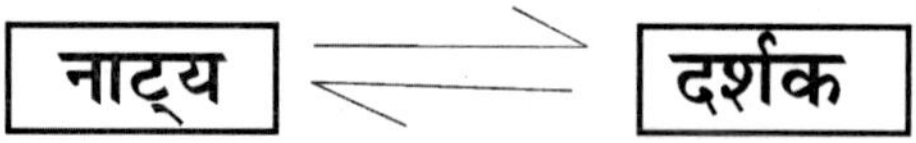

रसः द्विध्रुवीय प्रक्रिया

रस की त्रिध्रुवीय प्रक्रिया

इसके अन्तर्गत सम्बन्धित रस की धारा को सामाजिक सन्दर्भ भी प्रभावित करता है। नाट्य हो या दर्शक कोई भी सामाजिक-सन्दर्भों से स्वयं को पृथक् नहीं कर सकता।

वेदकालीन सामाजिक सन्दर्भ का रूप संकीर्ण नहीं बल्कि उदात्त था और जब उदात्तता होती है तभी सार्वकालिकता एवं सार्वभौमिकता का समावेश हो पाता है, तब 'रस' का त्रिध्रुवीय प्रक्रिया वाला रूप स्पष्ट प्रतीत होता है।

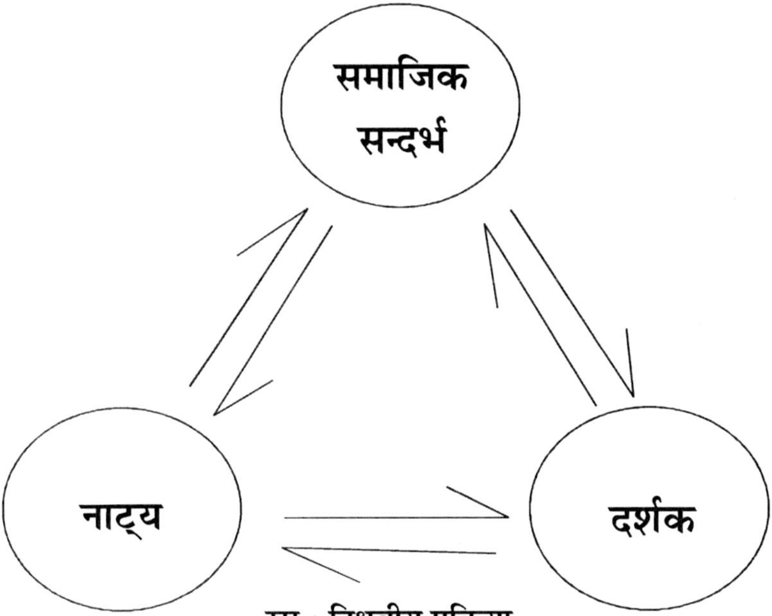

रस : त्रिध्रुवीय प्रक्रिया

अध्ययन से यह स्पष्ट होता है कि त्रिध्रुवीय प्रक्रिया स्वरूप वाले रस की प्रचुरता अथर्ववेद में विद्यमान है। और इसी कारण से ब्रह्मा ने पंचम वेद नाट्य का निर्माण करते समय इस अथर्ववेदीय रस-तत्त्व को ग्रहण किया था।

आपो भद्रा घृतमिदाप आसन्नग्नीषोमौ बिभ्रत्याप इत् ताः।
तीव्रो रसो मधुपृचामरंगम आ मा प्राणेन सह वर्चसा गमेत्।।[7]
यो नो रसं दिप्सति पित्वो अग्ने अश्वानां गवां यस्ततनूनाम्।
रिपुस्तनेन स्तेयकृद् द्रभ्रमेतु निषहीयतां तन्वा३तना च।।[8]

रस की सैद्धान्तिक व्याख्या वेदों में नहीं है। लेकिन वेदों में रस का व्यावहारिक पक्ष यत्र-तत्र सर्वत्र दीखता है।

जिस प्रकार, सम्प्रति ज्ञान के अनेक स्त्रोत और आयाम हैं इस विशद ज्ञान में से पसंदीदा और अपने लिये उपयोगी किसी भी पक्ष को बालक बोलता है, देखता है और सीखना चाहता है। अपने द्वारा उपयोग में लाये जानेवाले ज्ञान

को ही बालक देखता है, उस ज्ञान का सैद्धान्तिक पक्ष वह अपने भावी जीवन के आनेवाले दिनों में जानता है, खोजता है, समझता है। वैसे ही, वेदों में सर्वथा नैसर्गिक रूप में यह 'रस' तत्त्व पाया जाता है।

वेदों के पश्चात् उपनिषद्काल में रस के कई रूप दृष्टिगोचर होते हैं। जो रस वैदिक काल में विशिष्ट औषधियों या वनस्पतियों का रस था और आस्वाद के सन्दर्भ में वही रस उपनिषद्काल में आस्वाद्य तत्त्व के साथ-साथ प्राण तत्त्व और आत्मानन्द के अर्थ में प्रयुक्त होता दीखता है-

सोऽयास्य आङ्गिरसोऽङ्गानाँ हि रसः प्राणों वा
अङ्गानाँ रसः प्राणो हि वा अङ्गानाँ रसः
रसस्तस्माद्यस्मात्कस्माच्चाङ्गात्प्राणउत्क्रामति तदेव
तच्छुष्यत्येष हि वा अङ्गानाँ रसः[9]

अपनी पुस्तक 'रस-सिद्धान्त' में उपनिषद् में रस के प्रयोग पर अपने विचार प्रकट करते हुए डॉ० नगेन्द्र का कहना है कि उपनिषदों में रस द्रव्य से प्राप्त ऊर्जा और आह्लाद के अर्थ में अनेकत्र सन्दर्भों में प्राप्त है जैसे-

औषधीभ्योऽन्नम्। अन्नाद्रेतः। रेतसः पुरुषः स वा एष पुरुषोऽन्न-रसमयः।[10]

अर्थात् औषधि से अन्न, अन्न से वीर्य और वीर्य से पुरुष अर्थात् शरीर उत्पन्न हुआ। यह शरीर अन्नरसमय अर्थात् अन्न के रस से बना है।

यहाँ रस का अर्थ केवल द्रव्य न होकर द्रव्यजन्य देह, धातु और शक्ति आदि है। द्रव्य और द्रव्यजन्य ऊर्जा आदि से सूक्ष्मतर प्रयोग है तन्मात्रा के अर्थ में-

येन रूपं रसं गन्धं शब्दान्स्पर्शाश्च मैथुनान्
एतेनैव विजानाति किमत्र परिशिष्यते, एतद्वैतत्।।[11]

रूप, रस, गन्ध, शब्द, स्पर्श और मैथुन का ज्ञान उसी आत्मा के कारण होता है। यदि वह न रहे तो (फिर) क्या कुछ बचा रहता है? बाह्य दृष्टि से रसनेन्द्रिय के विषय का नाम रस है और तत्त्व दृष्टि से यह रस तन्मात्र है। यहीं से यह शब्द गुण, द्रव्य आदि का नाम धारण कर सांख्य, वैशेषिक आदि दर्शनों में गया। आत्मा का वर्णन करते हुए कठोपनिषद् में कहा गया है-

अशब्दमस्पर्शमरूपमव्ययं तथाऽरसं नित्यमगन्धवच्च यत्।[12]

अर्थात् भौतिक अर्थ में ही वह परम तत्त्व अरस है, पारमार्थिक अर्थ में वह सर्वरस है :

मनोमयः प्राणशरीरो भारूपः सत्यसंकल्प
आकाशात्मा सर्वकर्मा सर्वकामः
सर्वगन्धः सर्वरस ....।[13]

वह ब्रह्मज्योति मनोमय है, प्राण शरीर है, प्रकाश रूप है, सत्यसंकल्प है, आकाश उसका आत्मा है। वह सर्व-कर्म-समर्थ है, पूर्णकाम है, सर्वगन्ध और सर्वरस है ...।

यहाँ रस भौतिक अर्थ की सीमा पार कर आध्यात्मिक अर्थ की सीमा में प्रवेश करता है।

डॉ० नगेन्द्र का कथन है कि- ''रस के अर्थ के विकास में उपरोक्त दोनों उद्धरणों का विशिष्ट महत्त्व है।'' यहाँ रस के भौतिक और आध्यात्मिक अर्थों की सीमाएँ परस्पर मिल जाती हैं। अथवा यह कहा जा सकता है कि रस भौतिक अर्थ की सीमा पार कर आध्यात्मिक अर्थ की सीमा में प्रवेश करता है। वह परमतत्त्व अरस भी है और सर्वरस भी है – 'अरस' में रस का भौतिक अर्थ अभीष्ट है और 'सर्वरस' में आध्यात्मिक, क्योंकि भौतिक अर्थ में ही वह रस से विहीन और आध्यात्मिक अर्थ में ही रसमय हो सकता है।[14]

रस का यह आध्यात्मिक अर्थ तैत्तिरीय उपनिषद् में और भी स्पष्ट हो जाता है :

रसो वै सः। रसः ह्येवायं लब्ध्वाऽऽनन्दी भवति।[15]

अर्थात् वह रसरूप है, रस को प्राप्त कर यह (मनुष्य) आनन्दमग्न हो जाता है। डॉ० शैलेश कुमार मिश्र के शब्दों में औपनिषदिक रस की यही आनन्दमयता परवर्ती 'काव्यानन्द' का मूल प्रतीत होती है।[16]

निष्कर्षतः, इस वैदिक साहित्य की परिधि में प्रयुक्त रस प्रकारान्तर से आनन्द को ही द्योतित करता है, चाहे वह आनन्द बाह्य स्तर पर रसनेन्द्रिय ग्राह्य भौतिक आनन्द हो या अन्तस्तल में आत्मानुभूति का सूक्ष्म और आध्यात्मिक आनन्द हो।

संस्कृत साहित्याकाश में वाल्मीकिकृत रामायण वैदिक संस्कृत और लौकिक संस्कृत की सीमारेखा है। अत: 'रस' तथ्य के अन्वेषण के लिए सर्वप्रथम रामायण पर ही दृष्टि डालनी होगी।

रामायण के प्रणयन के सन्दर्भ में यह कहना सर्वथा सत्य ही है कि वाल्मीकि को रामायण के प्रणयन की प्रेरणा मिलने का क्षण तथा रस का बीजारोपण विशेषकर करुण रस- दोनों एक ही हैं।

विरह से अत्यन्त व्याकुल क्रौञ्ची के शोक से विगलितहृदय वाल्मीकि ने उस शोक का अत्यन्त निकट से साक्षात्कार किया। फलस्वरूप करुण रस की निर्झरिणी उनके मुख से प्रवाहित हो चली। रामायण में सभी रसों की सम्यक् अनुभूति तो होती है लेकिन उनका शास्त्रीय विवेचन वहाँ प्राप्य नहीं है। बालकाण्ड के चतुर्थ सर्ग में नवरस का उल्लेख है, किन्तु विद्वानों ने इसे प्रक्षिप्त माना है।

पाठ्ये गेये च मधुरं प्रमाणैस्त्रिभिरन्वितम्।
जातिभिः सप्तभिर्बद्धम् तन्त्रीलयसमन्वितम्।
रसैः श्रृङ्गारकरुणहास्यरौद्रभयानकैः
वीरादिभिश्च संयुक्तं काव्यमेतदगायताम्।।[17]

रामायण में रस का प्रयोग जीवन-रस (अमृत), पेय आदि साधारण अर्थों में ही हुआ है। महाभारत में रस जल, सुरा, पेय, गंध आदि के साथ ही कहीं-कहीं काम और स्नेह के अर्थ में भी प्रयुक्त है।

रस-सिद्धान्त का प्रतिपादक प्राचीनतम उपलब्ध ग्रन्थ भरत मुनि कृत नाट्यशास्त्र है- ऐसा विद्वानों का मत है। इस सम्बन्ध में विद्वत्समाज में दो विचार हैं- प्रथम अभिनवभारती की प्रसिद्ध टीका नाट्यशास्त्र के जिस वर्त्तमान संस्करण से अभिन्नप्राय है वह संस्करण छठी शताब्दी के आसपास की कृति है। द्वितीय, इस नाट्यशास्त्र का आधारभूत एक लघुतर संस्करण भी प्रारम्भ में था जो भरत की रचना थी और कदाचित् सूत्र रूप में थी। कालिदास इस सूत्ररूप नाट्यशास्त्र से परिचित थे। अत: इस लघुतर संस्करण को 200 ई० पू० - 200 ई० तक के समय का माना जा सकता है।

डॉ० नगेन्द्र के मत में[18] इस लघुतर संस्करण में प्राय: समस्त मौलिक नाट्यांगों का विवेचन था। इस प्रसंग की विवेच्य वस्तु और शैली दोनों के आधार पर यह धारणा दृढ़ हो जाती है कि रस का भी अन्तर्भाव इसमें था। अत: निश्चित रूप से रस सिद्धान्त का विस्तृत शास्त्रीय विवेचन 200 ई० पू० –200 ई० तक हो चुका था।

कोई भी लक्षण–ग्रन्थ अचानक नहीं लिख दिया जाता है। लक्षणों की रचना के पूर्व एक विस्तृत विचार–परम्परा की उपलब्धि भी निश्चित रूप से होती है। रस–सिद्धान्त के विषय में भी यह बात चरितार्थ होती है। भरत–सूत्र के रस–प्रतिपादन की परिपक्व शैली इस तथ्य को बल देती है कि उसके पीछे एक विस्तृत विचार परम्परा रही होगी। साथ ही, नाट्यशास्त्र में उद्धृत आनुवंश्य श्लोक स्वयं ही इस बात का अकाट्य प्रमाण है कि रस–सिद्धान्त काफी पहले से चला आ रहा था। नाट्यशास्त्र में वर्णित कामसूत्र के रस विषयक प्रचुर उद्धरण और अथर्ववेद से रस ग्रहण की कल्पना – रसानाथर्वणादपि[19] भी भरत पूर्व रस–सिद्धान्त परम्परा की पुष्टि करते हैं।

डॉ० नगेन्द्र के शब्दों में राजशेखर के अनुसार[20] भरत ने मुख्यतया रूपक का निरूपण किया और नन्दिकेश्वर ने रस का अर्थात् भरत की अपेक्षा नन्दिकेश्वर का रस–सिद्धान्त से घनिष्ठतर सम्बन्ध था।

पूर्व आचार्यों ने लक्षण रूप में रस का कथन किया था और भरत ने परम्परा से प्राप्त कर इन्हें, अपने विवेचन को पुष्ट करने के लिए यथास्थान निवेशित कर दिया है :

ता एतां ह्यार्या एकप्रघट्टकतया पूर्वाचार्यैलक्षणत्वेन पठिता:।
मुनिना तु सुखसंग्रहाय यथास्थानां निवेशिता:।[21]

राजशेखर ने अपने ग्रंथ में भरत और उनके परवर्ती कई आचार्यों का नामोल्लेख उनके मतों के साथ किया है, किन्तु दुर्भाग्यवश उनकी कृतियाँ अनुपलब्ध हैं। इनमें वासुकि, सदाशिव, अगस्त्य, व्यास, नन्दिकेश्वर, गार्ग्य, शौद्धोदनि आदि नाम विशेष उल्लेख्य हैं। शारदातनय ने तो नाट्यवेद के निर्माण में नन्दिकेश्वर–ब्रह्मा–भरत इस परम्परा का उल्लेख किया है। भावप्रकाशन में बतलाया गया है कि विष्णु के नाभि–कमल से उत्पन्न ब्रह्मा जब लोकपालनादि व्यापारों से खिन्न हो गए और विश्रान्ति – सुख प्राप्ति की इच्छा प्रकट की तो

उनसे प्रार्थित विष्णु ने उन्हें अम्बिकेश भगवान् शंकर के पास जाने की सलाह दी। ब्रह्मा के दु:ख को देखकर भगवान् शंकर ने अपने शिष्य नन्दिकेश्वर को आज्ञा दी कि ब्रह्मा को प्रयोग और विस्तार से नाट्यवेद पढ़ाए।

पुरा दुग्धाब्धिनाथस्य नाभीकमलसम्भवः
इत्थमाज्ञापितो ब्रह्मा देवदेवमुमापतिम्।
अभिष्ट्यात्मनः खेदं सर्वं तस्मै व्याजिज्ञिपत्
विज्ञाय शम्भुस्तत्खेदं नन्दिकेश्वरमभ्यधात्।
मत्सकाशादधीत त्वं नाट्यवेदमशेषतः
अध्यापयैनं ब्रह्माणं सप्रयोगं सविस्तरम्।[22]

उपर्युक्त उद्धरण में यह संकेत है कि भगवान् शंकर ने अपने शिष्य नन्दिकेश्वर को आज्ञा दी कि वे ब्रह्मा को नाट्यवेद पढ़ाये। इस स्थिति में भगवान् शंकर ही नाट्यवेद के प्रथम ज्ञाता थे।

काव्यमीमांसा में राजशेखर ने भी 'रसाधिकारिकं नन्दिकेश्वर:' कहकर उपर्युक्त बात की पुष्टि की है कि भरत की ही तरह नन्दिकेश्वर भी अपने सिद्धान्त के लिए प्रसिद्ध थे।

रस एक सूक्ष्म तत्त्व है। किसी भी सूक्ष्म तत्त्व की सशक्त और प्रौढ़ व्याख्या केवल एक व्यक्ति के प्रयास का फल नहीं हो सकता इससे प्राय: विचारक सहमत हैं। आशय यह कि किसी भी सिद्धान्त के विकास की प्रक्रिया में एकाधिक प्रतिभाओं का योगदान होता है, जो परम्परा से क्रमश: प्रत्यक्ष होती रहती है।

अत: अनिवार्य रूप से यह मानना होगा कि भरत-मुनि से पूर्व रस-सिद्धान्त की एक सुदीर्घ परम्परा रही होगी। यह पूर्व परम्परा ही भरत के रस-सिद्धान्त की आधारशिला बनी। लेकिन भरत से पूर्व आचार्यों के ग्रन्थ हमें उपलब्ध नहीं हैं। इस प्रकार रस-सिद्धान्त के प्रथम आचार्य भरत ही स्वीकृत हुए।

रस स्वरूप

काव्य के पढ़ने, सुनने, देखने और सर्जन से पाठक, श्रोता, दर्शक और

सर्जक ऐसी भावभूमि पर पहुँच जाता है, जहाँ पर केवल निर्विकल्पक, निर्लेप, शुद्ध, आनन्दमयी चेतना का ही साम्राज्य रहता है। उस भावयुक्त भूमि को प्राप्त कर लेने की स्थिति का नाम ही रस है। हम कह सकते हैं कि रस एक अलौकिक स्थिति है। किसी भी विधा रूप में काव्य वही है जो कवि और सहृदय को हृदय की निर्मलता और दुर्बल सांसारिक बन्धनों से तिरोहित भाव की प्राप्ति करा दे। विषय की सुस्पष्ट व्याख्या के लिए वस्तुओं की स्थितियों आदि का नामकरण आवश्यक है। अन्यथा उस स्थिति का न तो कोई नाम है और न कोई अनुभूति। फिर भी अन्य अवयवों की तुलना में भाषा-वैज्ञानिक दृष्टि से प्राचीन मनीषियों ने इनका 'रस'[23] नाम उचित ही रखा है, क्योंकि प्राचीन काल से ही 'रस' शब्द का प्रयोग उस स्थिति के लिये किया जाता रहा है, यथा 'रसो वै सः'। रस की व्युत्पत्तिपरक व्याख्या भी इसी रूप में की जाती रही है- 'रस्यते आस्वाद्यते इति रसः'।

रस की विषयगत स्थिति

भरत मुनि रस-सम्प्रदाय के प्रथम आचार्य हैं। इन्होंने अपने नाट्यशास्त्र में रस का विस्तार से वर्णन किया है और उसे परिभाषित भी किया है। भरतमुनि के अनुसार विभाव, अनुभाव और व्यभिचारी भावों के संयोग से रस निष्पत्ति होती है, यथा- 'विभावानुभावव्यभिचारिसंयोगाद्रस निष्पत्तिः'। अर्थात् विभाव, अनुभाव और व्यभिचारी भावों से संयुक्त एवं वाचिक, आंगिक तथा सात्त्विक अभिनयों से व्यंजित स्थायी भाव ही रस है। रस एक प्रकार की भावमूलक कलात्मक स्थिति है जो कवि-निबद्ध विभाव, अनुभाव और व्यभिचारी भावों के प्रसंग से नाट्यसामग्री के द्वारा रंगमंच पर उपस्थित हो जाती है। उदाहरणस्वरूप - रम्य तपोवन के दृश्यों से सज्जित रंगमंच पर दुष्यन्त और शकुन्तला (विभाव) का अभिनय करनेवाला नट-नटी जब वाचिक, आंगिक तथा सात्त्विक अभिनयों के द्वारा अनुभाव, व्यभिचारी आदि की अभिव्यक्ति करते हुए रति स्थायी भाव को सर्वांगरूप में प्रस्तुत करते हैं तो एक रमणीय, भावमूलक स्थिति उत्पन्न हो जाती है जो सहृदय प्रेक्षक के चित्त में हर्ष, कुतूहल आदि जागृत करती है। यह रमणीय भावमूलक स्थिति ही भरत के अनुसार 'रस' है। सहृदय की अनुभूति इससे भिन्न है - वह तो इसका आस्वाद है जो हर्ष, कुतूहल आदि के रूप में

अनुभूत होता है। यह स्थिति नाट्य – सौन्दर्य मात्र भी नहीं है– अर्थात् केवल नाट्य अलंकार और वस्तु का सौन्दर्य भी रस नहीं हो सकता। ''नाट्य-सौन्दर्य और काव्य-सौन्दर्य के माध्यम से स्थायी भाव की उपस्थिति ही रस है।''[24]

रस के उपर्युक्त अर्थ को ध्वनि-पूर्व काल में अलंकारवादियों ने काव्य के क्षेत्र में भी इसी रूप में ग्रहण कर लिया और थोड़े परिवर्तित रूप में रस इस प्रकार परिभाषित हुआ – शब्द अर्थ के माध्यम से विभाव, अनुभाव व्यभिचारियों से संयुक्त स्थायी भाव ही रस का रूप धारण कर लेता है –

प्राक्प्रीतिर्दर्शिता सेयं रतिः श्रृंगारतां गता।
रूपबाहुल्ययोगेन तदिदं रसवद्वचः ।।[25]

विभावादि से अपुष्ट रति केवल 'प्रीति' (नामक भाव) ही होती है किन्तु विभाव, अनुभाव और संचारी से परिपुष्ट होकर श्रृंगार रस में परिणत हो जाती है। यहाँ रस का स्वरूप विषयगत है। यह रस आस्वाद्य रूप है, आस्वाद नहीं है।

रस की विषयिगत स्थिति

भरत – सूत्र के व्याख्याता आचार्यों के विवेचन के फलस्वरूप रस का स्वरूप क्रमशः विषयिगत होता गया और वह आस्वाद्य से 'आस्वाद' बन गया। रस के अर्थ परिवर्तन में अभिनवगुप्त का मुख्य हाथ है। वे कहते हैं – नट के द्वारा किये जानेवाले (नटगत) अभिनय के प्रभाव से प्रत्यक्ष- सा दिखलायी देनेवाला (साक्षात्कारायमाण), एकाग्र मन की निश्चलता के कारण अनुभव होनेवाला, समस्त नाटकों और किसी-किसी काव्य-विशेष से (भी) प्रकाशित होनेवाला अर्थ नाट्य कहलाता है। वह यद्यपि (भिन्न-भिन्न प्रकार के नायक-नायिका आदि आलम्बन तथा उद्दीपन विभावों के अपरिसंख्येय होने के कारण) अनन्त विभावादि-रूप है तथापि समस्त अचेतन विभावों के ज्ञान में (पर्यवसित होने से) और उस (ज्ञान) का भोक्ता (आलम्बन विभाव रूप किसी पात्र विशेष) में (पर्यवसान होने से) और (इस प्रकार के अनेक) भोक्ताओं के प्रधान भोक्ता (अर्थात् नायक) में पर्यवसान होने के कारण नायक कहलाने वाले भोक्ता विशेष के (रत्यादि रूप) स्थायिभावात्मक चित्तवृत्ति स्वरूप अर्थ (नाट्य) होता है।

और वह (प्रधान-चित्तवृत्तिरूप नायक की) एक चित्तवृत्ति, लौकिक गीतों के (नाटक या काव्य में आये हुए) गेय पदादि, लास्य (नृत्य-विशेष) आदि के दस अंगों से युक्त और स्वीकृत लक्षणवाले, गुण-अलंकार-गीत-वाद्य आदि के संयोग द्वारा अत्यन्त सौन्दर्य को प्राप्त काव्य की महिमा तथा नट के द्वारा की जानेवाली प्रयोग-परम्परा एवं अभ्यास विशेष के प्रभाव से (ये विभाव मेरे हैं या दूसरे के हैं इस प्रकार के) स्वकीय-परकीय भाव से रहित हो जाती है, इसलिए साधारणीकरण हो जाने से (नायक की अपनी चित्तवृत्ति) सामाजिकों को भी अपनी सत्ता के भीतर समाविष्ट करती हुई और नायक तथा सामाजिक की चित्तवृत्ति के तादात्म्य (अभेद- साधारणीकरण) होने के कारण ही अनुमान तथा आगम (रूप परोक्षात्मक) एवं (इन्द्रिय-संयोगादि रूप साधनों की अपेक्षा न रखनेवाले अर्थात् इन्द्रियसन्निकर्षादि के बिना ही उत्पन्न हो जानेवाले योगि-प्रत्यक्ष से उत्पन्न (करणक) तटस्थ (उदासीन, रसादि का अनुभव न करनेवाले) प्रमाता एवं प्रमेय से विलक्षण तथा परकीय लौकिक चित्तवृत्ति से भिन्न रूप से प्रतीत होनेवाली (नायक-विशेष के) अपने परिमित स्वरूप के आश्रय से प्रतीत न होने के कारण, लौकिक प्रमदादि से उत्पन्न अपनी रति और शोक के (वर्णन के) समान (लज्जा-नाशादि रूप रस-विरोधिनी) अन्य चित्तवृत्ति के उत्पादन में अक्षम होने से ही निर्विघ्न अनुभूति की विश्रान्ति रूप आस्वादन नाम से कहे जानेवाले व्यापार के द्वारा गृहीत होने के कारण (रस्यते इति रसः इस व्युत्पत्ति के अनुसार) 'रस' शब्द से कही जाती है।

तत्र नाट्यं नाम नटगताभिनय प्रभावसाक्षात्कारायमाणैक-घनमान सनिश्चलाध्यवसेयः समस्तनाटकान्यतमकाव्यविशेषाश्च द्योतनीयोऽर्थः। स च यद्यप्यनन्तविभावाद्यात्मा तथापि सर्वेषां जडानां संविदि, तस्याश्च भोक्तरि, भोक्तृवर्गस्य च प्रधाने भोक्तरिपर्यवसानात्, नायकाभिधानभोक्तृ-विशेषस्थायिचित्तवृत्तिस्वभावः। सा चैकचित्तवृत्तिः-स्वकीयपरकीयमितिप्रतीयमानान्त चित्तवृत्यन्तरशतविशेषिता-लौकिकगीतगेयपदादिलास्याङ्गदशकोपजीवनस्वीकृत

लक्षणगुणालंकारगीतातोद्यादिसम्यक्सुन्दरीभूतकाव्यमहिम-प्रयोगमालाभ्यासविशेषाश्रयत्वात् स्वपरभावात् प्रच्याविता, अतएव साधारणीभूततया सामाजिकानपि स्वात्मसद्भावेन-समावेशयन्ती, तादात्म्यादेवच अनुमानागमयोगिप्रत्यक्षादि-करणतटस्थप्रमातृप्रमेयपरकीयलौकिकचित्तवृत्तिविलक्षणतया निर्भासमाना, परिमितस्वात्माश्रयतानिर्भासनाविरहच्चलौकिक-प्रमदादि-जनितनिजरतिशोकादित् चित्तवृत्यन्तरजननाक्षमा अतएव निर्विघ्नस्वसंवेदनात्मकविश्रान्तिलक्षणेन रसनापर-पर्यायेण व्यापारेण गृह्यमाणत्वाद् रसशब्देनाभिधीयते।[26]

प्राय: अभिनवगुप्तसम्मत रस स्वरूप को ही मम्मट से लेकर पण्डितराज जगन्नाथ तक ने भी माना।

रस की सामान्य स्थिति

संस्कृत काव्यशास्त्र में रस का सामान्य काव्य-सौन्दर्य के अर्थ में भी प्रयोग मिलता है। उदाहरणार्थ दण्डी ने माधुर्यगुणविवेचन में रस का सामान्य अर्थ में प्रयोग किया है:

मधुरं रसवद् वाचि वस्तून्यपि रसस्थितः।[27]
कामं सर्वोऽप्यलंकारो रसमर्थे निषिंचतु।[28]

उपर्युक्त पंक्तियों के अन्तर्गत वाणी में अर्थात् शब्द में रस की स्थिति और अलंकार द्वारा अर्थ में रस का निषेक ये दोनों तथ्य इस बात की ओर इंगित करते हैं कि प्रस्तुत प्रसंग में रस का अर्थ भावमूलक काव्यसौन्दर्य न होकर अभिव्यक्ति का सौन्दर्य मात्र है। वास्तव में, रस का यह अर्थ परिनिष्ठित और पारिभाषिक नहीं है। रस तो रागात्मक आह्लाद है जो शब्दार्थ के चमत्कार में अनिवार्यत: नहीं रहता।

निष्कर्षत: रस के तीन अर्थ हैं –

1. भावमूलक काव्यसौन्दर्य/भाव की कलात्मक अभिव्यंजना
2. भावमूलक काव्यसौन्दर्य की अनुभूति
3. सामान्य काव्य – सौन्दर्य

इनमें से प्रथम दो अर्थ शास्त्रीय एवं परिनिष्ठित हैं तथा तीसरा अर्थ केवल व्यावहारिक है।

भरतमुनि द्वारा रस-प्रसंग में दिये गये सूत्र से रस के चार प्रमुख अवयव निश्चित होते हैं-

1. स्थायी भाव
2. विभाव
3. अनुभाव
4. व्यभिचारी भाव

(1) स्थायी भाव

यद्यपि 'भाव' शब्द स्वयं अन्यन्त स्पष्ट है तथापि भरतमुनि से लेकर अद्यतन आचार्यों के द्वारा किये गये विचार-विमर्श और निष्कर्षों के आधार पर यह कहा जा सकता है कि 'स्थायी भाव' सहृदय सामाजिक के हृदय में वासना रूप में स्थित वे जन्मजात अनुभूतियाँ हैं जो स्थायी रूप से विद्यमान रहती हैं।[29] ये अनुभूतियाँ शिक्षित - अशिक्षित, विद्वान्- मूर्ख सभी में पायी जाती हैं जो यथास्थिति जागृत एवं सुषुप्त होती रहती हैं। ये अनुभूतियाँ अन्य अनुभूतियों की अपेक्षा अधिक तीव्र, गतिशील एवं सूक्ष्म होती हैं। इस 'अनुभूति के और भी नाम हो सकते हैं- वृत्ति, मूल वृत्ति, मौलिक मनोवेग या स्थायी भाव। इन वृत्तियों का आधार 'अहंकार' की दो मुख्य वृत्तियाँ हैं - (1) राग एवं (2) द्वेष। ये दोनों क्रमशः सुखात्मक एवं दुःखात्मक प्रकृति की होती हैं। लौकिक जीवन में हम देखते हैं कि बच्चा जन्म के साथ दो ही वृत्तियाँ लेकर आता है। वह या तो हँसता है या रोता है। जन्म लेते ही बच्चा रोता ही है, हँसता बाद में है। अतः यदि क्रम देने की बात है तो 'शोक' का स्थान प्रथम तथा हास का द्वितीय है।

समस्त प्रकृति 'सत्त्व, रज और तम इन तीन गुणों से उत्पन्न एवं संचालित होती है। इन तीनों गुणों के साथ रहने पर भी प्रधानता एक गुण की रहती है। सत्त्व की प्रधानता से बुद्धि (महत् तत्त्व) और बुद्धि के 'रजो' गुण की प्रधानता से 'अहंकार' की उत्पत्ति होती है। फलतः अहंकार रजोगुण प्रधान तत्त्व निश्चित होता है। उसकी दो वृत्तियाँ 'राग' और 'द्वेष' विश्व की अन्य

समस्त वृत्तियों की जनक हैं। डॉ० जगदीश प्रसाद कौशिक की दृष्टि में इन दो वृत्तियों से काव्य भावों या लौकिक भावों का आविर्भाव होता है।

- ☞ ''राग'' से 'हास' की उत्पत्ति होती है।
- ☞ 'द्वेष' से 'शोक' की उत्पत्ति होती है।
- ☞ 'हास' में जब सत्त्व की प्रधानता होती है तब संयोग शृंगार की उत्पत्ति होती है।
- ☞ 'करुण' में जब 'सत्त्व' की प्रधानता होती है तब वियोगात्मक रति शम और विस्मय स्थायी भाव उत्पन्न होते हैं।
- ☞ रजोगुण की प्रधानता से उत्साह स्थायीभाव उत्पन्न होता है जो 'शोक' का ही एक रूप होता है।
- ☞ 'हास' जब तम: प्रधान होने लगता है तब क्रोध, भय और जुगुप्सा स्थायी भाव उत्पन्न होते हैं।
- ☞ वत्सल स्थायी भाव संयोग में हास का और वियोग में शोक का परिवर्तित रूप या परिणाम होता है।
- ☞ इस प्रकार 'अहंकार' हास और शोक का मूल आधार होता है। और शेष स्थायी भावों के आधार हास और शोक होते हैं।
- ☞ इन सभी स्थायी भावों में बुद्धि एवं अहम् के अंश अलक्षित रूप में विद्यमान रहते हैं। फलस्वरूप कहीं-कहीं हमें बौद्धिकता का अनुभव होने लगता है।

आचार्य विश्वनाथ ने रस को वेद्यान्तर स्पर्शशून्य कहा है। तात्पर्य यह है कि रसानुभूति की स्थिति में बौद्धिकता भी तिरोहित हो जाती है और यहीं पर रस का अखण्ड रूप व्यक्त हो जाता है।

उपर्युक्त तथ्यों के विवेचन के पश्चात् हम कह सकते हैं कि स्थायीभाव अहंकार की वे वृत्तियाँ हैं जो सामाजिकों में मन की पूर्ववर्ती स्थिति के रूप में वासना रूप में स्थायी रूप से विद्यमान रहती हैं तथा जिनकी बाह्य अभिव्यक्ति मनोविकारों और भौतिक या शारीरिक प्रतिक्रियाओं के रूप में होती है। ये संख्या में दस ही हैं। इन्हें ही काव्य-शास्त्र में स्थायी भाव के नाम से जाना

जाता है। व्यावहारिक एवं प्रतिक्रियाओं के आधार पर इनके नामकरण इस प्रकार किये जा सकते हैं।[30]

(1) शोक
(2) हास
(3) रति
(4) शम
(5) उत्साह
(6) विस्मय
(7) भय
(8) जुगुप्सा
(9) क्रोध
(10) वत्सल

(2) विभाव

रत्यादि स्थायी भावों को जागृत करने का कार्य करनेवाले विभाव कहलाते हैं। सामाजिकों के हृदय में वासना रुप में विद्यमान स्थायीभाव विभाव के व्यापार से उद्बुद्ध हो जाते है। भरत के अनुसार आत्मानुभव-भिन्न ज्ञान गोचर सभी विषय विभाव होते हैं:-

आत्मानुभवनं भावः विभावः परदर्शनम्।
गुरुर्मित्रं सखा स्निग्धः सम्बन्धी बन्धुरेव वा।
आवेद्यते हि यः प्राप्तः स विभाव इति स्मृतः।।[31]

यद्यपि भरत ने यहाँ पर दृष्ट विषयों की विभाव स्वरूपता का प्रतिपादन किया है। परन्तु अनुभावों के स्वरूप का निर्देश करते हुए उन्होंने प्रतिसंदेश को अनुभाव स्वीकार किया है। प्रतिसंदेश किसी श्रुत संदेश का ही अनुभाव हो सकता है। अतः अभिनव ने दृष्ट विषयों के समान श्रुत तथा अनुमित विषयों को भी विभाव स्वीकार कर लिया है:-

न केवलं प्रत्यक्षेण दृश्य एवानुभवश्चित्तवृत्तिं गमयति। यावत्प्रमाणान्तरेण शब्दादिनाप्यविदित (आवेदित पाठ होना

चाहिए)। इति दर्शयितुमाह यस्त्वपि प्रतिसंदेश इति। एतच्चानुमानस्याप्युपलक्षणम्।[32]

अभिनव ने भरत के समान विषयों को विभाव न कहकर विषयज्ञान या विषयानुभव को विभाव नाम दिया है:-

यत्तु व्यतिरिक्तवस्तुज्ञानं तत्सर्वं सुखादिजनकत्वाद्विभावः। तदाह विभावः परदर्शनमिति।[33]

परन्तु तात्त्विक रूप से भरत तथा अभिनव के उल्लेखों में कोई अन्तर नहीं है। क्योंकि कोई भी विषय जब तक ज्ञान का विषय नहीं बन जाता तब तक वह किसी चित्तवृत्ति का उदय ही कैसे कर सकता है। परन्तु ज्ञान या अनुभव का जनक भी विषय ही होता है। अत: विषय को भी चित्तवृत्ति के उदय का हेतु स्वीकार किया जा सकता है।

मम्मटादि ने रत्यादि के जनक लौकिक कारणों को विभाव नाम से अभिहित किया है। रसस्वरूप निरूपण के क्रम में अपने काव्यप्रकाश में सूत्र -43 (कारिका संख्या 27-28) में मम्मट लिखते हैं-

कारणान्यथ कार्याणि सहकारीणि यानि च।
रत्यादेः स्थायिनो लोके तानि चेन्नाट्यकाव्ययोः।।
विभावा अनुभावास्तत् कथ्यन्ते व्यभिचारिणः।
व्यक्तः स तैर्विभावाद्यैः स्थायी भावो रसः स्मृतः।।

उपर्युक्त कारिका में बताया गया है कि रति आदि की उत्पत्ति के जो कारण हैं वे विभाव शब्द से, कार्य अनुभाव शब्द से और सहकारी व्यभिचारी भाव शब्द से कहे जाते हैं। स्पष्टत: 'विभाव' शब्द का प्रत्यायक अर्थात् व्याख्या करनेवाला मम्मट द्वारा प्रस्तुत यह अंश भी भरत द्वारा निर्दिष्ट -

अथ विभाव इति कस्मात्। उच्यते विभावो विज्ञानार्थः। विभावः कारणं निमित्तं हेतुरिति पर्यायाः। विभाव्यन्ते अनेन वागंग-सत्वाभिनया इत्यतो विभावाः।

-इस कथन से भिन्न नहीं हैं।

धनञ्जय तथा विश्वनाथ ने शृंगार रस के विभावों का निर्देश करते हुए दृष्ट,

श्रुत तथा अनुमित तीनों प्रकार के विभिन्न कारणों को शृंगार रस का विभाव स्वीकार किया है। तथा–साहित्यदर्पण में विश्वनाथ के अनुसार–

पत्युरन्यप्रियासंगे दृष्टेऽथानुमिते श्रुते। ईर्ष्यामानो भवेत् स्त्रीणाम्।।

अतः निष्कर्ष स्वरूप यह कहा जा सकता है कि दर्शन गोचर होनेवाले, श्रुत तथा अनुमित सभी विषय विभाव होते हैं। वास्तव में कवि द्वारा विभावों का इस प्रकार नियोजन किया जाता है कि स्थायी भाव उद्दीप्त होकर विगलन की ओर अग्रसर होने लगता है। विभाव को दो भागों में बाँटा जाता है–

(1) आलम्बन (2) उद्दीपन

परन्तु भरत ने इन भेदों का उल्लेख नहीं किया है और न ही अभिनवगुप्त इन भेदों के पक्ष में हैं। उन्होंने तथाकथित आलम्बन तथा उद्दीपन दोनों हेतुओं को संयुक्त रूप में विभाव स्वीकार किया हैं–

> **एवं च सर्व एव समुदितो विभाव इति काल्पनिकमालम्बनविभाव उद्दीपन विभाव इति। अतएव मुनिना नायं क्वचिद्विभाग उक्तः सूचितो वा। युक्तं नैतत्। यथैकत्र रूपके उद्यानर्तुमाल्यादीनां सर्वेषां दर्शनादेको रसः स्यात्। विभावाभेदात्।**[34]

विभाव भेदकों के अनुसार चित्तवृत्ति का विषय आलम्बन विभाव तथा उस चित्तवृत्रि के निमित कारण उद्दीपन विभाव होते है:–

> **एवं यस्याश्चित्वृत्तेर्यो विषयः स तस्या आलम्बनम्, निमित्तानि चोद्दीपकानीति बोध्यम्।**[35]

दूसरी ओर अभिनव के अनुसार नायक तथा नायिकाएं शृंगार रस के विभाव होते हैं तथा ऋत्वादि नायक–नायिकाओं की उत्तमता के साधक। दूसरे शब्दों में चित्तवृत्ति के उदय के अनुरूप अवसर की सृष्टि करनेवाले हेतु होते हैं–

> **तत्रेह वस्तुतः स्त्रीपुंसौ परस्परं विभावौ।**
> **तयोरुत्तमत्वे चोपयोगीनि ऋत्वादीनि।**
> **उत्तमस्यानवसरे रत्यभावात्।**[36]

पंडितराज तथा अभिनवगुप्त के उपर्युक्त विवेचन पर दृष्टिपात करने से यह स्पष्ट हो जाता है कि वस्तुत: नायक–नायिकाओं तथा ऋतु आदिकों के रसोद्बोध में जितनी तथा जैसी उपयोगिता होती है उसके बारे में दोनों एकमत हैं। पंडितराज ने केवल उन्हें दो भागों में विभक्त कर दिया है और अभिनव इस विभाजन को अनावश्यक मानते हैं।

अभिनव के अग्रिम विवेचन पर दृष्टिपात करने से प्रतीत होता है कि कुछ पूर्ववर्ती या उनके समकालीन काव्य–रसिकों ने आलम्बन तथा उद्दीपन विभावों को पृथक्–पृथक् रूप से भावोद्बोध का हेतु स्वीकार कर लिया था तथा आलम्बन एवं उद्दीपन विभावों के पृथक्–पृथक् उदाहरण उपन्यस्त कर इस तथ्य को सिद्ध करने का प्रयत्न किया था। परन्तु अभिनव ने उनकी इस मान्यता का खण्डन किया है। संभव है कि अभिनव ने ऐसे विवेचकों के मन्तव्य को ध्यान में रखकर ही विभाव भेदों को अनावश्यक मान लिया हो और विभाव भेदों के वे विरुद्ध हो गए हों। अन्यथा लोचन में उन्होंने रसवदलंकारों के प्रकरण में एक उदाहरण की संगति का प्रदर्शन करते हुए श्रीकृष्णगत रति भावोद्बोधक स्मृत विभावों की आलम्बन तथा उद्दीपन उभयरूपता का स्वयं ही उल्लेख किया है–

एवं तं दृष्ट्वा गोपदर्शनप्रबुद्धसंस्कार आलम्बनोद्दीपन-विभावस्मरणात् प्रबुद्धरतिभावमात्मगतमौत्सुक्यगर्भमाह द्वारकागतो भगवान् कृष्णः। [37]

भरत ने यद्यपि विभाव भेदों का उल्लेख नहीं किया है। परन्तु उन्होंने स्पष्ट शब्दों में उनका खण्डन भी नहीं किया है। दूसरी ओर विभाव–भेदकों ने विभावों को दो भागों में विभाजित करते हुए भी उभय–विध विभावों को समन्वित रूप में ही स्थायी भावों के उद्बोध का हेतु स्वीकार किया है। पंडितराज जगन्नाथ के अनुसार तो व्यभिचारी भावों तक की उत्पत्ति आलम्बन तथा उद्दीपन दोनों के संयोग से यत्र–तत्र हुआ करती है:–

विभावास्तत्र व्यभिचारिणो निमित्तकारणसामान्यम् न तु रसस्येव सर्वथालम्बनोद्दीपने अपेक्षिते। यदि तु क्वचित् संभवः तदा न वार्यते। [38]

और अस्थिर व्यभिचारी भावों की उत्पत्ति में केवल उद्दीपन विभावों को पर्याप्त स्वीकार कर लेने में कोई अनौचित्य भी नहीं प्रतीत होता।

इस प्रकार हम देखते हैं कि जब विभाव भेदक भी अभिनव की भाँति आलम्बन तथा उद्दीपन दोनों प्रकारों के विभावों की रसोद्बोध में समन्वित कारणता के समर्थक हैं तथा लोचन में अभिनव ने विभाव भेदों को अप्रत्यक्ष रूप से स्वीकार ही कर लिया है और व्याख्या भी विभाजनापेक्षी होती है।[39] तब हम विभाव भेदों को आवश्यक रूप से स्वीकार करते हैं। वास्तव में कवि द्वारा विभावों का इस प्रकार नियोजन किया जाता है कि स्थायी भाव उद्दीप्त होकर विगलन की ओर अग्रसर होने लगता है। ये दो प्रकारों के होते हैं-

(1) आलम्बन विभाव

(2) उद्दीपन विभाव

(1) आलम्बन विभाव

आलम्बन से तात्पर्य उस व्यक्ति या वस्तु से होता है जो आश्रय या सहृदय सामाजिक में स्थित स्थायी भाव का उत्पादक कारण होता है। दूसरे शब्दों में स्थायी भाव जिसके विषय में होता है उसे आलम्बन विभाव कहते हैं। उदाहरणार्थ-

परशुराम को देखकर जनक की राजसभा से राजाओं के भागने या इधर-उधर छुपने का प्रयास करने से 'भय' स्थायी भाव का निरूपण होता है। इसमें परशुराम स्थायी भाव भय का आलम्बन विभाव है।

(2) उद्दीपन विभाव

आलम्बन का रूप एवं उसकी चेष्टाएँ उद्दीपन विभाव कहलाती हैं। जिस प्रकार लकड़ियों द्वारा जलाई अग्नि घी डालने से और भी उदीप्त हो उठती है उसी प्रकार रूप दर्शन और चेष्टाएँ आश्रय के हृदय में उद्बुद्ध स्थायी भाव को और भी उद्दीप्त करती हैं। उदाहरणार्थ-

परशुराम-लक्ष्मण संवाद में लक्ष्मण का बार-बार व्यंग्य करना या कटु कथन करना या मुस्कुराना परशुराम के क्रोध को और भी अधिक बढ़ा देते हैं। अतः उसकी चेष्टाएँ यहाँ पर उद्दीपन विभाव कहलाएँगी।

आलम्बन की चेष्टाओं के उद्दीपक होते हैं। यथा-रति स्थायी भाव के उद्दीपक में - नायिका का सौन्दर्य, उसकी चेष्टाएँ, चाँदनी रात, उपवन आदि।

कुछ स्थायी भावों के आलम्बन निश्चित है। किन्तु देश कालानुसार कुछ रसों के आलम्बन अलग-अलग भी हो सकते हैं। शृंगार, वीर और शान्त रस के आलम्बन प्राय: सर्वसम्मत एवं निश्चित हैं तो क्रोध, भय और जुगुप्सा के आलम्बन कोई भी हो सकते हैं।

निष्कर्षत: विभाव रस-व्यंजना के महत्त्वपूर्ण अंग होते हैं। ये सामाजिकों को भावादिकों का विशिष्ट ज्ञान करानेवाले, स्थायीभावों के उद्बोधक तथा व्यभिचारी भावों के उत्पादक हेतु होते हैं। और सामाजिकगत रसानुभूति तथा काव्यगत रसव्यंजना में भावज्ञान तथा स्थायी भावोद्बोध आदि का सर्वाधिक महत्त्व होता है।[40]

(3) अनुभाव

अनु अर्थात् पीछे। स्थायी भाव के पश्चात् प्रकट होनेवाले मनोविकार और आश्रय की चेष्टाएँ अनुभाव कहलाती हैं।अनुभावों का प्रकट होना इस बात का सूचक है कि भावों के विगलन की क्रिया तेज हो रही है। अभिनवगुप्त के अनुसार विभिन्न प्रकार के अभिनय अनुभाव ही होते हैं- "**अभिनया अनुभावा एव।**"

अत: विभिन्न प्रकार के अभिनयों को अनुभावों के भेद के रूप में स्वीकार किया जा सकता है। भरत ने रसाध्याय में चार प्रकार के अभिनयों का निर्देश किया है-

आंगिको वाचिकश्चैव आहार्य: सात्त्विकस्तथा।
चत्वारो ह्यभिनया ह्येते ....।।[41]

अनुभाव स्थायी भावों और विभावों के पश्चात् प्रकट होते हैं और आश्रय में प्रकट होते हैं। अर्थात् अनुभाव पूर्णत: आश्रयगत होते हैं। आचार्यों ने अनुभाव के दो भेद बताये हैं-[42]

1. सात्त्विक (अयत्नज)
2. कायिक (यत्नज)

1. विद्वानों ने **सात्त्विक अनुभाव** 8 प्रकार के बताये हैं–

(1) **स्तम्भ** –प्रेम, शोक, भय, क्रोध आदि के कारण शरीर की गति रुक जाना।

(2) **स्वेद** - प्रेम, भय, लज्जा आदि के कारण शरीर पर पसीना आ जाना।

(3) **रोमाञ्च** - प्रेम, हर्ष, भय आदि के कारण शरीर के रोमों का खड़ा हो जाना।

(4) **स्वरभंग** - प्रेम, शोक, भय, मद आदि के कारण वाणी का स्वाभाविक गति से न निकलना या वाणी का अवरुद्ध होना।

(5) **कम्प** - प्रेमाधिक्य, क्रोध व भय के कारण शरीर का काँपने लगना।

(6) **वैवर्ण्य** - भय, शोक, शंका आदि के कारण मुखमण्डल का कान्तिहीन हो जाना।

(7) **अश्रु** - हर्षातिरेक या शोक के कारण आँखों में पानी आ जाना।

(8) **प्रलय** - विरह, दु:ख, शोक, शंका, भय, क्रोध के कारण इन्द्रियों का चेतनाशून्य हो जाना।

2. **कायिक** - इनका सम्बन्ध आश्रय की कायिक चेष्टाओं से होता है। इनको करने के लिए आश्रय को यत्न करना पड़ता है। अत: ये यत्नज अनुभाव कहलाते हैं। यथा क्रोध में थप्पड़ मारना, पत्थर फेंकना आदि। शृंगार में आलिंगन, स्पर्श आदि। व्यक्ति, स्थान और समय के अनुसार ये अनेक प्रकार से व्यक्त होते हैं।

(4) संचारी भाव

संचारी भाव वे मनोवेग या शारीरिक प्रतिक्रियाएँ हैं, जो स्थायी भावों की पुष्टि के लिए संचरणशील होते हैं। भरतमुनि ने इन्हें व्यभिचारी भाव कहा है। एक ही संचारी भाव अनेक रसों की पुष्टि के लिए प्रकट हो जाता है। एक भाव के साथ इनका नियत सम्बन्ध न रहने के कारण इन्हें व्यभिचारी भाव कहते हैं।

साथ ही संचरणशील अर्थात् घूमते रहने की प्रवृत्ति के कारण इन्हें संचारी भाव कहते हैं। ये भाव कुछ क्षण के लिए प्रकट होते हैं और स्थायी भाव का पोषण कर उसी में विलीन हो जाते हैं, अतएव इन्हें अस्थिर भाव भी कहते हैं।

यह व्यभिचारी भाव भी स्थायी भावों के समान चित्तवृत्ति स्वरूप होते हैं। परन्तु वे स्थायी भावों के समान जन्मजात नहीं होते। यहाँ तक कि कुछ व्यभिचारी भाव तो कुछ व्यक्तियों में विभाव साक्षात्कार के अनन्तर भी नहीं उत्पन्न हो सकते। और यदि वे विभाव साक्षात्कार के अनन्तर उत्पन्न हो जाते हैं तो विभाव के अदृश्य होते ही विलीन हो जाते हैं। रसवादी आचार्यों ने संचारी भावों की तीन प्रमुख विशेषताएँ निर्धारित की हैं–[43]

(1) संचारी भाव स्थायी भाव के उपकारक धर्म हैं, जो स्थायी भावों को दीप्त कर उन्हें रसदशा तक पहुँचने में सहायता देते हैं।

(2) स्थायी भावों के साथ इनका सम्बन्ध सागर एवं तरंगों के समान होता है, जो सागर में उठती और विलीन होती रहती हैं।

(3) क्षणिकता ही इनका लक्षण है। अतः इन्हें मन की अस्थिर वृत्तियाँ कहा गया है।

भरत ने तैंतीस व्यभिचारी भावों का उल्लेख किया है–

निर्वेदग्लानिशंकाख्यास्तयासूयामदः श्रमः।
आलस्यं चैव दैन्यं च चिन्ता मोहः स्मृतिधृतिः।।
व्रीडाचपलता हर्ष आवेगो जड़ता तथा।
गर्वो विषाद औत्सुक्यं निद्रापस्मार एव च।।
सुप्तं विवोधोऽमर्षश्चाप्यवहित्थमथोग्रता।
मतिर्व्याधिस्तथोन्मादस्तथा मरणमेव च।।
त्रासश्चैव वितर्कश्च विज्ञेया व्यभिचारिणः
त्रयस्त्रिंशदमी भावाः समाख्यातास्तु नामतः।।[44]

अर्थात् –

1. निर्वेद 18. औत्सुक्य

2. ग्लानि	19. अवहित्थ
3. शंका	20. दैन्य
4. असूया	21. हर्ष
5. श्रम	22. व्रीडा
6. मद	23. उग्रता
7. धृति	24. निद्रा
8. आलस्य	25. व्याधि
9. विषाद	26. मरण
10. मति	27. अपस्मार
11. चिन्ता	28. आवेग
12. मोह	29. त्रास
13. स्वप्न	30. उन्माद
14. विबोध	31. जड़ता
15. स्मृति	32. चपलता
16. अमर्ष	33. वितर्क
17. गर्व	

अधिकांश विद्वानों ने परम्पराप्राप्त व्यभिचारी भावों को ही स्वीकार किया है। ये विभावों तथा अनुभावों के समान सामाजिकों को भाव ज्ञान कराते हैं। इसके साथ-साथ व्यभिचारी भाव अपनी रसनीयता के द्वारा रसों का परिपोष भी किया करते हैं।

ENCYCLOPEDIA BRITANICA में रस के सम्बन्ध में कहा गया है-

In Indian dance and drama sentiment or mood with which the dance or drama concerns itself experienced by a spectator after watching a performance. The literal meaning of rasa is taste or flavour. There are nine rasas erotic, comic, pathetic, furious, heroic, terrible, odious, marvellous and spiritual peace.[45]

'शब्दकल्पद्रुम' में रस की व्युत्पत्तिपरक व्याख्या उसके आस्वादन की

विशिष्टता को व्यक्त करती है-

रसतीति रस +पचाद्यच् यद्वा रस्यते इति। रस आस्वादने पुंसि संज्ञायां घः 3/3/112 इति घः। रसनेन्द्रियग्राह्यवस्तु स च कालसहायभूमिवियदनिलानल-संसर्गेण परिणामान्तरं गतः षट्प्रकारो भवति तत्र पृथिव्यम्बुगुणबाहुल्यान्मधुरः तोयाग्निगुणबाहुल्यादम्लः, पृथिव्यग्निगुणबाहुल्याल्लवणः वायव्यग्नि-गुणबाहुल्यात् कटुकः, वाय्वाकाशगुणबाहुल्यात् तिक्तः पृथिव्यनिलगुणबाहुल्यात् कषायः। आपो रसानामाधारकरणं अत आप्योनाम।

शब्दकल्पद्रुम में ही रस के बहुविध स्वरूपों को सोदाहरण प्रदर्शित किया गया है-

रसस्य परब्रह्मस्वरूपत्वमप्युक्तम् - रसो वै सः। आपो ज्योती रसोऽमृतं ब्रह्म 'अत्र' ब्राह्मणसर्वस्वे हलायुधः स एव ब्रह्मरूपो भर्गो रसः तृणवृक्षौषध्यादिषु स्थावरेषु च स एव रसरूपेण वसतीत्यर्थः। तथा च योगियाज्ञवल्क्यः वृक्षोषधितृणानाञ्च रसरूपेण तिष्ठति।

कामशास्त्र में "**रसो रतिः प्रीतिर्भावो रागो वेगः समाप्तिरिति रतिपर्यायः**"[46]-कहकर इसे रति, प्रीति, राग आदि का पर्यायवाची माना गया है।

उद्भट ने रस को गुण या राग के अर्थ में वर्णन किया है-

कविता कोमलवनिता रसयति रसिकं रसेन मिलिता।
सा यदि दुर्जनहस्ते पतिता प्रतिपदभग्ना संशयमग्ना।।

कालिदास ने जल के अर्थ में रस का प्रयोग किया है-

प्रजानामेव भूत्यर्थं स ताभ्यो बलिमग्रहीत्।
सहस्त्रगुणमुत स्त्रष्टुमादत्ते हि रसं रविः।।[47]

विशाखदत्त ने विष के अर्थ में 'रस' का प्रयोग किया है-

ये मंत्रेषु रसेषु च प्रणिहितास्तैरेव ते घातिताः।[48]

रस के बहुविध स्वरूपों को उद्घाटित करती हुई कुछ अभिव्यक्तियाँ हैं-

1. रस्यते आस्वाद्यते इति रसः।

2. रसति रसयति वा रसः।

3. रस्यतेऽनेनेति रसः।

4. रसनम् रसः आस्वादः।

5. सरते इति रसः।

भारतीय काव्यशास्त्र परम्परा में रसब्रह्म के साक्षात्कर्ता विवेचकों ने रसस्वरूप की विवेचना की है। महामुनि भरत रस सम्प्रदाय के आद्य आचार्य है तथा रस-स्वरूप पर विचार करते हुए कहते हैं-

रसः इति कः पदार्थः? उच्चते आस्वाद्यत्वात्।[49]

अर्थात् आस्वादन रस की प्रमुख विशेषता है। रसास्वादन की प्रक्रिया के सम्बन्ध में भरत कहते हैं-

कथामास्वाद्यते रसः? यथा हि नानाव्यंजनसंस्कृतमन्नं भुञ्जाना रसानास्वादयन्ति सुमनसः पुरुषाः हर्षादीञ्चाधिगच्छन्ति तथा नानाभावाभिनयव्यंजितान् वागङ्गसत्वोपेतान् स्थायिभावाना-स्वादयन्ति सुमनसः प्रेक्षकाः हर्षादीञ्चाधिगच्छन्ति तस्मान्ना-ट्यरसा इत्यभिव्याख्याताः।[50]

जैसे नाना प्रकार के व्यंजनों से संस्कार किये गये अन्न का भोक्ता सुमनस् अर्थात् एकाग्रचित व्यक्ति रसों का आस्वादन करता है, हर्ष आदि को प्राप्त करता है, ठीक उसी प्रकार नाना प्रकार के भावों एवं अभिनय से समन्वित वाचिक, आंगिक आदि अभिनयों से युक्त स्थायीभाव का आस्वादन वे ही सुमनस् करते हैं तथा हर्षादि को प्राप्त करते हैं। इस प्रकार, भरत के अनुसार विभाव, अनुभाव तथा चतुर्विध अभिनयों से अभिव्यक्त स्थायी भाव ही रस है।

रस-सिद्धान्त के मान्य व्याख्याता अभिनवगुप्त ने भरत द्वारा प्रतिपादित रस की आस्वाद्यता को न मानकर रस को आस्वाद माना है। रसस्वरूप पर अभिनवगुप्त के विचार इस प्रकार हैं-

तत्र लोकव्यवहारे कार्यकारणसहचारात्मकलिङ्गदर्शनेस्थाय्यात्म-परचितवृत्यनुमानाभ्यासपाटवादधुनातैरेवोद्यानकटाक्षवीक्षादिभि-लौंकिकीं कारणत्वादिभुवमतिक्रान्तैर्विभावनानुभावना-

समुपरञ्जकत्वमात्रप्राणैः, अतएवालौकिकविभावादिव्यपदेशभाग्भिः, प्राच्यकारणादिरूपसंस्कारोपजीवनख्यापनाय विभावादिनामधेयव्यपदेश्यैर्भावाध्यायेऽपिवक्ष्यमाणरूपपभेदैर्गुण-प्रधानपर्यायेण सामाजिकधियिसम्यग्योगं सम्बन्धमैकाग्रयं वासादितवद्भिः अलौकिकनिर्विघ्नसंवेदनात्मकचर्वणगोचरतां नीतोऽर्थः चर्व्यमाणतैकसारो, न तु सिद्धस्वभावः तात्कालिक एव न तु चर्वणातिरिक्तकालावलम्बी स्थायिविलक्षण एव रसः।[51]

अर्थात् "लोक व्यवहार में कार्यकारण सहकारी रूप लिङ्गों को देखकर रत्यादिरूप स्थायिभावात्मक अन्य व्यक्ति की चित्तवृत्ति के अनुमान के अभ्यास की तीव्रता के कारण उन्हीं उद्यान, कटाक्ष, वीक्षण आदि अनुभावों के द्वारा जो कि नाटकों में कारणत्व आदि रूप को छोड़कर विभावना, अनुभावना एवं समुपरञ्जकत्व मात्र रूप को प्राप्त, इसलिए अलौकिक विभावादि नामों से कहे जानेवाले कारणादि रूप पुराने संस्कारों के उपजीवित्व द्योतन के लिए विभावादि नाम से निर्दिष्ट किए जानेवाले, और भावाध्याय (सप्तम अध्याय) में भी जिनका रूप वक्ष्यमाण है, इस प्रकार के विभाव, अनुभाव तथा व्यभिचारी भावों के सामाजिक की बुद्धि में गुण प्रधान भाव से भली प्रकार से योग अर्थात् सम्बन्ध अथवा एकत्रीभाव को प्राप्त हुए विभावादि के द्वारा अलौकिक तथा निर्विघ्न संवेदन रूप चर्वणा ही एकमात्र सार है, न कि घटादि के समान पहले से सिद्ध अर्थात् विद्यमान स्वरूपवाला अर्थात् केवल उस चर्वणा का विषय का बनाया गया हुआ रत्यादिरूप अर्थ जिसकी चर्वणा के काल में ही रहनेवाला अर्थात चर्वणा से अतिरिक्त काल में न रहनेवाला स्थायिभाव से विलक्षण 'रस' होता है।

अभिनवगुप्त के इस विचार को सारांशतः इस प्रकार कह सकते हैं कि लोक में रत्यादि भावों के जो कारण, द्योतक तथा पोषक होते हैं वे काव्य, नाटकादि में विभाव, अनुभाव और व्यभिचारी नाम से अभिहित किये जाते हैं। काव्य निबद्ध हो जाने पर कारण - कार्यादि सम्बन्धों से मुक्त होकर इनका लौकिक रूप नष्ट हो जाता है और वे एक प्रकार का अलौकिक रूप धारण कर लेते हैं।

सहृदय द्वारा इन अलौकिक विभाव, अनुभाव और व्यभिचारी के समवेत रूप का प्रत्यक्ष अथवा मनसा साक्षात्कार या चर्वण ही रस है।

यह रस चर्वण अथवा आस्वाद से अभिन्न होता है- अर्थात रस आस्वाद रूप ही होता है, आस्वाद्य रूप नहीं। इस प्रकार स्थायी भाव रस नहीं है।

अलौकिक विषय के आस्वाद होने के कारण रस स्वयं भी अलौकिक होता है। अर्थात् यह स्मृति, अनुमान, प्रत्यक्ष अनुभव आदि से भिन्न होता है, यह न कार्य है, न ज्ञाप्य है, न सविकल्पक ज्ञान है और न निर्विकल्पक।

चर्वणा की स्थिति में प्रमाता का चित्त देश-काल स्व, पर, तटस्थ आदि की सीमाओं से मुक्त आत्मविश्रांति रूप हो जाता है, रस अनिवार्यतः आत्मविश्रान्तिमयी आनन्द चेतना है।

आचार्य विश्वनाथ की रस-स्वरूप विषयक दृष्टि इस प्रकार है-

सत्वोद्रेकादखण्डस्वप्रकाशानन्दचिन्मयः
वेद्यान्तरस्पर्शशून्यो ब्रह्मस्वादसहोदरः।
लोकोत्तरचमत्कारप्राणः कैश्चित्प्रमातृभिः
स्वाकारवदभिन्नत्वेनायमास्वाद्यते रसः।। [52]

उपर्युक्त श्लोक से रस के स्वरूप निर्धारण में निम्नलिखित बिन्दु स्पष्ट होते हैं-

(1) **सत्त्वोद्रेक** - रस की उत्पत्ति सत्त्वोद्रेक के फलस्वरूप होती है। सांसारिक माया मोह से मुक्त चित्त की स्थिति सत्त्वगुणोपेत होती है। रस की उत्पत्ति या अनुभूति वैसी ही अवस्था में होती है जिस अवस्था में चित्त रजस् और तमस् से दूर सत्त्व गुण से युक्त रागद्वेषमुक्त होता है। रजस् और तमस् ही रागद्वेष के कारण हैं, अतः सत्त्वोद्रेक में इनकी सत्ता क्षीण हो जाती है। फलतः रागद्वेष की सत्ता क्षीण हो जाती है।

(2) **रस अखण्ड है**- रस की दूसरी विशेषता इसकी अखण्डता है। विश्वनाथ के अनुसार रस आनन्दमयी चेतना है, फलतः उसके खण्ड नहीं किये जा सकते हैं। अखण्डता का तात्पर्य यह है कि

रसोत्पत्ति के उपकरणों- विभाव, अनुभाव, व्यभिचारी भाव आदि की पृथक्-पृथक् अनुभूति हमें नहीं होती अपितु अखण्ड रूप में तीनों की सम्मिलित अनुभूति होती है।

(3) **रस स्वप्रकाशानन्द और चिन्मय है**- स्वप्रकाशानन्द का अभिप्राय है- आत्मा पर से भौतिक मालिन्य की छाया का हट जाना। जिस प्रकार, मेघाच्छादित सूर्य की आभा मलिन प्रतीत होती है, उसी प्रकार आत्मा के प्रकाश का भी मलाच्छादित होने के कारण सामाजिक अवलोकन या अनुभव नहीं कर पाता। रसदशा में मलिनता दूर हो जाती है और आत्मा का निर्मल प्रकाश प्रकाशित होता है और यही प्रकाशमान स्वरूप आनन्द है। आत्मचैतन्य से प्रकाशित यही आनन्दमयी चेतना रसानुभूति है। रस चिन्मय अर्थात् आत्मस्वरूप है, आत्मचैतन्य से प्राप्य आत्मिक आनन्द ही रस की चिन्मयता है। रसानुभूति में जब शुद्ध आत्मिक आनन्द की प्राप्ति होती है तब रस और आत्मा अभिन्न हो जाते हैं। इसी अभिन्नता को उपनिषदों में 'रसो' वै स:' द्वारा कहा गया है। रस का चिन्मय स्वरूप ऐन्द्रिय सुख या लौकिक अनुभूति का विषय नहीं रह जाता है।

(4) **रस वेद्यान्तर स्पर्शशून्य है**- रस का अनुभव अन्य अनुभवों से रहित है। अर्थात् रसानुभूति के समय दूसरी अनुभूतियों की सत्ता समाप्त हो जाती है। रसानुभूति की स्थिति में स्व, पर, तटस्थ, देश, काल किसी भी प्रकार का बन्धन नहीं रह जाता और प्रमाता आत्मलीन हो जाता है।

(5) **रस ब्रह्मानन्द के समान है** - रस की अनुभूति ऐन्द्रिय अनुभूति नहीं, अपितु आत्मानुभूति है। रस का अनुभव यद्यपि आत्मानुभूति का विषय है फिर भी यह शुद्ध आत्मानन्द या ब्रह्मानन्द नहीं है बल्कि इसे ब्रह्मस्वादसहोदर कहा गया है। इस सहोदरत्व का कारण है कि ब्रह्मानन्द में रजस, तमस् गुणों का सर्वथा तिरोभाव हो जाता है और ब्रह्मानन्द का साक्षात्कर्ता लौकिक विषयों में नहीं लौटता। रसानन्द भी ब्रह्मानन्द की ही भाँति अस्थायी है। यहाँ सत्व का

उद्रेक तो होता है किन्तु रजस् तमस् की सत्ता सर्वथा समाप्त नहीं होती बल्कि वे क्षीण हो जाते हैं। इससे लौकिक विषयों की सत्ता भी पूर्णत: समाप्त नहीं होती और सत्त्व गुण का उद्रेक समाप्त होने पर सामाजिक पुन: लौकिक विषयों की ओर प्रत्यावर्तित हो जाता है।

(6) **रस लोकोत्तर चमत्कार प्राण है**-रस में पाया जानेवाला चमत्कार लौकिक न होकर अलौकिक होता है। इसीलिए रस को पूर्णत: परिभाषित नहीं किया जा सकता। ब्रह्मस्वाद सहोदर होने के कारण अनेक आचार्य इसे अनिर्वचनीय भी कह देते हैं। संभवत: विश्वनाथ द्वारा 'अलौकिक' की जगह लोकोत्तर शब्द का प्रयोग करने का कारण यह है कि वे 'लोक' शब्द का अभिप्राय 'इन्द्रिय' से रखते हैं। इससे स्पष्ट हो जाता है कि रसोद्गत चमत्कार इन्द्रिय अनुभव से परे की वस्तु है क्योंकि लौकिक-चमत्कार का अनुभव इन्द्रियों द्वारा किया जाता है, किन्तु रस-चमत्कार के लिए इन्द्रियों के प्रवेश का अवसर नहीं रहता। फलत: यह चमत्कार लोकोत्तर है और यही लोकोत्तर चमत्कार रस का प्राणभूत तत्व है।

(7) **रस की स्थिति अपने स्वरूप से अभिन्न रूप होती है**-इसका तात्पर्य यह है कि आस्वाद और रस दो भिन्न-भिन्न तत्त्व नहीं हैं। जिस प्रकार आत्मा या परमात्मा के सत्,चित् और आनन्द, कोई भिन्न तत्त्व नहीं है। ब्रह्म सच्चिदानन्द है और सच्चिदानन्द का नाम ही ब्रह्म है। इसी प्रकार रस का नाम ही आस्वाद और आस्वाद ही रस है। दूसरे शब्दों में रस अनुभूति का विषय नहीं है अपितु अनुभूति ही स्वयं रस है। इस प्रसंग में अनुभूति भी अनुभव करने की कोई वृत्ति नहीं है, अपितु अनुभूति ही आत्मा है। अनुभूति का स्वयं प्रकाशमान स्वरूप ही आनन्द का पर्याय है। 'आनन्द' कोई अनुभव करने का विषय नहीं है, बल्कि आचार्य शुक्ल के शब्दों में 'हृदय' की मुक्तावस्था ही आनन्द है और यही 'रस' है। डॉ० नगेन्द्र के शब्दों में -

इस प्रकार आत्मा, आनन्द और भोग अर्थात् आस्वादयिता, आस्वाद्य और आस्वाद तत्त्व रूप में एक हैं, केवल व्यवहार रूप में भिन्न है।[53]

वस्तुतः हृदय की मुक्तावस्था या चित्त का वैशद्य ही आनन्द है और यही रस है। रसस्वरूप के व्याख्याताओं में नवीनतम आचार्य पण्डितराज जगन्नाथ अभिनवगुप्त के विचारों का ही अनुगमन करते हैं। अभिनवगुप्त और पण्डितराज के विचारों में अल्प भिन्नता अवश्य है। पण्डितराज अभिनवगुप्तादि के मतों को रखते हुए कहते हैं-

इत्थं चाभिनवगुप्त-मम्मटभट्टादिग्रन्थस्वारस्येन भग्नावरण चिद्विशिष्ट रत्यादिः स्थायीभावो रस इति स्थितम्।[54]

इस तरह अभिनवगुप्त तथा मम्मट आदि के मतानुसार अज्ञान रुप आवरण से मुक्त शुद्ध चैतन्य का विषय बना हुआ रति आदि स्थायी भाव रस है। यह स्थिर हुआ। आगे आक्षेप करते हुए कहते है-

वस्तुस्तु वक्ष्यमाण श्रुतिस्वारस्येन रत्याद्यवच्छिन्ना भग्नावरण चिदेव रसः।[55]

अभिप्राय यह है कि जब रस, रति आदि स्थायी के स्वरूप हैं, चैतन्यस्वरूप नहीं, जब चैतन्य और रस का अभेद बतलानेवाली 'रसो वै सः' आदि श्रुति विरुद्ध हो जाएगी। अतः उक्त श्रुति के अनुरोध से रति आदि स्थायी भाव जिसके विषय हो ऐसे आवरणयुक्त शुद्ध चैतन्य को ही रस कहना चाहिए न कि चैतन्यविषयीभूत इत्यादि को। दोनों मतों के साम्य को प्रकट करते हुए वे पुनः कहते हैं-

सर्वथैव चास्या विशिष्टात्मनो विशेषणं विशेष्यं वा चिदेशमादाय नित्यत्वं स्वप्रकाशत्वं च सिद्धम्।[56]

अर्थात ज्ञानात्मक चैतन्य के विषयीभूत रति आदि स्थायी भावों को रस कहिए अथवा स्थायी भाव विषयक चैतन्यात्मक ज्ञान को, दोनों प्रकारों में यह निश्चित है कि रस के स्वरूप में रति स्थायीभाव और चैतन्य दोनों आंशिक रुप से हैं अन्तर केवल इतना है कि प्रथम प्रकार में चैतन्य विशेषण हैं और रति

आदि विशेष्य हैं तथा दूसरे प्रकार में चैतन्य ही विशेष्य है और रति आदि विशेषण।

अभिनवगुप्त और मम्मटादि के अनुसार भग्नावरणचिति का विषयी बना हुआ रत्यादि स्थायीभाव ही रस है। जबकि जगन्नाथ के मत से रत्यादि स्थायीभाव विशिष्ट भग्नावरणचिति ही रस है। दोनों मतों में भिन्नता यही है कि एक मत जिसे विषय मानता है दूसरा उसे विषयी मानता है और दूसरा जिसे विषय कहता है, पहला उसे विषयी। वस्तुतः दोनों अपने-अपने दर्शन के अनुसार एक ही वस्तु का प्रतिस्थापन करते हैं।

पण्डितराज के अनुसार चैतन्य के ऊपर से अज्ञान का आवरण हट जाना ही रसचर्वणा है-

चर्वणा चास्य चिद्गतावरणभंग एव प्रागुक्ता, तदाकारऽन्तः करणवृत्तिर्वा।[57]

निष्कर्षतः रस- स्वरुप के विषय में यह कहा जा सकता है कि 'रस' के व्याख्याताओं ने अपने-अपने सम्प्रदाय के दृष्टिकोण से व्याख्यायें की है, किन्तु इन सभी का लक्ष्य एक ही है। शब्दों का हेर-फेर अवश्य है। वस्तुतः सभी की दृष्टि में रस का स्वरूप समान ही हैं।

रस की सैद्धान्तिक पृष्ठभूमि (भरत से लेकर जगन्नाथ तक)

भरत से पूर्व भी इस सिद्धान्त की परम्परा निश्चित रूप से विद्यमान थी। हाँ, रस-निष्पत्ति पर क्रमबद्ध चिन्तन भरत से ही आरम्भ हुआ। भरत के परवर्ती रसचिन्तकों ने अपने चिन्तन का आधार भरत के रस-सूत्र को ही बनाया। रस-निष्पत्ति से सम्बद्ध भरत का सूत्र है-

"विभावानुभावव्यभिचारिसंयोगाद्रसनिष्पत्तिः"[58]

अर्थात् विभाव, अनुभाव और व्यभिचारी भाव के संयोग से रस की निष्पत्ति होती है।

भरत के इस सूत्र में प्रयुक्त 'संयोग' और 'निष्पत्ति' शब्द ही परवर्ती आचार्यों के चिन्तन का विषय बने। भरत स्वयं भी निष्पत्ति के सम्बन्ध में स्पष्ट करते हुए कहते हैं-

यथा हि नानाव्यंजनौषधिद्रव्यसंयोगाद्रसनिष्पत्तिः तथा नानाभावोपगमाद्रसनिष्पत्तिः। यथा हि गुडादिभिर्द्रव्यै-व्यंजनैरौषधिभिश्च षाडवादयो रसा निर्वर्त्यन्ते तथा नानाभावोपगता अपि स्थायिनो भावा रसत्वमाप्नुवन्तीति।[59]

यहाँ भरत ने नाट्य रस और भोज्य रस को समतुल्य कहा है। उनके अनुसार विविध अवयवों का संयोग ही रस–निष्पत्ति का आधार है। चाहे वह व्यंजनादि से निर्मित रसनेन्द्रियग्राह्य भोज्य रस हो अथवा अभिनयों भावों से व्यंजित नाट्य–रस।[60]

यहाँ 'निष्पत्तिः' 'निवर्त्यन्ते' तथा 'रसत्वमप्नुवन्ति'– इन तीनों शब्दों के द्वारा निष्पत्ति शब्द को व्याख्यायित किया गया है। 'रसनिष्पत्ति होती है', रस बनते हैं या 'रसत्व को प्राप्त होते हैं। इन शब्दों में निष्पत्ति के अर्थ इन रूपों में प्रकट होते हैं–

1. बनना
2. होना
3. स्वरूप को प्राप्त करना।

निस् उपसर्गपूर्वक पद्गतौ धातु से स्त्रीवाचक क्तिन् प्रत्यय से 'निष्पत्ति' शब्द निष्पन्न होता है।[61]

रससूत्र में दूसरा विवेचनीय शब्द 'संयोग' है। 'संयोग' के विषय में भरत लिखते हैं–

यथा हि नानाव्यंजनसंस्कृतमन्नं भुंजाना रसानास्वादयन्ति हर्षादीश्चाधिगच्छन्तीति सुमनः पुरुषा इत्यभिव्याख्याताः। तथा नाना भावाभिनयव्यंजितान् वागंगसत्त्वोपेतान् स्थायिभावानास्वादयन्ति हर्षादीश्चाधिगच्छन्तीति प्रेक्षकाः 'सुमनस'...... [62]

जैसे नानाविध व्यंजनों से परिष्कृत अन्न का उपयोग कर प्रसन्नचित्त पुरुष रस का आस्वादन करते हैं और हर्षादि को प्राप्त होते हैं। उसी प्रकार सुन्दर मन वाले प्रेक्षक विविध भावों और अभिनयों से व्यंजित वाचिक, आंगिक और

सात्त्विक अभिनयों से संयुक्त स्थायीभावों का आस्वादन करते हैं और हर्षादि को प्राप्त होते हैं।

निष्कर्ष रूप में भरत के अनुसार, जैसे बीज का परिणाम वृक्ष है तथा वृक्ष का पुष्प और पुष्प की परिणति फल है, उसी प्रकार विभाव, अनुभाव और संचारीभाव से संयुक्त स्थायी की परिणति रस है।

यथा बीजाद्भवेद् वृक्षो वृक्षात्पुष्पं फलं यथा।
तथा मूलं रसाः सर्वे तेभ्यो भावा व्यवस्थिताः।।[63]

आचार्य भरत के रस सम्बन्धी सूत्र ने रससूत्र व्याख्याताओं की लंबी परम्परा को जन्म दिया। भट्टलोल्लट, शंकुक, भट्टनायक, अभिनवगुप्त आदि से रससूत्रव्याख्याता आचार्यों की पंक्ति को समृद्धि मिली। यद्यपि भट्टलोल्लट, शंकुक तथा भट्टनायक के ग्रन्थ आज उपलब्ध नहीं हैं, तथापि अभिनवगुप्त की अभिनवभारती मम्मट के काव्यप्रकाश आदि ग्रन्थों में उनके विचार उद्धृत किये गये हैं। इनके पश्चात् मम्मट, विश्वनाथ,जगन्नाथ आदि की रसविषयक विवेचना का आधार भी भरत का रससूत्र ही है। उत्पत्तिवाद, उपचयवाद और आरोपवाद इन तीन नामों से प्रसिद्ध आचार्य भट्टलोल्लट का मत अभिनवभारती, ध्वन्यालोक तथा काव्यप्रकाश में मिलता है। काव्यप्रकाश में मम्मट ने उनके मत को इस प्रकार उपन्यस्त किया है–

विभावैर्ललनोद्यानादिभिरालम्बनोद्दीपन कारणैः रत्यादिको भावो जनितः अनुभावैः कटाक्षभुजाक्षेपप्रभृतिभिः कार्यैः : प्रतीतियोग्यः कृतः व्यभिचारिभिर्निर्वेदादिभिः सहकारिभि-रुपचितो, मुख्यया वृत्यारामादावनुकार्ये तद्रूपतानुसन्धा-नान्नर्तकेऽपि प्रतीयमानो रस इति भट्टलोल्लट प्रभृतयः।[64]

इस मत में निष्पत्ति का अर्थ है– 'उत्पत्ति' और संयोग का अर्थ है– 'उत्पाद्य–उत्पादक भाव'। लोल्लट के मत का आशय है कि नायिका रत्यादि आलम्बन तथा उद्यानादि उद्दीपन ये दोनों विभाव रत्यादि भावों को उत्पन्न करते हैं। तत्पश्चात् कटाक्षादि अनुभाव जो स्थायिभावों के कार्य हैं, वे स्थायिभाव को प्रतीतियोग्य बना देते हैं। निर्वेदादि संचारी भाव जिनमें स्थायी वासना रूप में विद्यमान रहते हैं और जिन्हें सहकारी कहा जाता है, इस स्थायीभाव का पोषण

करते हैं। इस प्रकार रत्यादि स्थायीभावों की उत्पत्ति आदि इसी क्रम से होते हैं। यह उत्पत्ति रामादि ऐतिहासिक पात्रों में अर्थात् अनुकार्यगत होती है जिसका नर्तक रंगमंच पर अभिनय करता है। नर्तक रामादि का रूप धारण कर लेता है जिससे दर्शक उसे ही राम समझने लगते हैं। जैसे रस्सी को सर्प समझकर दर्शक उसमें सर्प का आरोप कर लेते हैं उसी प्रकार प्रेक्षक नट में तद्रूपतानुसन्धान कर लेते हैं और तब उन्हें रस प्रतीति होने लगती है।

भट्टलोल्लट का मत भरत के रससूत्र के सर्वाधिक सन्निकट है। तथापि उनका मत परवर्तियों को मान्य नहीं हुआ क्योंकि उन्होंने अपने सिद्धान्त में सामाजिक की पूर्णतया उपेक्षा कर दी। आलोचनाओं के बावजूद भी भट्टलोल्लट का मत महत्त्वपूर्ण है।

अनुमितिवाद नाम से प्रसिद्ध शंकुक का मत अभिनवभारती, ध्वन्यालोकलोचन तथा काव्यप्रकाश में उपलब्ध होता है। शंकुक ने निष्पत्ति का अर्थ अनुमिति माना है तथा संयोग को अनुमाप्य-अनुमापक भाव। इनके सिद्धान्त को इस प्रकार देखा जा सकता है- रंगमंच पर जब नट रामादि का अभिनय प्रस्तुत करता है तो दर्शकों को एक प्रतीति होती है – 'यह राम है'। यह प्रतीति लोक की इन चतुर्विध प्रतीतियों में सन्निविष्ट नहीं हो सकती।

(1) 'यह राम ही है' या 'यही राम है' – ऐसी सम्यक् प्रतीति के अन्तर्गत हम इस प्रतीति को नहीं रख सकते।

(2) 'यह राम है' इस मिथ्या प्रतीति के अन्तर्गत भी इस प्रतीति का सन्निवेश नहीं हो सकता क्योंकि मिथ्या प्रतीति वहाँ होती है जहाँ राम नहीं हों और राम की कल्पना की जाए तथा बाद में बाध हो अर्थात् 'राम नहीं है' यह प्रतीति हो। इस प्रकार यह प्रतीति मिथ्या प्रतीति भी नहीं है क्योंकि यहाँ उत्तरकालिक बाध नहीं होता। हम नाटक देखने के पश्चात् नट को देखकर यह नहीं कहते कि 'अरे इसे मैं राम समझता था, यह तो नट है, राम नहीं।' यहाँ मिथ्या प्रतीति नहीं है।

(3) यह राम है या नहीं- इस प्रकार की संशयात्मक प्रतीति भी नहीं कह सकते क्योंकि यहाँ संशय का अनुभव नहीं होता।

(4) यह राम के समान है- इस प्रकार की सादृश्य प्रतीति भी नहीं होती क्योंकि हमें मिथ्या सादृश्य का अनुभव नहीं होता।

यह प्रतीति सम्यक्, मिथ्या, संशय, सादृश्य- इन चारों प्रतीतियों से भिन्न एक विलक्षण प्रतीति है।

इस सम्बन्ध में श्रीशंकुक के विचार अभिनवभारती में इस प्रकार हैं-

न चात्र नर्तक एव सुखीति प्रतिपत्तिः। नाप्ययमेव राम इति। न चाप्ययं न सुखीति। नापि रामः स्याद्वा न वायमिति। नापि तत्सदृश इति। किंतु सम्यङ्मिथ्या संशयसादृश-प्रतीतिभ्यो विलक्षणा चित्रतुरगादिन्यायेन यः सुखी रामः असावयमिति प्रतीतिरस्तीति। तदाह-

प्रतिभाति न सन्देहो न तत्त्वं न विपर्ययः।
धीरसावयमित्यस्ति नासावेवायमित्यपि।।
विरुद्धबुद्धिसम्भेदादविवेचितसम्प्लवः।
युक्त्या पर्यनुयुज्येतस्फुरन्ननुभवः कया।।

वस्तुतः नाटक में नट को रामादि के रूप में देखते समय न संदेह होता है, न यथार्थता की प्रतीति होती है और न भ्रान्ति की प्रतीति होती है बल्कि यह नट राम है- इस प्रकार की भी बुद्धि होती है। और यह नट राम नहीं है इस प्रकार की भी बुद्धि होती है। यह प्रतीति एक विलक्षण प्रतीति है जैसे चित्र में बने हुए घोड़े में घोड़े की प्रतीति होती है। काव्यगत संयोग तथा विप्रलंभादि वाक्यों का अनुसंधान कर शिक्षा और अभ्यास का आश्रय लेकर नट अपना कौशल प्रकट करता है तब उन काव्यगत वाक्यों के अनुसंधान तथा शिक्षा तथा अभ्यास के द्वारा प्रदर्शित किए कार्य के बल पर उसी नट के द्वारा भावों के जिन कारणों, कार्यो और सहकारियों को अभिनय द्वारा प्रदर्शित करता है, वे होते तो हैं कृत्रिम, किन्तु कौशल की सूक्ष्मता के कारण वैसे मालूम नहीं पड़ते हैं। इस प्रकार वे कार्य कारण और सहकारी आदि नामों का परित्याग कर विभाव, अनुभाव व्यभिचारी भाव के नाम से पुकारे जाते हैं। इनसे एक प्रकार की व्याप्ति बनती है कि - जहाँ-जहाँ इन विभावादि का संयोग होता है। वहाँ रति इत्यादि भाव अवश्य होते हैं। इस व्याप्ति में गम्य अर्थात् अनुमाप्य तो रति

इत्यादि भाव हैं और गमक अर्थात् अनुमापक विभावादिकों का संयोग है। इस व्याप्ति के बल पर नट में रति आदि भावों का अनुमान लगाया जाता है। इसमें वस्तु की ऐसी विलक्षण सुन्दरता होती है जिससे उसमें आस्वाद करने की अपूर्व शक्ति उत्पन्न हो जाती है। अतएव यह अनुमान होते हुए भी अन्य अनुमानों से विलक्षण होने के कारण अनुमान रूप में मालूम नहीं पड़ता। जो रति आदि भाव अनुमान से मालूम पड़ते हैं, उनका नाम स्थायीभाव पड़ जाता है। इस स्थायीभाव का अनुमान नट में लगाया जाता है यद्यपि यह नट में विद्यमान नहीं होता फिर भी सामाजिक अपनी वासना से प्रेरित होकर उसका चर्वण करते हैं, यही रस है।

शंकुक का यह मत अपनी सीमाओं में आबद्ध है। अनुमिति पर आधारित उनका मत परवर्तियों द्वारा मान्य नहीं रहा।

नवीं सदी के उत्तरार्द्ध में भट्टनायक का रस विषयक मत भुक्तिवाद के नाम से प्रसिद्ध है। उनका मत अभिनवभारती तथा काव्यप्रकाश में उपलब्ध होता है। काव्यप्रकाश में मम्मट ने भट्टनायक के विचार को इन शब्दों में प्रस्तुत किया है-

> **'न ताटस्थ्येन नात्मगतत्वेन रसः प्रतीयते नोत्पद्यते, नाभिव्यज्ञते अपितु काव्येनाट्येचाभिधातो द्वितीयेन विभावादिसाधारणीकरणात्मना भावकत्वव्यापारेण भाव्यमानः स्थायी, सत्वोद्रेकप्रकाशानन्दमयसंविद्वि- श्रान्तिसतत्वेन भोगेन भुज्यते इति।'**

भट्टनायक की दृष्टि रंगमंचीय रस की ओर नहीं है सामाजिक के आस्वादन की ओर है। उनके विचारों के दो पक्ष हैं -

(1) निषेध पक्ष अर्थात् रस क्या नहीं है? और

(2) विधि पक्ष अर्थात् रस क्या है?

भट्टनायक का निषेधात्मक पक्ष है- **न ताटस्थ्येन नात्मगतत्वेन रसः प्रतीयते नोत्पद्यते नाभिव्यज्ञ्यते** - अर्थात् रस की प्रतीति होती है, न उत्पत्ति और न अभिव्यक्ति।

प्रतीति का निराकरण करते हुए उनका मानना है कि प्रतीति सर्वदा किसी आश्रय में होती है, निराश्रित प्रतीति नहीं होती है। रस के सम्बन्ध में तीन आश्रय हमारे समक्ष हैं-

(1) मुख्य पात्र अर्थात् अनुकार्य, (2) अभिनेता नट और (3) सामाजिक। इन तीनों में मुख्यपात्र जिसका अभिनय किया जाता है, वह तो वहाँ उपस्थित नहीं होता। अतः उसके रस की प्रतीति का तो प्रश्न ही नहीं है। यद्यपि नट उपस्थित है किन्तु वह तो अनुकरण मात्र कर रहा है तब असत्य वस्तु में सत्य रस की प्रतीति कैसे होगी? क्योंकि नट में रति आदि वास्तविक नहीं, बनावटी हैं। इस प्रकार प्रतीति माननेवालों के पास रस को सामाजिकगत अर्थात् स्वगत मानने के सिवा कोई चारा नहीं क्योंकि रस मुख्य पात्र और नट में अर्थात् परगत नहीं है। रस को स्वगत मानने से भी कई समस्याएँ खड़ी हो जाती हैं। यथा- करुण प्रसंगों में दुःखानुभूति या शृंगार के प्रसंगों में लज्जा का अनुभव, ये सभी बातें रसानुभूति के विरुद्ध होंगी। इसी प्रकार सीता-रामादि या शिव-पार्वती आदि पूज्य चरित्रों में रति का आस्वादन भी अनुभवविरुद्ध होगा। अतः रस की प्रतीति का सिद्धान्त सिद्ध नहीं होगा।

'नोत्पद्यते नाभिव्यज्ञ्यते' भट्टनायक के निषेधपक्ष का दूसरा बिन्दु है। अर्थात् जिस प्रकार रस की प्रतीति नहीं मानी जा सकती। वैसे ही उसकी उत्पत्ति और अभिव्यक्ति भी नहीं मानी जा सकती अभिनवगुप्त ने कहा है- **'उत्पत्तावपि तुल्यमेतद् दूषणम्'** अर्थात् उत्पत्ति पक्ष में भी दोष हैं। जैसे प्रतीति पक्ष में रसास्वादन की प्रक्रिया नहीं बनती उसी प्रकार उत्पत्ति पक्ष में इस प्रक्रिया की व्याख्या नहीं हो सकती।[65]

रस की अभिव्यक्ति भी नहीं मानी जा सकती है। यदि नट में अभिव्यक्ति मानी जाए तो तटस्थता का दोष बना रहेगा और यदि सामाजिक में मानी जाए तो प्रतीति में होनेवाले सभी दोष यहाँ होने लगेंगे।

भट्टनायक ने सिद्धान्त के विधि पक्ष में तीन तत्वों का विधान किया है- भावकत्व, भोजकत्व नामक दो वृत्तियाँ और साधारणीकरण नामक एक सिद्धान्त। उनका मानना है कि अन्य शास्त्रों के अभिधेयार्थों से काव्य के अभिधेयार्थ में भिन्नता होती है और उसी के कारण काव्यगत अभिधेयार्थ विलक्षण प्रतीत होते

हैं। यह भावकत्व नामक वृत्ति काव्य में आनेवाले विभावादि के अन्दर से व्यक्तित्व का अंश हटाकर उसमें साधारणीकरण कर देती है। अभिप्राय यह है कि भावकत्व वृत्ति सीतादि अलौकिक पात्रों के व्यक्तित्व का अंश निकाल देती है और तब़ वे साधारण प्रेयसी का रूप धारण कर लेती है तथा सामाजिक के आस्वाद योग्य बन जाती हैं। भावकत्व व्यापार द्वारा साधारणीकरण के पश्चात् आस्वादयोग्य विभावादिकों का भोजकत्व वृत्ति द्वारा उस रस का चर्वण होता है। सामाजिक के हृदय में त्रिविध गुणों में से दो, रज और तम के दब जाने से तथा सत्त्व के उद्रेक होने से जो प्रकाश और आनन्दस्वरूप अनुभूति होती है, वह इसी भोजकत्व व्यापार द्वारा होती है, और यही रसानुभूति है। यह आस्वाद सत्त्वगुण से परिपूर्ण होता है। फलस्वरूप हम अपने पराए की सीमा को तोड़कर लोकोत्तर आनन्द का अनुभव करते हैं जिससे हम वेद्यान्तरसम्पर्कशून्य हो जाते हैं।

यद्यपि भट्टनायक के इस सिद्धान्त का भी खण्डन हुआ किन्तु उनकी उपलब्धियों की उँचाई कम नहीं हुई। सर्वप्रथम सामाजिक के दृष्टिकोण से रस की व्याख्या भट्टनायक ने ही की है। साधारणीकरण का यह सिद्धान्त भट्टनायक की अद्वितीय परिकल्पना है। यद्यपि अभिनवगुप्तादि ने इस सिद्धान्त पर बहुविध आपत्तियाँ उठाई हैं तथापि यह भी सत्य है कि अभिनव ने अपने सिद्धान्त की स्थापना में भट्टनायक के सिद्धान्त से भरपूर सहायता ली है।

शैवाद्वैतवादी अभिनवगुप्त का रस विषयक मत काव्यशास्त्र में अभिव्यक्तिवाद के नाम से प्रसिद्ध है। इनका मत ध्वन्यालोकलोचन तथा अभिनवभारती के साथ ही मम्मट के काव्यप्रकाश में उद्धृत है। अभिनवगुप्त के सिद्धान्त को इन शब्दों में देखा जा सकता है–

लोके प्रमदादिभिः स्थाय्यनुमानेऽभ्यासपाटववतां काव्ये नाट्ये च तैरेव कारणत्वादिपरिहारेण विभावनादिव्यापार-वत्वादलौकिकविभावादिशब्दव्यावहार्य्यैर्ममैवैते, शत्रोरेवैते, तटस्थस्यैवैते, न ममैवैते, न शत्रोरेवैते, न तटस्थस्यैवैते, इति सम्बन्धविशेषस्वीकारपरिहारनियमानध्यवसायात् साधारण्येन प्रतीतैरभिव्यक्तः सामाजिकानां वासनात्मकतया

स्थितः स्थायी रत्यादिको नियतप्रमातृगतत्वेन स्थितोऽपि साधारणोपायबलात् तत्कालविगलित परिमितप्रमातृ-भाववशोन्मिषितवेद्यान्तरसम्पर्कशून्यापरिमितभावेन प्रमात्रासकलसहृदयसंवादभाजा साधारण्येन स्वाकार इवाभिन्नोऽपि गोचरीकृतश्चर्व्यमाणतैकप्राणः, विभावादि-जीवितावधिः, पानकरसन्यासेन चर्व्यमाणः पुर इव परिस्फुरन्, हृदयमिव प्रविशन्, सर्वांगीनमिवालिङ्गन, अन्यत्सर्वमिव तिरोदधद्, ब्रह्मास्वादमिवानुभावयन्, अलौकिकचमत्कारकारी शृङ्गारादिको रसः।[66]

अर्थात् लोक में रति आदि स्थायीभाव सहृदयों के हृदय में वासना या संस्कार रूप में सूक्ष्म अवस्था में विद्यमान रहते हैं। इन सहृदयों का लोक में प्रमदादि कारणों, कटाक्षादि कार्यों और निर्वेदादि सहकारियों के आश्रय से स्थायीभाव के अनुमान में पूर्ण अभ्यासपटुता प्राप्त रहती है। तात्पर्य यह है कि लोक में निरन्तर भिन्न-भिन्न चेष्टाओं को देखते रहने से मन में एक संस्कार बैठ जाता है। इन स्थायीभावों की अभिव्यक्ति इन्हीं प्रमदा, कटाक्ष, निर्वेदादि से होती है। किन्तु, नाट्याशीलन के अवसर पर अपने वैलक्षण्य के कारण अपने कारणादि नामों को छोड़ देते हैं विभावादि नाम ग्रहण कर लेते हैं। अंत:करण में विद्यमान वासनारूप स्थायीभावों का प्रमदा इत्यादि कारण विभावन करते हैं, अर्थात् प्रतीति के योग्य बनाते हैं अत: इन्हें विभाव कहते हैं। कटाक्षादि कार्य इन्हें अनुभव का विषय बनाते हैं। अत: अनुभाव कहलाते हैं और निर्वेदादि सहकारी इन स्थायीभावों में विचरण करते हैं, इन्हें व्यभिचारीभाव कहते हैं।

काव्य की इस अलौकिक अभिव्यंजना शक्ति द्वारा विभावादि का साधारणीकरण हो जाता है। इन विभावादिकों के विषय में यह नहीं कहा जा सकता है कि ये मेरे ही हैं, शत्रु के ही हैं या तटस्थ के ही हैं क्योंकि इन्हें अपना समझने पर अपने प्रेम का अभिनय होता देख हमें लज्जा का अनुभव होगा, इन्हें शत्रु का समझने पर शत्रु का, प्रेम देख द्वेष का अनुभव होगा तथा तटस्थ का समझने पर उदासीनता का अनुभव होगा और ये सारी बातें अनुभवविरुद्ध होंगी। इस

प्रकार संबंध विशेष की स्वीकृति का निश्चय नहीं हो पाता। इसी प्रकार हम ये समझें कि ये मेरे नहीं हैं। शत्रु के नहीं हैं या तटस्थ के नहीं हैं तो किसी के न रहते ये गगनकुसुमवत् हो जाते हैं। अभिप्राय यह है कि लोकजीवन में अनुभव होने वाले तीनों सम्बन्ध स्वकीयत्व, परकीयत्व या तटस्थत्व की स्वीकृति या निवृत्ति नहीं होती अपितु काव्य या नाट्य में कला की अलौकिकता के कारण एक विलक्षण प्रतीति होती है अर्थात् सामान्य रूप में यह प्रतीति कि 'यह कामिनी है' इस प्रकार कामिनीत्वादि रूप से सीतादि की प्रतीति हो जाया करती है। बस इसी प्रकार विभावादि से दर्शकों की चित्तवृति में स्थित रति इत्यादि स्थायीभावों की अभिव्यक्ति हो जाती है। यह अभिव्यक्ति ठीक उसी प्रकार होती है जिस प्रकार मिट्टी के पात्र में पूर्व से स्थित गन्ध जल के संयोग से अभिव्यक्त हो जाता है।

यह अभिव्यक्ति यद्यपि आस्वादन करनेवाले के अन्त: करण में ही होती है किन्तु पहले बतलाए गए रूप में व्यक्तिविशेष के सम्बन्ध का परित्याग कर देने से साधारणीकरण के उपाय से प्रमाता के चित्त में एक ऐसा अपरिमित भाव जागृत हो जाता है कि उसे अपनी परिमितप्रमातृसत्ता का बिल्कुल ज्ञान नहीं रहता और वह वेद्यान्तर सम्पर्कशून्य हो जाता है तथा समस्त विश्व में अपनी आत्मा को मिला देता है तथा सारे विश्व से एकात्म अनुभव करने लगता है। वह प्रमाता ही समस्त सहृदयों से एकात्म होकर उस रति आदि भाव को प्रत्यक्ष करता है। इस प्रकार प्रमाता की आत्मा का विस्तार हो जाता है और वह सम्पूर्ण विश्व से एकाकार हो जाता है और संस्कार रूप में स्थायिभावों के हृदयस्थ होने के कारण अनादि वासना से वासित समस्त सामाजिकों को एकघनरूप विशुद्ध आनन्द की अनुभूति होती है। यह निर्विघ्न प्रतिपत्ति चमत्कार कहलाती है और इसी से संविद्विश्रान्ति होती है। संविद्विश्रान्ति ही रस है। जिस प्रकार ज्ञान का विषय ज्ञान से भिन्न नहीं होता उसी प्रकार रस का गोचरीकरण रस से भिन्न नहीं होता । इसके प्राण अथवा स्वरूप की निष्पत्ति उसका चर्वण करना ही है। यह रस विभावादिजीवितावधि होता हैं जैसे इलायची, मिर्च, कपूर, शक्कर इत्यादि से बना पानकरस समस्त वस्तुओं से तैयार किए हुए एक भिन्न प्रकार के नवीन रस को व्यक्त करता है, उसी प्रकार विभावादि से विलक्षण लोकातीत स्वाद

का चर्वण इस रस में भी होता है। जब इस रस का आस्वादन होता है तो ऐसा प्रतीत होता है मानों यह आँखों के सामने स्फुरित हो रहा हो, हृदय में प्रवेश कर रहा हो, सारे शरीर का आलिंगन कर रहा हो।

यह अन्य सब कुछ तिरोहित कर देता है। यह इसी प्रकार की आनन्दानुभूति कराता है जैसे मोक्ष की दशा में ब्रह्मानन्द का अनुभव होता है। यह अलौकिक चमत्कारी श्रृंगारादि रस के नाम से पुकारा जाता है।

यह अलौकिक काव्यानन्दरूप रस कार्य नहीं है क्योंकि कार्य मानने पर विभावादि विनाशोपरान्त भी इसकी सत्ता मानी जाएगी, जो अनुचित है। यह ज्ञाप्य भी नहीं है क्योंकि इसकी सिद्धि पूर्वकाल में हुई नहीं रहती। दूसरी ओर यह कार्य भी है क्योंकि इसमें चर्वण की उत्पत्ति होती है। इसी प्रकार ज्ञेय भी है क्योंकि यह लोकोत्तर विलक्षण ज्ञान का विषय है। इसी प्रकार यह सविकल्पक और निर्विकल्पक भी नहीं है। इस प्रकार रस का दोनों प्रकार का होना और दोनों प्रकार का न होना रस के भूषण की बात है दूषण की नहीं क्योंकि रस अलौकिक है।[67]

अन्य सिद्धान्तों की तरह अभिनवगुप्त के रस निष्पत्ति विषयक सिद्धान्त पर भी आक्षेप उठाए गए। किन्तु ये आक्षेप अधिक महत्वपूर्ण नहीं हैं। अन्य आचार्यो की तुलना में अभिनवगुप्त के विचार अधिक स्वीकार्य हैं।

समन्वयवादी आचार्य मम्मट ने अपनी काव्यप्रकाश में रस विषयक सिद्धान्त को सरल शब्दों में प्रस्तुत किया हैं–

कारणान्यथ कार्याणि सहकारीणि यानि च
रत्यादेः स्थायिनो लोके तानि चेन्नाट्यकाव्ययोः।
विभावा अनुभावाश्च कथ्यन्ते व्यभिचारिणः
व्यक्तः स तैर्विभावाद्यैः स्थायिभावो रसः स्मृतः।।[68]

अर्थात् लोक में स्थायी रति आदि चित्तवृत्तियों के उदय और विकास तथा तिरोभाव होने के अनेक कारण, कार्य और सहायक कारण होते हैं। साहित्य में इन्हीं को क्रमशः विभाव, अनुभाव और व्यभिचारी भाव कहा गया हैं। इन्हीं विभावादिकों से व्यक्त स्थायीभाव ही रस है।

मम्मट का यह रसनिष्पत्तिविषयक विचार अभिनवगुपत के मत पर आधारित है। अभिनवगुप्त के प्रबल समर्थक विश्वनाथ का रस विषयक मत इस प्रकार है–

विभावेनानुभावेन व्यक्तः संचारिणा तथा।
रसतामेति रत्यादिः स्थायिभावः सचेतसाम्।।[69]

अर्थात् सहृदय पुरूषों के हृदय में स्थित, वासनारूप रति आदि स्थायीभाव ही विभाव, अनुभाव और संचारीभावों से अभिव्यक्त होकर रस के स्वरूप को प्राप्त होते हैं।

उनके अनुसार 'व्यक्त' पद का तात्पर्य है–दूध से दही के परिवर्तन की तरह दूसरे रूप में परिणत होना। व्यक्त का अर्थ दीपक से घट के प्रकाशित होनेवाली बात नहीं है। इस प्रकार विश्वनाथ निष्पत्ति का अर्थ परिणति करते हैं।

संस्कृत साहित्यशास्त्र में पण्डितराज जगन्नाथ प्रतिष्ठित आचार्यों की शृंखला की अन्तिम कड़ी हैं। ये अभिनवगुप्त के प्रबल समर्थक हैं। उनके शब्दों में–

इत्थं चाभिनवगुप्त मम्मटभट्टादिग्रन्थस्वारस्येन भग्नावरण
चिद्विशिष्टो रत्यादिः स्थायीभावो रस इति स्थितम्।[70]

अर्थात् इस तरह अभिनवगुप्त तथा मम्मट आदि के ग्रन्थों के अनुसार अज्ञानरूप आवरण से मुक्त, शुद्ध चैतन्य का विषय बना हुआ रति आदि स्थायी भाव रस हैं, यह स्थिर हुआ।

पण्डितराज का अभिप्राय है कि जीवन में व्यक्ति बहुविध भावों का अनुभव करता है। प्रेम, क्रोध, घृणा, उत्साहादि का अनुभव उसे होता रहता है। ये अनुभव नष्ट हो जाने के बाद भी संस्कार रूप में उसके हृदय में स्थापित हो जाते हैं। ये ही वासनारूप भाव साहित्यशास्त्र में रति, शोक, क्रोधादि नाम से स्थायी भाव के रूप में ख्यात हैं। ये स्थायिभाव – **'सत्यं विज्ञानमानन्दं ब्रह्म'** इत्यादि वेदवाक्य के अनुसार सत्य और विज्ञान रूप होने से स्वतः प्रकाशमान आत्मानन्द के साथ अनुभूत होते हैं, जब रस संज्ञा को प्राप्त होते है। उसी अवस्था में रसोऽहम् की प्रतीति होती है। प्रकाशमान आत्मानन्द अज्ञान के आवरण से आवृत्त होने के कारण आत्मानुभूति नहीं करा सकता। अतः उस आवरण को हटाने के लिए एक अलौकिक व्यापार भावकत्व की योजना की जाती है। वह लोकोत्तर व्यापार जब अज्ञानावरण को विशीर्ण कर देता है तो

अनुभवकर्ता की अल्पज्ञता नष्ट हो जाती है और परमात्म-धर्म -सर्वज्ञत्व आदि जागृत हो जाते हैं और अनुभवकर्ता को आत्मानन्द के साथ रति आदि का अलौकिक आस्वादन प्राप्त होता है।

इस प्रकार पण्डितराज की दृष्टि में रस एक भाव का आस्वादन है जो चेतना के आवरण के हट जाने से उत्पन्न होता है। यह आत्मानुभूति ब्रह्मानन्द और लौकिक आनन्द दोनों से भिन्न है।

पंडितराज ने नव्य मत के नाम से एक और सिद्धान्त उपस्थापित किया है जिसे डॉ० नगेन्द्र उनका अपना मत मानते हैं। यहाँ पंडितराज का मानना है कि स्थायी ही रस रूप में आस्वादित होता है तथा यह चर्वण व्यंजनावृत्ति के द्वारा संभव होता है।

यद्यपि पंडितराज के पश्चात् भी कतिपय आचार्यो ने अपने मत प्रस्तुत किए। किन्तु, वे पूर्ववर्ती मतों का परिपोषण मात्र थे। अतः पंडितराज जगन्नाथ के पश्चात् संस्कृत साहित्य शास्त्र के क्षेत्र में विराम-सा आ गया ।

3. रसों की संख्या एवं उनका परिचय

स्पष्ट है कि रस अखण्ड होता है। फलतः अखण्ड वस्तु के भेदोपभेद और उनकी संख्या की चर्चा करना उचित नहीं है। फिर भी, व्यावहारिक दृष्टि से रस को समझने के लिए उसके भेदोपभेद और उनकी संख्या की चर्चा करना अनिवार्य है। जब हम रस के भेदोपभेदों की चर्चा करते हैं तब हमारा तात्पर्य उन उपकरणों के भेदोपभेद प्रदर्शित करना होता है जो रस-स्थिति की अवतारणा में सर्वाधिक सशक्त साधन होते हैं। लोक जीवन से इस तथ्य की व्याख्या हम इस प्रकार कर सकते हैं कि प्रकाश एक अखण्ड तत्त्व है किन्तु समझने-समझाने के लिये बल्ब लाइट, सर्च लाइट, ट्यूब लाइट आदि अनके शब्दों का हम प्रयोग करते हैं। सामान्यतः देखने में ये प्रकाश (Light) के भेदोपभेद दिखाई देते हैं। किन्तु, मूलतः ये उपकरणों के भेद हैं न कि प्रकाश के। इसी प्रकार जब हम रस के भेदों की चर्चा करते हैं तब हमारा तात्पर्य रस भेद से न होकर स्थायी भावों के भेद से होता हैं जो विभावदि के संयोग से एक नवीन रूप में उपस्थित होते हैं। यह प्रक्रिया ठीक इसी प्रकार की है जैसे एक अन्न (तण्डुलादि), विभिन्न व्यंजनों के संयोग से भात, इडली, डोसा, लड्डू, रोटी,

खीर, पापड़ आदि अनेक रूपों में उपस्थित होता है और रूप के अनुसार ही उसका महत्व होता है।

रस-सिद्धान्त के क्षेत्र में रसों की परिगणना एक प्रमुख विषय है। सामान्यत: यह स्वीकृत है कि रस नौ होते हैं। आचार्य मम्मट ने अपने काव्य-प्रकाश में प्रथम कारिका में 'कवि-सृष्टि' की विशेषता बताते हुए 'नवरसरुचिरा 'विशेषण का प्रयोग किया है। आचार्य मम्मट का यह कथन संस्कृत-साहित्य-शास्त्र के इतिहास में रसों की कुल संख्या नौ होने की सार्वभौम मान्यता का परिचायक है। यशस्तिलकचम्पू नामक प्रसिद्ध साहित्यिक कृति में भी यही मान्यता स्पष्ट रूप से अभिव्यक्ति हुई है जब कृतिकार ने गुणालंकार रीति, वृत्ति, प्रवृति प्रभृति साहित्यिक तत्वों को काव्यवृक्ष के अंग-प्रत्यंग के रूप में परिगणित किया है-

त्रिमूलकं द्विधोत्थानं पंचशाखं चतुश्छदम्।
योऽगं वेत्ति नवच्छायं दशभूमिं स काव्यकृत।।[71]

यहाँ नवच्छायं से नौ प्रकार के रसों का श्लेष के द्वारा उल्लेख किया गया है। इसका अभिप्राय यह है कि जिस प्रकार नये वृक्ष का सर्वमान्य को मिलनेवाला सुख उसकी घनी छाया होती है उसी प्रकार काव्यगत रसों का सुख सभी सामाजिकों को सहज उपलब्ध होता है। किन्तु संस्कृत के ही आरम्भकालीन कवियों एवं काव्यशास्त्रियों की कृतियों में रसों की कुल संख्या नौ के स्थान पर आठ का ही उल्लेख प्राप्त होता है। कालिदास ने नाट्य को अष्टरसाश्रय कहा है-

मुनिना भरतेन यः प्रयागो भवतीस्वष्टरसाश्रयो नियुक्तः।[72]

आचार्य दण्डी ने कवि की वाणी को 'अष्टरसायत्ता' का विशेषण दिया है-

इह त्वष्टरसायत्ता रसवत्ता स्मृता गिराम्।[73]

काव्यादर्श के द्वितीय परिपेक्ष्य में इन 'अष्टविध रसों का नामोल्लेख भी मिलता है-

प्राक् प्रीतिर्दर्शिता सेयं रतिः श्रृंगारतां गता।
इत्यारुह्य परां कोटिं क्रोधो रौद्रात्मतां गतः।
इत्युत्साहः प्रकृष्टात्मा तिष्ठन् वीररसात्मना।
इति कारुण्यमुद्रिक्तमलङ्कारतया स्मृतम्।
तथापरेऽपि वीभत्सहास्याद्भुतभयानकाः।[74]

इनके अतिरिक्त भी अनेक ऐसे उल्लेख उपलब्ध होते हैं जिनमें रसों की संख्या के दस, बारह या इससे भी अधिक होने का विधान हुआ है। वास्तव में रससंख्या का प्रश्न बहुचर्चित एवं विवादग्रस्त रहा है। भरत की स्थापना से लेकर उसके पश्चात् आज तक रस चर्चा की सुदीर्घ परम्परा रही है।

संस्कृत-साहित्य शास्त्र के सभी इतिहासकार 'भरत-नाट्यशास्त्र' को रस का सैद्धान्तिक विवेचन करनेवाला आद्य ग्रन्थ मानते हैं। नाट्यशास्त्र के षष्ठ अध्याय में आरम्भ में ही रसों के नाम एवं उनकी संख्या का परिगणन करते हुए भरत मुनि ने कहा है-

शृंगारहास्यकरुणरौद्रवीरभयानकाः।
वीभत्साद्भुतसंज्ञौ चेत्यष्टौ नाट्ये रसाः स्मृताः।
एते ह्यष्टौ रसाः प्रोक्ता द्रुहिणेन महात्मना।।[75]

अर्थात् द्रुहिण (ब्रह्मा) ने जिस नाट्यवेद की रचना की और भरत को जिसका उपदेश दिया उसमें शृंगार, हास्य, करुण, रौद्र, वीर, भयानक, वीभत्स एवं अद्भुत नामक आठ रसों का ही विधान था। अध्याय के अन्त में भी रसविषयक विवेचन का समापन करते हुए रसों की आठ संख्या का पुनः उल्लेख इस बात का पुष्ट प्रमाण है कि नाट्यशास्त्र के अनुसार रसों की कुल संख्या आठ ही है जिनका सलक्षणोदाहरण निरूपण नाट्यशास्त्र में हुआ हैं-

एवमेते रसा ज्ञेयास्त्वष्टौ लक्षणलक्षिताः।[76]

नाट्यशास्त्र के सप्तम भावाध्याय में निरूपित स्थायी भावों से भी रसों की आठ संख्या की ही पुष्टि होती है क्योंकि स्थायी भाव ही विभावादि से संवलित होकर रस के रूप में परिणत होते हैं।

उद्भट पहले काव्यशास्त्री हैं जिन्होंने शान्तरस का प्रथमतः निर्देश किया। उद्भट ने सामान्य ढंग से नवरस का उल्लेख कर डाला है जिससे यह प्रतीत होता है कि तत्कालीन आचार्यो ने इसे मान्यता दे दी थी-

शृंगारहास्यकरुणरौद्रवीरभयानकाः
वीभत्साद्भुतशान्तश्च नव नाट्ये रसाः स्मृताः।[77]

भरत के सशक्त व्याख्याकार अभिनवगुप्त ने भी यह स्थापित करने की चेष्टा की है कि भरत के काल से ही रसों का नवविधत्व प्रचलित था। नवम रस

के रूप में शान्त की स्थापना के लिए अभिनवगुप्त ने बहुविध तर्क दिए। किन्तु अभिनव के तर्कों का कोई परिपुष्ट आधार नहीं है। नवरसों के अतिरिक्त अभिनवगुप्त ने कतिपय विद्वानों द्वारा मान्य आर्द्रतास्थायिक स्नेह रस, गर्धस्थायिक लौल्य रस और भक्ति रस को रति हासादि में अन्तर्भूत माना है।

नवरस मान्यता की परम्परा दीर्घ रही है। इस परम्परा के बाद भी कई रसों की परिकल्पना होती रही। रुद्रट ने प्रेयान् रस की स्थापना की। डॉ० राघवन अपनी पुस्तक Number of Rasas में इस प्रेयान् रस को स्वीकृति प्रदान करते हैं।

वत्सल रस के बीज विश्वनाथ के पूर्ववर्ती ग्रन्थों में प्राप्य थे। किन्तु वत्सल रस की प्रतिस्थापना विश्वनाथ ने ही की है-

स्फुटं चमत्कारितया वत्सलं च रसं विदुः।
स्थायी वत्सलता स्नेहः पुत्राद्यालम्बनं मतम्।।[78]

विश्वनाथ के अनन्तर रूपगोस्वामी, मधुसूदन सरस्वती, राजा अल्लराज, वामन झलकीकर आदि ने भी वत्सल को रस रूप में माना है।

दशविध रसों के अतिरिक्त भक्ति रस की ग्यारहवें रस के रूप में स्थापना की गई। भक्ति रस के समर्थकों में रूपगोस्वामी, मधुसूदन सरस्वती, हेमाद्रि कवि, कर्णपूर आदि उल्लेखनीय हैं। परवर्ती साहित्यशास्त्रियों में से कुछ ने भक्ति को शांत, श्रृंगारादि में ही अन्तर्भूत माना है। वे भक्ति को स्वतंत्र रस नहीं मानते है। किन्तु, आधुनिक काव्यशास्त्रियों डॉ० नगेन्द्र, सेठ कन्हैयालाल पोद्दार, रामदहिन मिश्र, गुलाब राय, भगीरथ मिश्र आदि ने भक्ति के स्वतंत्र रसत्व में अपना समर्थन व्यक्त किया है। सरस्वतीकण्ठाभरण में नवरस के अतिरिक्त प्रेयान्, उदात्त और उद्धत रसों का वर्णन किया गया है।

निष्कर्षतः यह कहा जा सकता है कि जो अनुभूति अन्य अनुभूतियों को अपने में समाविष्ट कर अपनी एक स्वतंत्र सत्ता बना सकती है, वही रसतत्त्व की योग्यता को प्राप्त करती है। अन्यथा मानव मन की अनुभूतियाँ और तत्सम्बन्धित भावों की संख्या तो अनन्त होती हैं।

सम्प्रति भरतप्रोक्त आठ रसों के अतिरिक्त शान्त रस नवम रस के रूप में मान्य है। यद्यपि वत्सल और भक्ति को भी स्वीकार किया गया, फिर भी, रसों का नवविधत्व ही आज भी स्वीकार किया जा रहा है। यथा -

शृङ्गारहास्यकरुणरौद्रवीरभयानकाः।
वीभत्साद्भुतसंज्ञौ चेत्यष्टौ नाट्ये रसाः स्मृताः।।[79]
निर्वेदस्थायिभावोऽस्ति शान्तोऽपि नवमो रसः।[80]

1. शृङ्गार रस

अपि च वयस्य! पश्य पश्य,
योऽयं सन्त्रस्तया देव्या तया बाहुर्निपीडितः।
स्वप्नेऽप्युत्पन्नसंस्पर्शो रोमहर्षं न मुञ्चति।।[81]

अर्थात्, और भी मित्र! देखो देखो।

अत्यन्त डरती हुई देवी (वासवदत्ता ने जो मेरा यह हाथ पकड़ा, स्वप्न में स्पर्श होने पर भी (अभी तक जागृत अवस्था में भी) रोमांचित हो रहा है।

स्वप्नवासवदत्ता से उद्धृत उपर्युक्त उदाहरण में नायक उदयन आश्रय हैं, नायिका आलम्बन है, नायिका द्वारा नायक का स्वप्न में हाथ पकड़ना उद्दीपन-विभाव, नींद का टूटना अनुभाव तथा रोमांच व्यभिचारी भाव हैं। इस तरह इन विभाव, अनुभाव तथा संचारी भावों के द्वारा 'रति' की परिपुष्टि होने से सामाजिक को शृंगार रस की चर्वणा होती है।

यह शृंगार संभोग और विप्रलम्भ दो प्रकार का होता हैं।

(1) संभोग शृंगार

यह परस्पर अवलोकन, आलिंगन, अधरपान, चुम्बन आदि अनन्त प्रकार का होने से गणना सम्भव न होने के कारण एक ही गिना जाता हैं। यह संभोग या संयोग शृंगार वहाँ होता है जहाँ नायक-नायिका की मिलन अवस्था का वर्णन किया जाता हैं।

उदाहरण:-

अधरः किसलयरागः कोमलविटपानुकारिणौ बाहू।
कुसुममिव लोभनीयं यौवनमङ्गेषु संनद्धम्।।

(अभिज्ञानशाकुन्तलम्,1/18)

अर्थात् अधरोष्ठ पल्लव के समान रक्ताभ और दोनों बाहु कोमल-कोमल टहनियों की भाँति हैं तथा अंगों में पुष्प-सदृश चित्ताकर्षक यौवन व्याप्त हो रहा हैं।

इस उदाहरण में राजा दुष्यन्त 'आश्रय' है,नायिका शकुन्तला आलम्बन है। शकुन्तला की शारीरिक विशेषताएँ 'उद्दीपन विभाव' हैं, दुष्यन्त द्वारा शकुन्तला-विषयक उपर्युक्त वाक्य बोलना 'अनुभाव है, दुष्यन्तगत औत्सुक्य, हर्ष आदि संचारी भाव है। इन सबसे स्थायी भाव 'रति' परिपुष्ट हो रहा है। चूँकि यहाँ नायक-नायिका (दुष्यन्त एवं शकुन्तला) की मिलन अवस्था का वर्णन है, अत: यह सम्भोग श्रृंगार का उदाहरण है।

(2) विप्रलम्भ श्रृंगार

विप्रलम्भ श्रृंगार या वियोग शृंगार वहाँ होता है जहाँ नायक और नायिका में परस्पर उत्कट प्रेम होने पर भी उनका मिलन नहीं हो पाता। यह चार प्रकार का होता है-

(1) पूर्वराग विप्रलम्भ

(2) मान विप्रलम्भ,

(3) प्रवास विप्रलम्भ

(4) करुण विप्रलम्भ

विप्रलम्भ की कुछ अवस्थाओं में विरह का उद्दाम रूप प्रकट होने के कारण रति (श्रृंगार) और शोक (करुण) का सीमा-निर्धारण कठिन हो जाता है। ऐसी स्थिति में यह निश्चित किया गया है कि इष्ट से मिलने की आशाहीनता को करुण तथा इष्ट से मिलने की आशा को विप्रलम्भ कहेंगे। मूलत: करुण में निराशा तथा विप्रलम्भ में आशा का होना ही दोनों का अन्तर है। यथा-

तन्वी श्यामा शिखरिदशना पक्वबिम्बाधरोष्ठी
मध्ये क्षामा चकितहरिणी प्रेक्षणा निम्ननाभिः।
श्रोणीभारादलसगमना स्तोकनम्रा स्तनाभ्यां
या तत्र स्याद्युवतिविषये सृष्टिराद्येव धातुः।।

(मेधदूतम्-उत्तरमेघ, 22)

अर्थात् पतले शरीर वाली, यौवन के मध्य भाग में स्थित, नुकीले दाँतोंवाली, पके बिम्बफल के समान निचले होंठवाली, पतली कमर वाली, डरी हुई हरिणी के समान नयनोंवाली, गहरी नाभिवाली, नितम्बों के भार के कारण मन्द गति वाली, स्तनों के भार से कुछ झुकी-सी तथा युवतियों में ब्रह्मा की प्रथम रचना-सी जो (स्त्री) वहाँ महल में हो (उसे मेरी प्रिया समझना)।

इस उदाहरण में नायक यक्ष 'आश्रय' और नायिका यक्षिणी 'आलम्बन' है। मेघ 'उद्दीपन विभाव', नायक यक्ष का वियोग-जन्य प्रलाप 'अनुभाव' और औत्सुक्य, दैन्य आदि व्यभिचारी भाव के द्वारा स्थायी भाव 'रति के परिपुष्ट होने से साथ ही नायिका से नायक के मिलन की भावी आशा होने से विप्रलम्भ शृंगार परिपुष्ट हो रहा है।

SHRINGAR (EROTIC) /शृंगार रस[82]

2. हास्य रस

किं वासुदेवः शवपत्तनेशः कुन्तीसुतो वा जनमेजयो वा।
अहं त्वां गृहीत्वा केशहस्ते दुःशासनः सीतामिवाहरामि।।[83]

अर्थात् क्या वासुदेव या श्मशान के स्वामी या कुन्तीपुत्र या जनमेजय तुम्हारी रक्षा करेंगे ? अर्थात् कोई तुम्हारी रक्षा नहीं कर पायेगा। मैं तुम्हारे केशों को पकड़कर दु:शासन ने जैसे सीता को बलात् खींचकर लाया था, वैसे ही खींचकर लाता हूँ।

उपर्युक्त उदाहरण में शकार आश्रय हैं, विकृत चेष्टाएँ आलम्बन है, शकार के द्वारा अनुपयुक्त वचन उद्दीपन, वासुदेव, कुन्तीपुत्र और जनमेजय आदि का उल्लेख अनुभाव तथा शकार की ऐतिहासिक अज्ञानता और अनगढ़ वक्तव्य

संचारी भाव हैं। इन सबसे 'हास' परिपुष्ट होने से यहाँ हास्य रस की चर्वणा होती हैं।

HASYA RASA (HUMOROUS) हास्य रस[84]

3. करुण रस

हा मातस्त्वरिताऽसि कुत्र किमिदं हा देवताः क्वाऽऽशिषः
धिक् प्राणान् पतितोऽशनिर्हुतवहस्तेऽङ्गेषु दग्धे दृशौ।
इत्थं घर्घरमध्यरुद्धकरुणाः पौराङ्गनानां गिर-
श्चित्रस्थानपि रोदयन्ति शतधा कुर्वन्ति भित्तीरपि।।[85]

अर्थात् हे मात! इतनी जल्दी हमको छोड़कर कहाँ चली गयी। यह क्या हुआ। हा देवताओं। हे ब्राह्मणों। (आपके) आशीर्वाद कहाँ चले गये। (इन) प्राणों को धिक्कार है। अग्नि वज्र बनकर तुम्हारे शरीर पर गिरा और तुम्हारे नेत्र भी भस्म हो गये। इस प्रकार उच्च स्वर से रोने के कारण भर्राती हुई बीच-बीच में रुक जाती हुई पुरवासिनी स्त्रियों की करुण-ध्वनि, चित्र में अंकित (नर, नारी आदि) को भी रुला रही है और भित्तियों के भी टुकड़े कर डालती है।

उपर्युक्त उदाहरण में मृत राजमाता आलम्बन विभाव, उसका दाहादि उद्दीपन विभाव, रोदन अनुभाव, दैन्य, ग्लानि, मूर्च्छा आदि व्यभिचारी भाव हैं। इन सबके द्वारा स्थायीभाव शोक परिपुष्ट होकर करुण रस की प्रतीति करा रहा है।

KARUNA RASA (PATHETIC)/ करुण रस[86]

4. रौद्र रस

भूमौ पाणितले निघृष्य तरसा बाहू प्रमृज्याधिकं
सन्दष्टोष्ठपुटेन विक्रमबलात् क्रोधाधिकं गर्जता।
त्यक्त्वा धर्मघृणां विहाय समयं कृष्णस्य संज्ञासमं
गान्धारीतनयस्य पाण्डुतनयेनोर्वोर्विमुक्ता गदा।।[87]

अर्थात पाण्डुपुत्र भीम, अपनी दोनों हथेलियों को जमीन पर रगड़कर तथा अति वेग से अपनी भुजाओं को थपथपा कर, धर्मसंबंधी उदारता एवं युद्ध की सभी शर्तो का अतिक्रमण करके श्रीकृष्ण का संकेत मिलते ही होंठों को चबाते हुए पराक्रम के नाते क्रोधभरी गर्जना करते हुए पाण्डुपुत्र भीमसेन ने गांधारीपुत्र (दुर्योधन) की जंघा पर गदा का प्रहार किया।

यहाँ पाण्डुपुत्र भीम आश्रय, गांधारीपुत्र दुर्योधन आलम्बन है, श्रीकृष्ण का संकेत उद्दीपन विभाव, भीम द्वारा हथेलियों को जमीन पर रगड़ना, भुजाओं को थपथपाना आदि अनुभाव तथा क्रोध में होंठ को चबाना और गरजना संचारी

भाव हैं – इन सबके द्वारा स्थायी भाव 'क्रोध' की सम्पुष्टि होने से सामाजिकों को रौद्र रस की प्रतीति हो रही है।

RAUDRA RASA (TERRIBLE)/ रौद्र रस[88]

5. वीर रस

क्षुद्राः संत्रासमेते विजहत हरयः क्षुण्णशक्रेभकुम्भा
युष्मद्देहेषु लज्जां दधति परममी सायका निष्पतन्तः।
सौमित्रे ! तिष्ठ पात्रं त्वमसि नहि रुषां नन्वहं मेघनादः
किंचिद्भ्रूभंगलीलानियमितजलधिं राममन्वेषयामि।। [89]

अर्थात् अरे क्षुद्र बन्दरों, तुम मत डरो, (क्योंकि) ऐरावत के गण्डस्थल का भेदन करनेवाले (मेरे) ये बाण शरीर पर गिरने में लज्जा का अनुभव करते हैं। (इसलिए तुम मत डरो, तुम्हारे ऊपर इनका प्रहार नहीं होगा।) हे लक्ष्मण, तुम भी हट जाओ, तुम (मेरे) क्रोध के पात्र नहीं हो, (जानते हो) मैं मेघनाद हूँ, (मैं तुमलोगों से क्या लड़ूँ) मैं तो तनिक-सी भौंहें टेढ़ी करने मात्र से समुद्र को वश में कर लेनेवाले राम को खोज रहा हूँ।

VEER RASA (HEROTIC/COURAGE)/वीर रस[90]

6. भयानक रस

ग्रीवाभंगाभिरामं मुहुरनुपतति स्यन्दने बद्धदृष्टिः
पश्चार्द्धेन प्रविष्टः शरपतनभयाद् भूयसा पूर्वकायम्।
दर्भैरर्द्धावलीढैः श्रमविवृतमुखभ्रंशिभिः कीर्णवर्त्मा
पश्योदग्रप्लुतत्वाद्वियति बहुतरं स्तोकमुर्व्यां प्रयाति।।[91]

अर्थात् सुन्दरता के साथ गर्दन घुमाकर पीछे आते हुए रथ पर बार-बार दृष्टि डालता हुआ, और बाण लगने के भय से अपने पीछे के आधे शरीर को अगले शरीर में घुसेड़ते हुए थक जाने से खुले हुए मुख से आधे खाये हुए तृणों को पृथिवी पर गिराता हुआ, देखो वह हरिण आकाश में अधिक और पृथिवी पर कम चलता है।

उपर्युक्त उदाहरण में पीछा करनेवाला राजा या उसका रथ आलम्बन, बाण

लगने का भय और अनुसरण उद्दीपन, गर्दन मोड़ना और भागना आदि अनुभाव और त्रास, श्रम आदि व्यभिचारी भाव हैं। रथ से या राजा से उत्पन्न भय स्थायी भाव है। इस प्रकार यहाँ सामाजिकों को भयानक रस की प्रतीति होती है।

BHAYANAK RASA (FEARFUL)/ भयानक रस[92]

7. वीभत्स रस

उत्कृत्योत्कृत्य कृतिं प्रथममथ पृथूत्सेधभूयांसि मांसा
न्यंसस्फिक्पृष्ठपिण्ड्याद्यवयवसुलभान्युग्रपूतीनि जग्ध्वा।
आर्त्तः पर्यस्तनेत्रः प्रकटितदशनः प्रेतरङ्कः करङ्का-
दङ्कस्थादस्थिसंस्थं स्थपुटगतमपि क्रव्यमव्यग्रमत्ति।।[93]

अर्थात् -

पहले खाये को उखाड़-उखाड़कर कन्धे, नितम्ब, पीठ, पिंडली आदि अवयवों में ऊँचे उभरे हुए अधिक मात्रा में उपलब्ध, भयंकर-दुर्गन्धयुक्त सड़े हुए मांस को खा चुकने के बाद, चारों और देखता हुआ, और दाँत निकाले हुए, भूखा, दरिद्र प्रेत गोद में रखे हुए मुर्दे के हड्डी के भीतर लगे हुए और गड्ढों में स्थित कच्चे मांस को भी धीरे-धीरे खा रहा है।

उपर्युक्त उदाहरण में श्मशान का दृश्य है। राजा हरिश्चन्द्र वहीं पशु-पक्षियों की नाना केलियाँ देख रहे हैं। उन्हें देखकर उनके मन में जो घृणा का भाव उत्पन्न होता है वही स्थायी भाव है। मुर्दों की हड्डी, त्वचा आदि आलम्बन विभाव हैं। कौवों का आँख निकालना, सियार का जीभ को खींचना, गिद्ध का जाँघ को खोद-खोदकर मांस को नोचना, कुत्तों का अँगुलियों का काटना आदि उद्दीपन हैं। राजा का इस सबका वर्णन करना अनुभाव है। मोह, स्मृति आदि सञ्चारी भाव हैं। इस प्रकार यहाँ वीभत्स रस की प्रतीति हो रही है।

BIBHATSA RASA/ वीभत्स रस[94]

8. अद्भुत रस

चित्रं महानेष बतावतारः क्व कान्तिरेषाऽभिनवैव भङ्गिः।
लोकोत्तर धैर्यमहो प्रभावः काऽप्याकृतिर्नूतन एष सर्गः।[95]

अर्थात, यह बड़ा लोकोत्तर अवतार है। यह (अलौकिक) कान्ति और यह शैली बिल्कुल नयी-सी है। इसका धैर्य भी लोकोत्तर है और प्रभाव भी अलौकिक है। इसकी आकृति अनिर्वचनीय है और (ब्रह्मा की सृष्टि से भिन्न) यह अलौकिक रचना है।

उपर्युक्त उदाहरण में वामन आलम्बन, कान्ति तथा गुणातिशय उद्दीपन, स्तुति आदि अनुभाव, मति, धृति, हर्ष आदि व्यभिचारी भावों के द्वारा स्थायी भाव 'विस्मय' के परिपुष्ट होने से अद्भुत रस की प्रतीति होती है।

ADBHUTA RASA (WONDEROUS)/ अद्भुत रस[96]

9. शान्त रस

अहौ वा हारे वा कुसुमशयने वा दृषदि वा
मणौ वा लोष्ठे वा बलवति रिपौ वा सुहृदि वा।
तृणे वा स्त्रैणे वा मम समदृशो यान्ति दिवसाः
क्वचित् पुण्यारण्ये शिव शिव शिवेति प्रलपतः।।[97]

अर्थात् साँप और मुक्ताहार में (समबुद्धि रखनेवाले, इसी प्रकार) फूलों की सेज और पत्थर की शिला में (समबुद्धि), मणि तथा ढेले में, बलवान शत्रु तथा मित्र में, तिनके में अथवा स्त्रियों के समूह में समबुद्धि रखनेवाले मेरे दिन किसी पवित्र तपोवन में 'शिव' 'शिव' शिव ऐसा प्रलाप करते हुए व्यतीत होते हैं।

उपर्युक्त उदाहरण में, मिथ्या प्रतीत होनेवाला जगत् आलम्बन, तपोवनादि उद्दीपन, सर्प और हारादि में समबुद्धि अनुभाव, धृति, मति और हर्षादि व्यभिचारी भाव तथा निर्वेद स्थायिभाव से सामाजिक में शान्त रस की अभिव्यक्ति होती है।

रस संख्या के क्षेत्र में उपर्युक्त अध्ययन के पश्चात् यह कहा जा सकता है कि रसों की संख्या नौ हो अथवा इससे न्यूनाधिक, वस्तुतः कथावस्तु आदि के द्वारा रस की श्रेष्ठ प्रतीति कराने से ही कवि या नाटककार की दक्षता का निर्धारण होता है।

SHANTA RASA (PEACEFUL)/ शान्त रस[98]

संदर्भ

1. ऋग्वेद : 9/63/13
2. वही, 9/65/15
3. वही, 7/104/10
4. वही, 9/6/6
5. अथर्ववेद, 3/13/15
6. नाट्यशास्त्र, 1/17
7. अथर्ववेद, 3/13/15
8. वही, 8/4/10
9. वृहदारण्यकोपनिषद्, 1/3/19
10. तैत्तिरीय उपनिषद्, 2.1 (क)
11. कठोपनिषद्, 4.3
12. वही, 3.15
13. छान्दोग्योपनिषद्, 3.2
14. रस -सिद्धान्त, डॉ० नगेन्द्र, पृष्ठ - 5
15. तैत्तिरीयोपनिषद् - 2/7
16. करुण रस, सैद्धान्तिक एवं प्रायोगिक अनुशीलन, पृष्ठ-6

17. रामायण, बालकाण्ड: 4/8/9
18. रस-सिद्धान्त, डॉ० नगेन्द्र, पृष्ठ - 10
19. नाट्यशास्त्र, 1.17
20. रस-सिद्धान्त, डॉ० नगेन्द्र, पृष्ठ - 10
21. अभिनवभारती, अ० - 6
22. भाव - प्रकाशन, दशम अधिकार
23. रस-विवेचन, डॉ० जगदीश प्रसाद कौशिक, पृष्ठ - 13
24. रस सिद्धान्त, डॉ० नगेन्द्र, पृष्ठ -81
25. काव्यादर्श, 2. 281
26. हिन्दी अभिनव भारती, आचार्य विश्वेश्वर, पृष्ठ - 427-428
27. काव्यदर्पण, 1.51
28. वही, 1.62
29. रस विवेचन, डॉ० जगदीश प्रसाद कौशिक, पृष्ठ - 22
30. वही, पृष्ठ - 24
31. नाट्यशास्त्र, 25 - 41 - 42
32. नैषधीयचरित में रस-योजना, डॉ० रविदत्त पाण्डेय, पृष्ठ - 2
33. नाट्यशास्त्र: अभिनवभारती व्याख्या 25- 41
34. वही: पृष्ठ 304
35. रसगंगाधर, पृष्ठ 137
36. नाट्यशास्त्र, अभिनवभारती व्याख्या, पृष्ठ - 304
37. ध्वन्यालोक लोचन, पृष्ठ - 432
38. रसगंगाधर, पृष्ठ - 272
39. नैषधीयचिरत में रस -योजना, डॉ० रविदत्तपाण्डेय, पृष्ठ - 4
40. वही, पृष्ठ - 6
41. नाट्यशास्त्र - 21-1
42. रस विवेचन, डॉ० जगदीश प्रसाद कौशिक पृष्ठ - 26
43. वही, पृष्ठ - 27
44. नाट्यशास्त्र - 6 - 18 - 21
45. Encyclopedia Britenica
46. कामसूत्र, 2/01/65
47. रघुवंश, 1/18
48. मुद्राराक्षस, 2/16
49. नाट्यशास्त्र, षष्ठ अध्याय, पृष्ठ - 678

50. वही, पृष्ठ – 678–79
51. हिन्दी अभिनवभारती, पृष्ठ – 483
52. साहित्यदर्पण, 03/02/3
53. रस सिद्धान्त, डॉ० नगेन्द्र, पृष्ठ – 88
54. रसगंगाधर प्रथमानन, पृष्ठ – 96
55. वही, पृष्ठ – 97
56. वही, पृष्ठ – 97
57. वही, पृष्ठ – 98
58. नाट्यशास्त्र, षष्ठ अध्याय, पृष्ठ – 620
59. वही, पृष्ठ – 677–78
60. करुण रस, सैद्धान्तिक एवं प्रायोगिक अनुशीलन, डॉ० शैलेश कुमार मिश्र, पृष्ठ – 34
61. वही, पृष्ठ – 34
62. नाट्यशास्त्र, षष्ठ अध्याय, पृष्ठ – 678–80
63. वही, 3/38
64. काव्यप्रकाश, चतुर्थ उल्लास
65. करुण रस, सैद्धान्तिक एवं प्रायोगिक अनुशीलन: डॉ० शलेश कुमार मिश्र, पृष्ठ 40–41
66. काव्यप्रकाश, चतुर्थ उल्लास
67. करुण रस, सैद्धान्तिक एवं प्रायोगिक अनुशीलन–डॉ० शैलेश कुमार मिश्र, पृष्ठ – 43
68. काव्य प्रकाश ' चतुर्थ उल्लास
69. साहित्यदर्पण, 3/1
70. रसगंगाधर – प्रथम आनन, पृष्ठ – 96
71. यशस्तिलकचम्पू, 3/274
72. विक्रमोर्वशीयम्, 1/18
73. काव्यादर्श, 2/292 का उत्तरार्द्ध
74. वही, 281, 283–54–84–85, 287
75. नाट्यशास्त्र, 3/15–16
76. वही: 6/83
77. काव्यालंकार संग्रह: 4/4
78. साहित्यदर्पण, 3/251
79. काव्यालंकार संग्रह: 4/4
80. काव्य प्रकाश, चतुर्थ उल्लास, कारिका – 35 का पूर्वार्ध
81. स्वप्नवासवदत्तम्, – 5/11

82. www.google.com
83. चारुदत्तम्, 1/12
84. www.google.com
85. काव्यप्रकाश, पृष्ठ सं० –127
86. www.google.com
87. उरुभंगम्, 1/24
88. www.google.com
89. काव्यप्रकाश, पृष्ठ सं० – 131
90. www.google.com
91. काव्यप्रकाश, पृष्ठ सं० – 132
92. www.google.com
93. काव्यप्रकाश, पृष्ठ सं० – 133
94. www.google.com
95. काव्यप्रकाश, पृष्ठ सं० – 134
96. www.google.com
97. काव्यप्रकाश, पृष्ठ सं० –138
98. www.google.com

चतुर्थ अध्याय

नाटक के तत्व : वस्तु, नेता और रस

नाटक के तत्त्व : वस्तु, नेता और रस

वस्तु या कथावस्तु नाट्य शरीर का पार्थिव तत्त्व होता है, जो आत्मीय गुणों के प्रकाशन का आलम्बन होने के कारण किसी व्यक्तित्व की विशिष्टता का प्रधान संसूचक माना जाता है। अर्थ, भाव, रस, गुण आदि तत्त्व वस्तुतत्त्व रूपी नाट्य-शरीर के अन्तर्गत होते हैं और उनकी अभिव्यंजना नाट्य की सार्थक शब्दराशि के द्वारा की जाती है। जिस प्रकार आत्मा के बिना शरीर विद्यमान नहीं होता उसी प्रकार कथावस्तु के बिना रस की कल्पना भी असंभव है। यही कारण है कि नाटक में कथावस्तु का एक विशिष्ट महत्त्व है... विशिष्ट स्थान है। निश्चित रूप से कथावस्तु साधन है तथा रस साध्य। यही कारण है कि नाटककार को कथावस्तु की योजना ध्यानपूर्वक करनी पड़ती है ताकि सामाजिक में रस का उद्रेक हो। सफल रसाभिव्यक्ति कराना कथावस्तु का लक्ष्य होता है। वस्तु (वस्-तुन्) में विद्यमान √वस् निवासे' धातु की अर्थवत्ता इसी से सिद्ध है कि वह रस का निवास है, अथवा उसका आधार है। यदि वस्तु के बदले वृत्त (वृत+क्त) को भी लें तो यहाँ √वृत 'वर्तने' का अभिप्राय होगा - रस में परिवर्तित करनेवाला अथवा उसकी ओर संप्रेरित करनेवाला।[1]

नेतृत्व या नेता नाटक का दूसरा महत्त्वपूर्ण बिन्दु है। नेता शब्द के साथ नायक का सारा परिकर नायिका, नायक के साथी, नायिका की सखियाँ, प्रतिनायक, उसके साथी सभी आ जाते हैं। कथावस्तु के आधार पर नायक में जिन गुणों को चित्रित किया जाता है तदनुरूप रस की अभिव्यक्ति होती है।

यदि रति प्रधान वातावरण की सृष्टि होगी तो शृंगार रस की, क्रोधपूर्ण वातावरण की अवतारणा होगी तो रौद्र रस की या शोकपूर्ण वातावरण का चित्रण होगा तो करुण रस की अनुभूति होगी। तात्पर्य यह कि नायक में जिन गुणों का विकास किया जाएगा तदनुरूप रस की प्रतीति होगी। प्रायः प्रख्यात कथावस्तु वाले रूपक के नायक का सामान्य जनमानस के हृदय में अपनी एक विशिष्ट धारणा होती है। उस नायक विशेष का नाम सुनते ही उनके प्रख्यात चरित्र के अनुरूप भाव सामाजिक के हृदय में तिरने लगते हैं। उदाहरण के लिए उदयन या दुष्यन्त का नाम सुनते ही शृंगार रस का, श्रीराम का स्मरण होते ही करुण या वीर रस का, भीम का नाम लेते हुए रौद्र या वीर रस के अनुरूप भाव प्रकट होने लगते हैं। स्पष्ट है नेतृत्व भी रस की अभिव्यक्ति का ही साधन है। अभिनवगुप्त ने स्पष्ट कहा है कि अभिनेता को पात्र इसलिए कहा जाता है कि वह रस के आस्वादन का उपाय या साधनस्वरूप है। नेता (√नी + तृच्) की णीञ् प्रापणे। धातु की सार्थकता इसी में है कि वह सहृदयों को रस की प्राप्ति कराये अथवा उन्हें रस की ओर ले जाए।[2]

वस्तुतः नाटक के तीन प्रधान तत्त्व होते हैं– वस्तु, नेता और रस। इनमें से वस्तु और नेता कभी भी रस से स्वतंत्र अस्तित्व नहीं रख सकते। वस्तु और नेता इन दो तत्त्वों का समायोजन ऐसा होना चाहिए कि वे विशिष्ट रस की अभिव्यक्ति में सहायक हों। भरत का यह सिद्धान्त परवर्ती आचार्यों द्वारा समादृत और स्वीकृत है। पाँच अवस्थाओं एवं पाँच संधियों के उपयुक्त सन्निवेश से वस्तुतत्त्व की पुष्टि होती है। नाटकीय भावधारा में नायक आदि के विशिष्ट गुणों को विकसित करके नेतृत्व का सम्पोषण किया जाता है। रस का पोषण पूरी तरह वस्तु एवं नेता के समुत्कर्ष पर आधारित होता है। यदि वस्तु और नेता इन दो तत्त्वों का सम्यक् विकास न हो तो रस की निष्पत्ति हो ही नहीं सकती। स्पष्ट है कि रस नाटक का सर्वोत्तम तत्त्व होता है किन्तु वस्तु और नेता से निरपेक्ष कदापि नहीं हो सकता।

कोई भी नाट्यकृति सफलता अथवा श्रेष्ठता को तभी प्राप्त कर सकती है जब उसमें वस्तु, नेता और रस तीनों का संतुलन उचित रूप से हो। व्यावहारिक रूप में भी यही सत्य है कि सामाजिकों को पहले रूपात्मक सत्ता जो वस्तु और

नेता में निहित है – का प्रत्यक्षीकरण होता है। पुनः भावात्मक सत्ता जो रस में है – की अनुभूति होती है। यद्यपि 'पुरा' और 'अनन्तर' के मध्य एक सूक्ष्म समयान्तर होता है। हाँ, रसात्मकता के अभाव में किसी भी काव्य की सफलता संदेहात्मक है। भरतमुति ने अभिनेताओं, सूत्रधारों एवं नाटककारों को जो भी निर्देश दिए उन सब का प्रयोजन यही है कि रस की अभिव्यक्ति में वे अपना व्यक्तिगत सहयोग प्रदान कर सकें।

नाटक में अङ्गी रस की परिकल्पना

अङ्गी रस की परिकल्पना मूलतः भरत की उक्ति में मिलती है, जहाँ उन्होंने लिखा है–

बहूनां समवेतानां रूपं यस्य भवेद् बहु।
मन्तव्यो रसः स्थायी शेषाः सञ्चारिणो मताः।।[3]

अर्थात् काव्य (नाटक) में वर्णित अनेक रसों में से जो बहु अर्थात् अधिक या प्रधान रूप से विद्यमान रहता है, वह रस स्थायी या अङ्गी और शेष रस संचारी या अङ्गभूत होते हैं।

अंगी रस का विधिवत् प्रश्न सबसे पहले आनन्दवर्धन ने उठाया–

प्रसिद्धेऽपि प्रबंधानां नानारसनिबन्धने।
एको रसोऽङ्गी कर्त्तव्यस्तेषामुत्कर्षमिच्छिता।।[4]

अर्थात् प्रबन्धों (महाकाव्य, नाटक आदि) में अनेक रसों का समावेश होने पर भी किसी एक रस को अङ्गी रस अवश्य बनाना चाहिए।

रसों के परस्पर अङ्गाङ्गी भाव के पीछे दो शंकायें हो सकती है–

(1) सामान्यतः रस स्वयं चमत्काररूप माना गया है। ऐसी स्थिति में अङ्गाङ्गी भाव या उपकार्य–उपकारक भाव मानने पर अंगभूत रस की स्वचमत्कृति की बाधा की आशंका हो सकती है।

(2) परस्पर विरोधी रसों की अङ्गता कैसे मान्य हो सकती है?

किन्तु ये आशंकायें व्यर्थ हैं। क्योंकि प्रत्येक रस का अपने प्रसंग में पूर्ण परिपोष होने का मतलब यह नहीं होता है कि दूसरे रसों के साथ उसका कोई

सम्बन्ध नहीं हो सकता, नाटकादि में विभिन्न परिस्थितियों के अनुकूल किसी रस विशेष का स्वभावतः अधिक और कम वर्णन हो सकता है और उनमें भी परस्पर तारतम्य तो हो ही सकता है। इस तरह से अङ्ग रस के स्वचमत्कार विनष्ट होने का प्रश्न ही नहीं उठता।

जहाँ तक विरोधी रसों की बात है उनका शमन मुख्यतः तीन प्रकार से किया जा सकता है–

(1) अंगी रस के विरोधी रस का पोषण नहीं करना।

(2) अंगभूत रस का पोषण करने पर भी बार–बार उनकी अंगरूपता का ध्यान रखना।

(3) अंगीरस के विरोधी व्यभिचारी भावों को न आने देना या उनके आने पर शीघ्र ही अंगीरस के व्यभिचारी रूप में परिणत कर देना।[5]

इस तरह आनन्दवर्धन ने रसों के अंगांगी भाव की मान्यता की पुष्टि की जो भरत को भी अभिप्रेत था। कालान्तर में नाट्यशास्त्रियों ने अंगी तथा अंगरस की स्थिति को अपनी कृतियों में स्थान दिया। सारांशतः अभिनवगुप्त का भी कहना है–

> "नाटक की रचना करते समय यह ध्यान रखना चाहिए कि इसमें एक रस प्रधान और अन्य रस अप्रधान हों, अन्त में अद्भुत रस हो। किन्तु, रस की अधिकता के कारण कथावस्तु विच्छिन्न न होने पाए, साथ ही अलंकार आदि के अधिकार से रस का विच्छेद भी न हो।"[6]

भारतीय काव्यशास्त्र के आलोक में मुख्यतः अंगीरस के तीन लक्षण स्वीकार किये जा सकते हैं–[7]

1. अंगीरस व्यापक होता है। जिस प्रकार रस के परिपाक में संचारी भाव स्थायी भाव के पोषक का कार्य करते हैं, उसी प्रकार नाटक में अंगभूत रस अंगीरस को समृद्ध करते हैं।
2. अंगीरस में मुख्यपात्र अथवा नायक की मूलवृत्ति का प्रतिफलन रहता है। कथानक के दो पक्ष होते हैं – घटना और भाव। नायक

की मूलवृत्ति कर्म पक्ष में चरम घटना और फलागम का निर्धारण करती है। यही मूलवृत्ति भाव पक्ष में मूलभाव या अंगीरस का निर्धारण करती है।

3. अंगीरस का तीसरा लक्षण है कि यह मूल उद्देश्य या फलागम का आस्वाद रूप होता है।

इसी प्रकार, अंगीरस से न्यून या उसके उपकारक रस को अंगरस मानना उपयुक्त है। इस प्रकार हम देखते हैं कि काव्यशास्त्रकारों द्वारा अंगी तथा अंगरस की अवधारणा अत्यन्त रोचक है तथा महत्त्वपूर्ण भी।

भरतमुनि ने नाटक के संबंध में अपने विचार व्यक्त करते हुए किसी भी एक रस के अंगीत्व के प्रति अपना विशेष आग्रह प्रकट नहीं किया है। इसी तरह, रामचन्द्र गुणचन्द्र ने भी नाटक को व्याख्यायित करते हुए रस विशेष के अंगीत्व के प्रति कोई आग्रह नहीं दर्शाया है। लेकिन इस संदर्भ में इन्होंने जो कुछ कहा है उसके आधार पर यह अनुमान लगाया जा सकता है कि प्रख्यात कथावस्तु के उदात्त प्रकृति वाले नायक के जीवन में आनेवाली विविध सरस घटनाओं का वर्णन होना चाहिए। प्रख्यात राजा के जीवन चरित में मुख्य रूप से श्रृंगार और वीर का ही प्राधान्य होता है। इस तरह यह माना जा सकता है कि भरत का लक्ष्य इन्हीं रसों का अंगीत्व रहा हो। लेकिन साथ ही यह भी स्वीकार किया जा सकता है कि भरत ने इन दो रसों के अतिरिक्त अन्य रसों के अंगीत्व को नकारा नहीं। बल्कि यह मानना अधिक उपयुक्त होगा कि नाटककार अपनी प्रतिभा के बल पर जिस रस को अंगीत्व प्रदान करना चाहे कर सकता है, किन्तु वह चित्रण जनमानस की भावना के सर्वथा अनुकूल हो। यहाँ रसों के अंगीत्व के विषय में भरत के व्यापक धारणा की पुष्टि होती है।[8] अभिनवगुप्त का विचार भरत के समीप है। उनके अनुसार एक रस की प्रधानता तथा अंत में अद्भुत रस का सन्निवेश होना चाहिए–

एकाङ्गिरसमन्यदङ्गमद्भुतान्तं रसोर्मिभिः।
अलङ्घितमलङ्कारकथाङ्गैरगलद्रसम्।।[9]

धनञ्जय के विचार इस प्रकार हैं–

एको रसोऽङ्गी कर्त्तव्यो वीर शृङ्गार एव वा।
अङ्गमन्ये रसा सर्वे कुर्यान्निर्वहणोद्भुतम्।।[10]

विश्वनाथ के अनुसार-

एक एव भवेदङ्गी शृङ्गारो वीर एव वा।
अङ्गमन्ये रसाः सर्वे कार्यो निर्वहणेद्भुतम्।।[11]

महाकवि भवभूति के अनुसार-

एको रसः करुण एव निमित्तभेदाद् भिन्नः
पृथक पृथगिवाश्रयतेविवर्तान्।
आवर्तबुद्बुदतरङगमयान् विकारा
नभे यथा सलिलमेव हि तत् समस्तम्।।[12]

इसके अतिरिक्त नारायण पण्डित अद्भुत रस की, वेदान्तदेशिक शान्त रस की, रूप गोस्वामी भक्ति रस की प्रधानता स्वीकार करते हैं।[13]

उपर्युक्त विवेच्य सन्दर्भ में विद्वानों ने अंगीरस को लेकर हम मतवैभिन्य को पाते हैं। इन स्थिति में आचार्य भरत के निर्देश ही सटीक लगते हैं। भरत ने किसी भी रस विशेष के प्रति अपना आग्रह प्रकट नहीं किया है।

अंगी रस के लक्षण

(1) भारतीय काव्यशास्त्र के अनुसार अंगी रस का प्रधान लक्षण है-

बहुव्याप्ति। प्रबन्धेषु प्रथमतरं प्रस्तुतः सन् पुनः पुनरनुसन्धीयमानत्वेन स्थायी यो रसः ....।

(ध्वन्यालोक, 3/22 की वृत्ति)

अर्थात् प्रबन्धों में प्रथम प्रस्तुत और बार-बार अनुसंहित होने से जो रस स्थायी है ....। प्रबन्धकाव्य में अभिव्यक्त नाना रसों में से जो रस कथानक के कलेवर में सर्वाधिक व्याप्त हो, वही अंगी रस है। प्रबन्ध-काव्य के रसविधान में उसकी स्थिति वही होती है जो रस परिपाक में स्थायी भाव की। जिस प्रकार रस परिपाक में

संचारी भाव उन्मग्न और निमग्न होकर स्थायी भाव का पोषण करते हैं, उसी प्रकार प्रबन्धकाव्य में अन्य अंगभूत रस अंगी रस को समृद्ध करते हैं। डॉ० नगेन्द्र कहते हैं निःसंदेह उपर्युक्त शास्त्रीय लक्षण अत्यन्त प्रामाणिक है, किन्तु, अनिश्चय की स्थिति में कभी-कभी रस-निर्णय के लिए यह पर्याप्त नहीं होता। इसलिए कुछ सहायक लक्षणों की भी आवश्यकता पड़ जाती है। इन सहायक लक्षणों के संकेत भी भारतीय काव्यशास्त्र में मिल जाते हैं।

(2) एक सहायक लक्षण तो यह हो सकता है कि अंगी रस में मुख्य पात्र की - पुरुष अथवा नारी, जो भी कथा का नयन करे, उसकी - मूलवृत्ति का प्रतिफलन रहता है। तत्त्व रूप में प्रबन्ध काव्य का सम्पूर्ण विस्तार नायक की जीवन - साधना का ही प्रसार - रूप होता है। जिस प्रकार जीवन - साधना के दो पक्ष हैं - कर्म और भाव, इसी प्रकार कथानक के भी दो पक्ष हैं - घटना और भाव, और इन दोनों पक्षों का संचालन करती है नायक के चरित्र की मूलवृत्ति। यही मूलवृत्ति कर्म-पक्ष में चरम घटना और फलागम का निर्धारण करती है और भाव पक्ष में मूल भाव या अंगी रस का। नाट्यदर्पण ने इसी तथ्य को अपने ढंग से प्रस्तुत किया है- "नायक के औचित्य के अनुसार कोई एक रस जिसमें प्रधान हो (एकांगिरसम्)। 'अन्य' अर्थात् प्रधान रस से भिन्न रस जिससे अंग अर्थात् गौण हो। नाटक में वैसे तो सारे रस होते हैं, किन्तु एक रस प्रधान और उससे भिन्न सब गौण होते हैं। अन्त में अर्थात् निर्वहण संधि में अद्भुत रस ही होना चाहिए। क्योंकि शृंगार, वीर, रौद्र रसों के द्वारा स्त्री-रत्न अथवा राज्यादि का लाभ और शत्रु के विनाश आदि की सिद्धि होती है। और करुण, भयानक तथा वीभत्स के द्वारा (प्रतिनायक को) उन (स्त्रीरत्न, राज्य आदि प्राप्ति) की निवृत्ति होती है। इसलिए, इस प्रकार से (सभी रसों का नाटक में उपयोग होता है और) लोकोत्तर असंभाव्य फलप्राप्ति के (दिलाने) में अद्भुत रस होना चाहिए। (हिन्दी नाट्यदर्पण, पृ०-37)।" डॉ०

नगेन्द्र विश्लेषण - संश्लेषण की पद्धति से पूर्वोक्त तथ्य को स्पष्ट करते हुए लिखते हैं[14] यहाँ दो बातों का स्पष्ट उल्लेख है-

(क) प्रधान रस का नायक के साथ प्रत्यक्ष सम्बन्ध रहता है;

(ख) प्रबन्ध - काव्य की कथावस्तु में मूलतः नायक के कार्य - व्यापार और उपलब्धियों - राज्यप्राप्ति, स्त्रीरत्नप्राप्ति आदि - का ही वर्णन रहता है और तदनुसार इन कार्य - व्यापारों तथा उपलब्धियों के रागात्मक रूप वीर, शृंगार आदि रस उसमें मुख्य होते हैं। इनका संश्लेषण करने से यह लक्षण बन जाता है कि नायक के चरित्र की मूलवृत्ति और उसके आधार पर अर्जित सिद्धि या फलागम के द्वारा अंगी रस के निर्धारण में सहायता मिलती है।

(3) इसी तर्क - परम्परा के अनुसार अंगी रस का तीसरा लक्षण यह बनता है कि अंगी रस मूल उद्देश्य या फलागम का आस्वाद - रूप होता है, या दूसरे शब्दों में, सारभूत प्रभाव का अभिव्यंजक होता है। भारतीय रस-ध्वनि-सिद्धान्त के अन्तर्गत रस-ध्वनि की व्याप्ति काव्य के सूक्ष्मातिसूक्ष्म अवयव-उपसर्ग, प्रत्यय आदि से लेकर अधिक-से-अधिक व्यापक रूप - महाकाव्य आदि, तक मानी गयी है। जिस प्रकार शब्द और अर्थ में पृथक्-पृथक् ध्वनि होती है, इसी प्रकार प्रबन्धकाव्य के समस्त अंगों की भी एक समवेत ध्वनि होती है। यही समवेत ध्वनि विचार के क्षेत्र में मूल प्रतिपाद्य या 'सन्देश' और भाव के क्षेत्र में अंगी रस है। विश्वनाथ ने लिखा है- "**प्रबन्धे यथा महाभारते शान्तः रामायणे करुणः मालतीमाधव-रत्नावल्यादौ शृंगारः**" अर्थात "प्रबन्ध ध्वनि जैसे महाभारत में शान्त रस, रामायण में करुण रस और मालतीमाधव, रत्नावली आदि में शृंगार।[15]

इस प्रकार, संस्कृत-काव्यशास्त्र की अंगी - रस कल्पना अपने आप में अत्यन्त रोचक एवं महत्त्वपूर्ण प्रसंग है। यद्यपि आचार्य भरत ने किसी भी रस विशेष के प्रति अपना आग्रह प्रकट नहीं किया है।

संस्कृत नाटकों के अङ्गीरस : शृंगार, वीर, करुण

शृंगार रस

सामान्यत: 'शृंगार' शब्द 'शृङ्ग' (कामोद्रेक) तथा √ऋ गत्यर्थक धातु से व्युत्पन्न 'आर' (वृद्धि या प्राप्ति) शब्द के योग से निष्पन्न माना गया है। जिसके अनुसार "**शृङ्गम् ऋच्छति इति शृङ्गार:**" उत्तम प्रकृति या उदात्त कामोद्रेक को शृङ्गार शब्द से अभिहित माना जाता है। किन्तु, भोजराज शृंगार को एक विशेष प्रकार का स्वात्मानुभव मानते हैं, जो पूर्वजन्मों के अनुभवों के संस्कारों का प्रतिफल होता है और यह व्यक्ति को संस्कृति के शिखर तक ले जाता है। अभिनवगुप्त रति की रसात्मक अनुभूति के लिए शृङ्गार को एक सांकेतिक शब्द मानते हैं, जो शास्त्रीय आदेशों के अनुरूप होने के कारण अनिन्दनीय, स्फुट और मनोहर होता है। शब्दार्थ-चिन्तामणि में कामवृत्ति को उत्तेजित करनेवाली वस्तु को शृङ्गार कहा गया है।[16] तारकनाथ भट्टाचार्य ने शृङ्गम् कामोद्रेक पृच्छत्यनेन ऋ-अण्, शृङ्गम् प्रधान्मृच्छत्यनेन अण् से शृङ्गार को निर्मित माना है।[17] किन्तु उणादिसूत्र (216) 'शृङ्गारभृङ्गारौ' के अनुसार √शृङ् हिंसायाम्' धातु में 'आरक्' या 'आरकन्' प्रत्यय जोड़कर 'शृणाति हिंसति इति 'शृङ्गार:' अर्थात् जो इसका अनुभव करता है उसके व्यक्तित्व को नष्ट करने के कारण ही इसको शृङ्गार मानना अधिक उपयुक्त प्रतीत होता है। रसनीयता के कारण ही शृङ्गार को रसराज कहने की प्रणाली अत्यन्त प्राचीन काल से चली आ रही है तथा यह उपयुक्त भी है। शृङ्गार के विषय में भरत का कथन इस प्रकार है-

> **"तत्र शृङ्गारो नाम रतिस्थायिभावप्रभव:। उज्ज्वलवेषात्मक: यत्किंचितल्लोके शुचि मध्यमुज्वलं दर्शनीयं वा तुच्छृङ्गारे-णोपमीयते। यस्तावदुज्वलवेष: सशृङ्गारवानित्युच्यते। यथा च गोत्रकुलाचारोत्पन्नान्याप्तोपदेशसिद्धानि पुंसां नामानि भवन्ति तथैवैषां रसानां भावानां च नाट्याश्रितानां चार्थाना-माचारोत्पन्नान्याप्तोपदेशसिद्धानि स च स्त्रीपुरुषहेतुक उत्तमयुवप्रकृति:?**[18]

अर्थात् 'रति' स्थायी भाव से उत्पन्न होनेवाला एवं उज्ज्वल वेषात्मक शृङ्गार रस होता है। संसार में जो कुछ भी शुचि, पवित्र उज्ज्वल एवं दर्शनीय होता है उसकी उपमा शृङ्गार से दी जाती है। उज्ज्वल वेश धारंण करनेवाला व्यक्ति ही शृंगारवान् कहा जाता है। जिस प्रकार गोत्र, कुल एवं आचार से उत्पन्न तथा आप्तोपदेश से सिद्ध पुरुषों के नाम होते हैं। उसी प्रकार भावों और नाट्याश्रित अर्थों के आधार से उत्पन्न तथा आप्तोपदेश से सिद्ध पुरुषों के नाम होते हैं। इस प्रकार यह मनोहर उज्ज्वलवेशात्मक होने के कारण व्यवहार सिद्ध शृङ्गार रस होता है। यह स्त्री और पुरुष के द्वारा उत्पन्न होता है और उत्पन्न यौवन की प्रकृति के अनुकूल रहता है। आचार्य भरत इसको इस प्रकार परिभाषित करते हैं-

सुख प्रत्येषु सम्पन्नः ऋतुमाल्यादिसेवकः।
पुरुषः प्रमदायुक्तः शृङ्गार इति संज्ञितः।।[19]

अर्थात् ''सुखमय इष्ट सामग्री से सम्पन्न वसन्तादि ऋतु तथा माल्यादि उद्दीपक का सेवन करनेवाले स्त्री-पुरुष से युक्त रस को ' शृङ्गार' की संज्ञा से अभिहित किया जाता है।

दशरूपककार धनञ्जय के शब्दों में-

रम्यदेशकलाकालवेषभोगादिसेवनैः
प्रमोदात्मा रतिः सैव यूनोरन्योन्यरक्तयोः।
प्रहृष्यमाणा शृङ्गारो मधुराङ्गार्विचेष्टितैः।।[20]

अर्थात् 'परस्पर अनुरक्त युवा नायक-नायिका के हृदय में रम्य, देश, काल, वेश, भोग आदि के सेवन से आत्मा का प्रमुदित होना रति है। जब यही 'रति' स्थायी भाव नायक-नायिका के अंगों की मधुर चेष्टाओं द्वारा परस्पर पुष्ट होता है, तो शृंगार रस की उत्पत्ति होती है।

नायक - नायिका के सम्बन्ध की आस्थाओं के अनुकूल भरत शृङ्गार को दो भागों में विभक्त करते हैं-

''तस्य द्वे अधिष्ठाने, सम्भोगो विप्रलम्भश्च। तत्र सम्भोगस्तावत् ऋतु-माल्य, अनुलेपन-अलङ्कार-इष्टजनविषय-वनोपभोग-

उपवानुभवन-श्रवण-दर्शन-क्रीडा-लीलादि-भिर्विभावैर-भिनयः प्रयोक्तव्यः। व्यभिचारिणश्च आलस्यौग्रयजुगुप्सा-वर्ज्याः। विप्रलम्भकृतस्य निर्वेदग्लानि शङ्कासूयाश्रमचिन्ता औत्सुक्य-निद्रा-स्वप्न-विवोध व्याधि-उन्माद-अपस्मार जाड्यमरणादिभिरनुभावैराभिनेतव्यः।[21]

इस प्रकार, भरत के अनुसार शृंगार के सम्भोग तथा विप्रलम्भ दो भेद होते हैं। इनमें सम्भोग शृंगार ऋतु, माल्य, सुगन्धित अङ्गराग, अलंकार, प्रियजन, गीतादि, विषय, सुन्दर भवन, उपवन गमन आदि विभावों द्वारा उत्पन्न होता है और उसे चतुर नेत्र व्यापार, अङ्ग संचालन, मधुर वाक्यादि अनुभावों द्वारा अभिनय करना चाहिए। आलस्य, औग्रय और जुगुप्सा को छोड़कर शेष तीस इसके व्यभिचारी भाव होते हैं। जबकि विप्रलम्भ शृङ्गार को निर्वेद, ग्लानि, शंका, असूया, श्रम, चिन्ता, औत्सुक्य, निद्रा, स्वप्न, विवोध, व्याधि, उन्माद, अपस्मार, जाड्य, मरणादि अनुभावों द्वारा अभिनेय बताया गया है। यही मान्यता आचार्य विश्वनाथ की भी है। यद्यपि विश्वनाथ शृंङ्गार के सम्भोग तथा विप्रलम्भ के भेदों के भी अवान्तर भेद के पक्षधर हैं।

श्यामवर्ण वाले शृंगार रस के देवता विष्णु हैं। परस्पर अनुरक्त नायक-नायिका आलम्बन विभाव, चन्द्रोदय, चन्दन, भ्रमण, रात्रि, काव्य, गति, वाद्य, नृत्य-ऋतु माल्य, विलेपन, विशिष्टभवन, वेष, विदूषक, चक्रवाक, केलि, पुष्पचयन, उपवन-गमन, जलक्रीड़ा आदि उद्दीपन हैं। अनुरागयुक्त भृकुटिभङ्ग, कटाक्ष, परस्पर अनुकूल-दर्शन, स्पर्श, आलिङ्गन, उत्साह, ताप, अश्रु आदि अनुभाव तथा औत्सुक्य, चिन्ता, श्रम, चापल, आवेग, मति, स्मृति, धृति, हर्ष, मोह, तर्क, शंका, त्रास, उन्माद, दैन्य, असूया, मद, अपस्मार, ग्लानि विषाद, क्रीड़ा, त्रास, गर्व, विवोध आदि संचारी भावों से पुष्ट 'रति' स्थायी भाव शृंगार रस तक पहुँचता है।

रति विषयक समाकर्षण की प्रक्रिया में स्वभावतः ही निराशा, दैन्य, असन्तोषादि भाव समयानुकूल प्रस्फुटित होते हैं, क्योंकि जिसके प्रति अनुरक्ति होती है, वह सर्वदा मिल ही जाता है या मिलकर भी कभी बिछड़ता नहीं, ऐसा नहीं सोचा जा सकता। प्रियपात्र के नहीं मिलने पर या मिलकर भी अलग हो

जाने पर दर्शकों के मन में स्वभावतः वेदना, ताप, अश्रु, उत्साह आदि भाव घनीभूत हो जाते है। इस तरह रति के दो पक्ष हो जाते हैं-

(1) आह्लाद एवं तृप्ति

(2) अनुरागजन्य क्लेश एवं अतृप्ति

इन्हीं दो पक्षों के समानान्तर भरत आदि शास्त्रकारों ने शृंगार के दो भेद किए हैं - सम्भोग और विप्रलम्भ। शृंगार का क्षेत्र तथा प्रभाव अत्यन्त व्यापक है। इसका आस्वादन अत्यन्त कमनीय है। यही कारण है कि भोजराज ने शृंगार को ही एकमात्र रस माना है। यद्यपि भरत कहीं खुलकर इसे 'सर्वश्रेष्ठ' रस नहीं मानते, फिर भी इन्होंने इसकी व्यापकता की ओर जिन शब्दों में निर्देश किया है वे निश्चय ही इसकी श्रेष्ठता को बतलाते हैं-

यथा यत्किंचितलोके शुचि मेध्यमुज्वलदर्शनीयं वा तच्छृंगारेणैपमीयते।[22]

वीर रस

विविध रसों के मध्य वीर का स्थान अन्यतम है। इसके सम्बन्ध में आचार्य भरत लिखते हैं-

''अथ वीरोनामोत्तमप्रकृतिरुत्साहात्मकः। स चासंमोहाध्य-वसाय-नय-विनय, बल-पराक्रम-शक्ति-प्रभावादिभिः विभावैरुत्पद्यते। तस्य स्थैर्यधैर्यशौर्यत्याग वैशारद्या-दिभिरनुभावैरभिनयः प्रयोक्तव्यः। भावाश्चास्य धृतिमतिवर्ग-वेगौग्रययामर्षस्मृतिरोमाञ्चादयः।[23]

'उत्साहोऽध्वसायाद्विषादित्वादविस्मयामोहात्।
विविधादर्थविशेषाद्वीररसो नाम सम्भवति।।
स्थितिधैर्यवीर्यगर्वैरुत्साहपराक्रमप्रभावैश्च।
वाक्यैश्चाक्षेपकृतैर्वीररसः साम्यगभिनेयः।।[24]

उपर्युक्त शब्दों में भरत ने 'उत्साह' का लक्षण किया है। शारदातनय ने 'उत्साह को' मन में विशेष प्रकार की सत्वर क्रिया की सजगता को माना है जो सभी कार्यों को सम्पादित करने के लिए उद्यत हो-

"उत्साह सर्वकृत्येषु सत्वरा मानसी क्रिया।"[25]

भानुदत्त ने सम्पूर्ण इन्द्रियों के प्रहर्ष को उत्पन्न करनेवाले उत्साह से वीररस को आविर्भूत माना है-

"परिपूर्ण उत्साह सर्वेन्द्रियाणां प्रहर्षो वा वीर:।"[26]

आचार्य विश्वनाथ ने स्थायीभाव उत्साह का लक्षण करते हुए लिखा है-

"कार्य्यारम्भेषु संरम्भ स्थेयानुत्साह उच्चते।"[27]

आचार्य विश्वनाथ के अनुसार वीर रस की अभिव्यंजना में उत्साह स्थायी भाव होता है। इसके आश्रय उत्तम प्रकृति के व्यक्ति होते हैं। शत्रु या जीतने योग्य व्यक्ति इसके आलम्बन विभाव हैं तथा उसकी चेष्टाएँ प्रताप, विनय, अध्यवसाय, धैर्य, हर्ष, विस्मय, विक्रम, उद्दीपन विभाव, युद्ध के सहायक का अन्वेषण इसका अनुभाव है तथा धैर्य, गति, गर्व, स्मृति, तर्क, रोमांच आदि इसके संचारी भाव हैं। इसके देवता इन्द्र हैं तथा वर्ण स्वर्ण सदृश है। दान, धर्म, युद्ध तथा दया रूप में वीर रस चतुर्विध प्रतीत होता है।

वीर रस के आश्रय उत्तम प्रकृति के व्यक्ति होते हैं, अत: इसकी उत्कृष्टता स्वयंसिद्ध है। वीर रस सात्विक, आदर्श और परोपकारी होता है और इस दृष्टि से अन्य सभी रसों से इसकी महत्ता बढ़ जाती है। वीर रस की परिधि अत्यन्त व्यापक है, कदाचित् इसीलिए अभिनवगुप्त उल्लिखित करते हैं-

"यस्तु रसो रसान्तरं फलत्वेनाभिसन्धाय प्रवर्तते तस्योदाहरणं वीर:।"[28]

भरत ने वीर रस को अद्भुत रस का उत्पादक माना है (नाट्यशास्त्र, 6/9)... तो यह कैसे अन्य रसों का उत्पादक हो सकता है ? ...तो अभिनवगुप्त कहते हैं-

"वीरस्थ सम्यक् निकटं यत्फलं सोऽद्भुत: परित: समन्ताद्या कीर्ति: यश: प्रतापरूपा ततो हेतो:। अपिशब्दात्शृङ्गारोऽपि वीरस्यान्तरं फलम्।"

वस्तुत: वीर रस अपनी व्यापकता तथा रसनीयता की दृष्टि से अत्यन्त महत्त्वपूर्ण है।

करुण रस

आचार्य भरत ने करुण रस के सम्बन्ध में कहा है-

"अथ करुणो नाम शोकस्थायिभावप्रभवः। स च शापक्लेशविनिपतितेष्टजनविप्रयोग विभवनाशवधबंध विद्रवोपाधात व्यसनसंयोगादिभिर्विभावैः समुपजायते। तस्याश्रुपातपरिदेवनमुख शोषणवैवर्ण्य स्त्रस्तगात्रतानिश्श्वासस्मृतिलोपादिभिरनुभावैरभिनयः प्रयोक्तव्यः व्यभिचारिणश्चास्यनिर्वेदग्लानिचिन्तौत्सुक्यावेगभ्रममोहश्रमभयविवाददैन्यव्याधिजतोन्मादापस्मार त्रासालस्य मरणस्तमभवेपथु वैवर्ण्याश्रुस्वरभेदादयः।"[29]

धनंञ्जय[30] तथा आचार्य विश्वनाथ[31] की भी मान्यता लगभग ऐसी ही है जिसके आधार पर यह निष्कर्ष निकलता है कि करुणरस का स्थायी भाव शोक होता है, जो इष्ट के नाश या अनिष्ट की प्राप्ति से प्रादुर्भूत होता है। प्रियजन की मृत्यु, वियोग, विभवनाश, वध, बन्धन, शाप, व्यसन आदि इसके विभाव हैं। एतज्जन्य भाव का अभिनय अश्रुपात, परिताप, विलाप, वैवर्ण्य, स्वरभङ्ग, उच्छ्वास, निःश्वास, स्मृतिलोप, दैवोपालम्भ, जड़ता, मोह एवं मरण प्रभृति अनुभावों द्वारा होना चाहिए।[32] निर्वेद, ग्लानि, चिन्ता, भय, विषाद, दैन्य, जड़ता, आलस्य, वैवर्ण्य, स्वरभेद, उन्माद, अपस्मार, मरण, स्तम्भ, वेपथु, औत्सुक्य, मोह, श्रम, व्याधि आदि इसके व्यभिचारी भाव हैं। इसके देवता यम हैं तथा वर्ण कपोत है।[33]

स्थायी भाव शोक के सम्बन्ध में कुछ नई मान्यताएँ भी हैं। यथा 'प्रतापरुद्रीय' में विद्यानाथ ने इष्टजन के वियोग और अपने दुःख की अधिकता को शोक का कारण बताया है - "**इष्टजन- वियोगादिनात्मनि दुःखातिभूमिः शोकः**"। रामचन्द्र गुणचन्द्र ने निर्वेद से युक्त दुःख को शोक माना है।[34] विश्वनाथ ने साहित्यदर्पण-में इष्ट नाश के कारण उत्पन्न विकलता को शोक की संज्ञा दी है।[35] पण्डितराज जगन्नाथ इष्टजन वियोग के अतिरिक्त पुत्रादि की मृत्यु के कारण उत्पन्न चित्त की व्याकुलता को शोक मानते हैं।[36]

भरतमुनि ने करुण रस के तीन भेदों का निरूपण किया है - (1)

धर्मोपधातज - धर्महानि से उत्पन्न (2) अर्थापचयोद्भव - अर्थहानि से उत्पन्न और (3) शोककृत - स्वजनों के मृत्यु-शोक से उत्पन्न। अग्निपुराणकार ने एक भेद और जोड़ा - चित्तग्लानि जन्य। इसी प्रकार, भानुदत्त, शारदातनय ने अपने-अपने मत से करुण के भेद बताए। सारांशतः, करुण के दो ही भेद स्वीकृत हुये -

(1) इष्टनाथ जो इष्ट मृत्यु से सम्बन्धित होती है।

(2) अनिष्ट प्राप्ति - जिसमें अन्य समस्त भेदों का समावेश हो जाता है। यहाँ अनिष्ट प्राप्ति का अर्थ इष्ट की हानि से आविर्भूत करुण रस से है न कि इष्ट के सर्वथा नाश से।

शान्त रस

जीवन के हर क्षेत्र में परम्परा में चलनेवाले और परम्परा से हटकर चलनेवाले व्यक्ति होते हैं। नाटक के संबंध में रस-प्रयोग के क्षेत्र में यही बात लक्षित हुई है। फलतः शृंगार या वीर-रस प्रधान नाटकों के स्थान पर शान्त, करुण तथा अद्भुत रस प्रधान नाटक भी रचे गये हैं। इनमें करुण तथा अद्भुत रस को शान्त रस की अपेक्षा अधिक अनुमोदन मिला।

किन्तु-

अपारे काव्यसंसारे कविरेव प्रजापतिः।
यथास्मै रोचते विश्वं तथेदं परिवर्तते ।।

इसके अनुरूप शान्त रस प्रधान अनेक नाट्य कृतियाँ संस्कृत वाङ्मय में स्वीकृत हैं। संदेह व्यक्त करते हुए यह कहा गया कि भरत ने शान्त रस को रस के विशेष रूप में परिगणित नहीं किया है। किन्तु, भरत ने ही लिखा है-

क्वचिद्धर्मः क्वचित्क्रीडा क्वचिदर्थः क्वचिच्छ्मः।
दुःखार्तानां श्रमार्तानां शोकार्तानां तपस्विनाम्।
विश्रान्तिजननं काले नाट्यमेतद्भविष्यति
त्रैलोक्यस्यास्य सर्वस्य नाट्यं भावानुकीर्तनम्।। [37]

उपर्युक्त अंश में 'क्वचित् शमः' कहना ही इस बात का सूचक है कि भरत

को शान्त रस अभिप्रेत है। पुनः यह कोई आवश्यक नहीं कि शान्त रस को भरत द्वारा मान्यता प्राप्त हो ही। आस्वादन के योग्य होने पर इसे स्वतन्त्र रस माना जा सकता है। भरत ने आठ रसों की सीमा के आगे स्थायी प्रतिबन्ध भी नहीं लगाया है इसलिए शान्त रस को स्वतन्त्र रस के रूप में स्वीकार किया जा सकता है। व्यावहारिक दृष्टि से भी शान्तरसपरक रचनाओं के आधार पर इसकी मान्यता आवश्यक है।

दूसरी संदेहपूर्ण मान्यता है कि शान्त रस अभिनेय नहीं है। धनञ्जय ने **'शममपि केचित्प्राहः पुष्टिर्नाट्येषु नैतस्य'**[38] कहते हुए शान्त रस को नाट्य विद्या से अलग रखा है। इस पर धनिक की वृत्ति है –

'सर्वथा नाटकादावभिनयात्मनि स्थायित्वमस्माभिः शमस्य निषिध्यते, तस्य समस्तव्यापार प्रविलय रूपस्याभिनयायोगात्'।[39] अर्थात् शान्त रस के स्थायी भाव शम में सभी व्यापार लय हो जाते हैं। चूँकि अभिनय में व्यापार की ही प्रधानता रहती है, अतः शान्त रस का अभिनय नहीं हो सकता।

किन्तु यदि गहराई से देखा जाय तो किसी भी रस के चरम का अभिनय संभव नहीं है। विभिन्न चेष्टाओं के द्वारा ही तत्सम्बन्धी रस का प्रदर्शन किया जाता है, तो शान्त रस में भी यह संभव है।

शान्त रस के संबंध में कई विद्वानों के आक्षेप रहे हैं। किन्तु ये सभी आक्षेप कई विद्वानों द्वारा खण्डित भी हुए हैं। वास्तव में शान्त रस की अपनी स्वतंत्र सत्ता है। सर्वप्रथम उद्भट ने भरत की कारिका को संशोधित कर उसमें शान्त रस को शामिल किया –

शृंगारहास्य-करुणरौद्रवीरभयानकाः।
वीभत्साद्भुतशान्तश्च नव नाट्ये रसाः स्मृताः।।

– काव्यालंकारसारसंग्रह (4/4)

अभिनवगुप्त ने नाट्यशास्त्र की टीका करते हुए शान्त रस की व्याख्या इस प्रकार की है –

''अथ शान्तो नाम शमस्थायिभावात्मको मोक्षप्रवर्तकः।
स तु तत्त्वज्ञानवैराग्याशयशुद्धादिशिर्विभावैः समुत्पद्यते।

तस्य यमनियमाध्यात्म-ध्यान-धारणोपासन-सर्वभूत-दयालिङ्गग्रहणादिभिरनुभावैरभिनयः प्रयोक्तव्यः। व्यभिचारिणश्चास्य निर्वेद-स्मृति-धृति-शौच-स्तम्भ-रोमांचादयः।[40]

अर्थात् शान्त रस स्थायी भाव वाला मोक्ष प्रवर्तक होता है। उसकी उत्पत्ति तत्त्वज्ञान, वैराग्य एवं चित्तशुद्धि आदि विभावों के द्वारा होती है। उसका अभिनय यम, नियम, आध्यात्मज्ञान, धारणा, उपासना, सभी प्राणियों के प्रति दया आदि अनुभावों के द्वारा होता है। निर्वेद, स्मृति, धृति, शौच, स्तम्भ, रोमांच आदि उसके व्यभिचारी भाव हैं। शान्त रस मोक्ष एवं आध्यात्मिक ज्ञान में प्रवृत्त करनेवाला तथा तत्त्वज्ञान के कारणों से युक्त होता है।

इस प्रकार हम देखते हैं कि तत्त्वज्ञान तथा वैराग्य के कारण चित्त में शम स्थायी भाव उत्पन्न होता है। अनित्यरूप संसार का ज्ञान तथा परमार्थ चिन्तन आदि इसके आलम्बन विभाव तथा पुण्याश्रम, तीर्थस्थान, रमणीयवन, सत्संग आदि उद्दीपन हैं। रोमांच, यम, नियम, आदि अनुभाव तथा धृति, मति, स्मृति, हर्षादि व्यभिचारी भावों से पुष्ट शान्त रस आस्वादनीयता को प्राप्त होता है। जहाँ तक नाटक में इसकी पुष्टि की बात है प्रायः सभी दार्शनिक नाटक शान्त रस प्रधान ही हैं।[41]

अद्भुत रस

अद्भुत रस के सम्बन्ध में आचार्य भरत ने लिखा है –

''अथाद्भुतो नाम विस्मयस्थायिभावात्मकः। स च दिव्यजन-दर्शनेप्सितमनोरथावारूत्यु पवनदेव कुलादिगमन सभावि-मानमायेन्द्रजालसम्यावनादिभिर्विभावैरूत्पद्यते। तस्य नयनविस्तारानिमेमप्रेक्षण रोमांचाश्रुस्वेदहर्षसाधुवाद-दानप्रबन्धहाहाकार बाहुवदनचेलाङ्गुलिभ्रमणादि-भिरनुभावैरभिनयः प्रयोक्तव्यः। भावाश्चास्य स्तम्भाश्रु-स्वेदगद्गद रोमांचवेगसंभ्रमजड़ताप्रलयादयः।''[42]

अर्थात् विस्मय स्थायी भाव-स्वरूप अद्भुत रस कहलाता है। वह लोकोत्तर

वस्तु या घटना, दिव्यजनों के दर्शन, अभीष्ट मनोरथ की प्राप्ति, उपवन एवं देवमंदिर में जाने, सभा, विमान, माया, इन्द्रजाल की सम्भावना आदि कारणों से इसकी उत्पत्ति होती है। अलौकिक या आश्चर्यजनक पदार्थ इसका आलम्बन विभाव तथा उनका विवेचन उद्दीपन विभाव होता है। स्वेद, स्तम्भ, रोमांच, गद्गद्-स्वर, सम्भ्रम आदि अनुभाव तथा वितर्क, आवेग, स्मृति, हर्ष, मति आदि संचारी भावों से पुष्ट विस्मय स्थायी भाव अद्भुत रस की रसनीयता को प्राप्त करता है।

भरतमुनि ने अद्भुत रस के दो भेद स्वीकार किये हैं –

दिव्यश्चानन्दजश्चैव द्विधा ख्यातोऽद्भुतो रसः
दिव्यदर्शनजोऽदिव्यो हर्षादानन्दजः स्मृतः।।[43]

साथ ही भरत ने निवर्हण सन्धि में अद्भुत रस की योजना का सुझाव दिया है –

निर्वहणे कर्त्तव्यो नित्यं हि रसाद्भुतस्तज्ज्ञः।[44]

संस्कृत नाटकों के अङ्ग रस

हास्य रस

आचार्य भरत ने शृंगार तथा हास्य को घनिष्ठमित्र माना है जो चित्तानुरंजक होने के कारण तर्कसंगत भी है। उन्होंने लिखा है –

> **"अथ हास्यो नाम हास स्थायिभावात्मकः। स च विक्रितपरवेषालङ्कारधाष्ट्र्यलौल्यकुहकाससत्प्रलापव्यंगदर्शन-दोषादार्हरणदिभिर्विभावैरुपद्यते। तस्योष्ठनासाकपोलस्पन्दन दृष्टिव्याकोशाकुंचनस्वेदास्य रागापार्श्वग्रहणादिभिरनु-भावैरभिनयः प्रयोक्तव्य। व्यभिचारिणश्चास्यावहित्थालस्य तन्द्रानिद्रास्वप्न प्रबोधासूयादयः। द्विविधश्चायमात्मस्थः परस्थश्च। यदा स्वयं हसति तदा आत्मस्थः। यदा तु परं हासयति तदा परस्थः।**[45]

विकृत वेषभूषा अथवा वचन के विकार से उत्पन्न आनन्द के कारण हँसी

का आना हास है। भरत ने स्थायी भाव हास को इस प्रकार परिभाषित किया है–

''हासो नाम परचेष्टानुकरणकुहकासंबद्धलापपौरोभाग्य मैरर्व्यादिभिर्विभावैः समुत्पद्यते। तमभिनयेत्पूर्वोक्तैर्ह-सितादिरनुभावैः।[46]

इसकी उत्पत्ति में अन्य व्यक्तियों की चेष्टाओं का अनुकरण, असम्बद्ध प्रलाप तथा मूर्खता आदि कारण हैं –

''परचेष्टानुकरणाद्धासः समुपजायते।
स्मितहासातिहसितैरभिनेयः स पण्डितैः।''[47]

हेमचन्द्र ने स्थायी भाव हास को परिभाषित किया है – **'चेतसो विकासो हासः।'** रामचन्द्र गुणचन्द्र ने मन की प्रसन्नता तथा उन्माद से उत्पन्न मनोदशा को हास माना है – **'रञ्जनोन्मादानबिद्धस्छित्तस्यविकासो हासः।'** शारदातनय ने चित्त में आनन्द के विशेष विकास का हास्य माना है –

भरत ने आत्मस्थ तथा परस्थ के नाम से दो भेद माने हैं। जब व्यक्ति स्वयं हँसे तो आत्मस्थ एवं दूसरे को हँसाये तो परस्थ हास्य माना है, लेकिन पण्डितराज जगन्नाथ ने उक्त भेदों की व्याख्या वैज्ञानिक दृष्टि से की है। उनके अनुसार हास्य विषय को देखकर हास्य का उत्पन्न होना आत्मस्थ और दूसरे को हँसता देखकर स्वयं हँसना परस्थ माना है। डॉ० राघवन ने 'स्वयं हसति' और 'परं हासयति' का अर्थ क्रमशः दूसरों के साथ हँसता है, दूसरों पर हँसता है, किया है। किन्तु यह पाश्चात्य हास्य भेदों का आरोपण मात्र है। उपर्युक्त शब्दावली का उचित अर्थ यह नहीं है। पण्डितराज का मत मानना अधिक उपयुक्त है। अभिनवगुप्त ने हास्य की उत्पत्ति ने केवल शृंगार से अपितु शोक से भी माना है। इनके अनुसार शत्रु के प्रति शोक का भाव भी हास्य है – **''एवं यो यस्य न बंधुस्तच्छोके करुणोऽपि हास्य एवेति सर्वत्र योज्यम्।''**

भरत ने हास्य रस के प्रकृति भेद से छः भेद किये हैं – उत्तम प्रकृति में (1) स्मित (2) हसित, मध्यम प्रकृति में (3) विहसित (4) अवहसित और अधम प्रकृति में (5) अपहसित तथा अतिहसित। विभिन्न आलोचकों ने इन भेदों की स्वीकृति अपने–अपने ढंग से प्रदान किया है।

इस प्रकार हम देखते हैं कि विकृत आकार, चेष्टा, वेश, वाणी आदि के वर्णन से हास्य रस की उत्पत्ति होती है। 'हास' इसका स्थायी भाव है। विकृत वेशभूषादि आलम्बन तथा अनुपयुक्त वचन, हास्योत्पादक चेष्टायें इसके उद्दीपन विभाव होते हैं। मुख, नासिका, अधर का फैलाना, आँखों को मींचना आदि अनुभाव तथा निद्रा, आलस्य, चपलता, उत्सुकता, अवहित्था आदि संचारी भावों से पुष्ट हास स्थायी भाव आस्वादनीय रस दशा तक पहुँचता है।

रौद्र रस

शत्रुकृत बहुत बड़े अपराध या अवमाननादि के कारण हृदय में उत्पन्न उत्तेजनापूर्ण भाव क्रोध है और इसका पूर्णतः प्रस्फुटन रौद्र रस का उपकारक स्थायी भाव। भरत के अनुसार क्रोध की उत्पत्ति औद्धत्य, संघर्ष, कलह, विवाद, प्रतिकूल भाव या विरोध के कारण होता है'। जिसका अभिनय फड़कते नासापुट, आँख चढ़ाने, होंठ चबाने तथा गण्डस्थल के फड़कने आदि अनुभावों द्वारा होना चाहिए। भरत ने लिखा है –

> **''आघर्षणाक्रुष्ट कलहविवादप्रतिकूलादिभिर्विभावैः समुत्पद्यते। अस्य विकृष्ट नासापुटोद्धत्तनयनसन्दष्टोष्ठपुट गण्डस्फुरणादिभिरनुभावैरभिनयः प्रयोक्तव्यः'।**[48]

शब्दानुशासनकार हेमचन्द्र के अनुसार क्रोध की उत्पत्ति शत्रु के प्रति तीक्ष्णता के प्रबोध में होती है। – '**तैक्ष्ण्यप्रबोधः क्रोधः**'। रामचन्द्र गुणचन्द्र के अनुसार – अपचिकीर्षा जुगुप्साहेतुः परितापवेशः क्रोधः' अर्थात् अन्य के अपकार करने तथा अन्य के प्रति घृणा करने के कारण मन की प्रज्ज्वलित होनेवाली मनोवृत्ति क्रोध है। आचार्य विश्वनाथ के अनुसार – '**प्रतिकूलेषु तैक्ष्ण्यस्यावबोधः क्रोध इष्यते**' अर्थात् शत्रु के प्रति मन में उत्पन्न प्रतिशोध की भावना क्रोध है। पण्डितराज जगन्नाथ ने '**गुरुबंधुवधादि परमापराधजन्मा प्रज्ज्वलनाख्यः क्रोधः**' कहते हुए गुरु तथा बन्धु के वध एवं असह्य अपराध के कारण उत्पन्न प्रज्जलन नामक चित्तवृत्ति को क्रोध कहा है। क्रोध की स्थिति में विवेक लुप्त हो जाता है और व्यक्ति को कर्त्तव्याकर्त्तव्य का ध्यान नहीं रहता।

रौद्र रस के सम्बन्ध में आचार्य भरत के विचार हैं –

"अथ रौद्रो नाम क्रोधस्थायिभावात्मको रक्षोदानवोद्धतमनुष्य-प्रकृतिः संग्रामहेतुकः। स च क्रोधक्रोधाघर्षणाधिक्षेपानृत-वचनोपद्यावाक्यपातरुष्याभिद्रोहमात्सर्यादिभिर्विभा-वैरुत्पद्यते। तस्य च ताडनपाटनपीडनच्छेदनभेदन-प्रहरणाहरणशस्त्रसम्पातसम्प्रहाररुधिराकर्षणाद्यानि कर्माणि। पुनश्च रक्तनयनभृकुटीकरणदन्तोष्ठपीडनगण्ड-स्फुरण हस्ताग्रनिष्पेषादिभिरनुभावैरभिनयः प्रयोक्तव्यः।"[49]

धनञ्जय के अनुसार –

"क्रोधामत्सरवैरिवैकृतमयैः पोषोऽस्य रौद्रोऽनुजः
क्षोभः स्वाधरदंशकम्प भृकुटिस्वेदास्य रागैर्युतः।
शस्त्रोल्लासविकथ्यनासंघरणीधातप्रतिज्ञाग्रहै।
रत्रामर्षमदौ स्मृतिश्चपलतासूयौग्यवेगादयः।।[50]

आचार्य विश्वनाथ के विचार भी कुछ इसी तरह हैं।[51]

उपर्युक्त तथ्यों का अध्ययन करने से पता चलता है कि शत्रुकृत अपकार, मानभंग गुरुजननिन्दा आदि के कारण क्रोध स्थायी भाव का प्रस्फुटन होता है। इसमें शत्रु आलम्बन तथा उसकी चेष्टायें उद्दीपन विभाव होती है। नेत्रों का लाल होना, त्योरी चढ़ाना, होंठ चबाना, कम्प, मुख का लाल होना आदि अनुभाव होते हैं तथा अमर्ष, मद, स्मृति, चपलता, जड़ता आदि संचारी भावों से पुष्ट स्थायी भाव क्रोध रौद्र रस में परिणत हो आस्वादनीय स्थिति को प्राप्त होता है।,

साथ ही क्रोध के पाँच कारणों को बताया है – (1) शत्रु के प्रति उत्पन्न क्रोध – रिपुज (2) गुरुजनों के प्रति उत्पन्न क्रोध – गुरुज (3) प्रेमीजनों के प्रति क्रोध – प्रणयीप्रभव (4) नौकरों के प्रति उत्पन्न क्रोध – मृत्युज (5) जालसाजी से उत्पन्न क्रोध – कृत्रिम।[52]

भयानक रस

भयंकर पदार्थ की भीषणता को देख चित्र में उत्पन्न होनेवाले मनोविकार को भय कहते है। भरत ने स्त्रियों तथा नीच व्यक्तियों की प्रकृति से सम्बन्ध

बताते हुए इसके उत्पत्ति का कारण गुरुजनों तथा राजा के प्रति किये गये अपराध, हिंसक, पशु, शून्य गृह, गहन वन-पर्वत, सर्प-दर्शन, भयप्रद ध्वनि आदि के कारण उत्पन्न माना है।[53]

भयानक रस को भरत ने इस प्रकार परिभाषित किया है -

> "**अथ भयानको नाम भयस्थायिभावात्मकः। स च विकृत-सत्वदर्शनशिवोलूकत्रासोद्वेग शून्यागारारण्यगमन-स्वजनवधबन्धदर्शनश्रुतिकथादिभिर्विभावैरुत्पद्यते।**[54]

अर्थात् भयानक रस का स्थायी भाव भय होता है। विकृत ध्वनि, पिशाच प्रेतादि के दर्शन, शृगाल, उलूक, त्रास, उद्वेग, सूना घर, वनगमन अपने बन्धुजन का वध या बन्धन देखना या सुनना आदि उद्दीपन विभाव जिससे भय की उत्पत्ति होती है। वह आलम्बन विभाव हाथ-पैर का काँपना, नेत्रों की चपलता, रोमांच मुखवैवर्ण्य, स्वर परिवर्तन आदि अनुभाव तथा स्तम्भ, स्वेद, गद्गद् होना, रोमांच, वेपथु, स्वरभेद, वैवर्ण्य, शंका, मोह, दैन्य, आवेग, चपलता, जड़ता, त्रास, अपस्मार, मरण आदि संचारी भावो से पुष्ट भय स्थायी भाव भयानक रस की पुष्टि करता है।

धनञ्जय[55] तथा आचार्य विश्वनाथ[56] भी उपर्युक्त तथ्य को स्वीकार करते हैं।

वीभत्स रस

आचार्य भरत के अनुसार-

> "**अथ वीभत्सो नाम जुगुप्सास्थायिभावात्मकः। स चाहृद्या-प्रियाचोष्यानिष्टश्रवणदर्शनकीर्तनादिभिर्विभावैरुत्पद्यते। सत्य सर्वाङ्गसंहारमुखविकूणनोल्लेखननिष्ठीवनोद्वेजना-दिरनुभावैरभिनयः प्रयोक्तव्यः। भाषाश्चास्यापस्मारोद्वेगा-वेगमोहव्याधिमरणादयः।**[57]

अर्थात् वीभत्स रस जुगुप्सा स्थायी भावात्मक होता है। यह अहृदय, अपवित्र, अप्रिय, अनिष्ट आदि के दर्शन, श्रवण एवं परिकीर्तन आदि विभावों से उत्पन्न होता है। इसका अभिनय सभी अंगों को सिकोड़ने, मुख को संकुचित

करने वमन करने, थूकने तथा शरीर के अंगों को हिलाने आदि अनुभावों द्वारा होता है। अपस्मार, उद्वेग, आवेग, मोह, व्याधि, मरण आदि संचारी भावों से पुष्ट जुगुप्सा स्थायी भाव वीभत्स रस की आस्वादनीयता को प्राप्त करता है।

विश्वनाथ ने वीभत्स रस का रंग नीला और महाकाल को देवता बताते हुए दुर्गन्धयुक्त मांस, रुधिर, चर्बी आदि को इसका आलम्बन बताया है।[58]

वीभत्स तथा भयानक के आलम्बन का साम्य व्यक्ति की प्रकृति के अनुसार दोनों रसों को उपस्थित कर सकता है जैसे श्मशान को देख बालक भयभीत हो सकता है तथा एक व्यक्ति के लिए शान्त रस का विभाव भी। फिर भी इनमें अन्तर किया जा सकता है। भय में पलायन की भावना प्रबल रूप से विद्यमान रहती है। वीभत्स में घृणा से बचने के लिए आँख मूँद सकते हैं, मुँह फेर सकते हैं। भयानक रस में मनुष्य की शक्तियाँ केन्द्रित हो जाती हैं, जिससे व्यक्ति सामान्य की अपेक्षा अधिक काम कर लेता है। परन्तु वीभत्स में शक्तियाँ बिखर जाती हैं, उनका ह्रास हो जाता है। भयानक में धैर्य का अभाव रहता है, पर वीभत्स के लिए यह आवश्यक नहीं।[59]

संदर्भ

1. भास एवं भवभूति के नाटकों में रस तत्त्व, डॉ० उमेश पाण्डेय, पृष्ठ – 58
2. वही, पृष्ठ 58–59
3. नाट्यशास्त्र, 7 – 120
4. ध्वन्यालोक, 3/21
5. वही, 3/22–31
6. नाट्यदर्पण, 1/12/15
7. ध्वन्यालोक, 3/22
8. भास एवं भवभूति के नाटकों में रस तत्त्व, डॉ० उमेश पाण्डेय, पृष्ठ – 62
9. नाट्यदर्पण, 1/12/15
10. दशरूपक, 3/33/34
11. साहित्यदर्पण, 6/10
12. उत्तररामचरितम्, तृतीय अंक, श्लोक – 47
13. भास एवं भवभूति के नाटकों में रस तत्त्व, डॉ० उमेश पाण्डेय, पृष्ठ – 63
14. रस–सिद्धान्त, डॉ० नगेन्द्र, पृष्ठ – 288

15. साहित्यदर्पण, विमला टीका, पृष्ठ - 147
16. अभिनवभारती, पृ० - 301-302 (भाग - 1)
17. भास एवं भवभूति के नाटकों में रसतत्त्व, डॉ० उमेश पाण्डेय, पृष्ठ-64
18. नाट्यशास्त्र, षष्ठ अध्याय, पृष्ठ, 300-301
19. नाट्यशास्त्र, 6/46
20. दशरूपक, 4/48
21. नाट्यशास्त्र, 6/पृ० - 303-306
22. वही, पृष्ठ - 300
23. वही, 6/पृ० 324
24. वही - 6/67-68
25. भावप्रकाशनम् - पृष्ठ - 35
26. रसतरङ्गिणी, पृष्ठ - 152
27. साहित्यदर्पण, 3/178
28. नाट्यशास्त्र (अभिनवगुप्त की टीका) पृष्ठ -298
29. नाट्यशास्त्र, 6/पृ0 - 317
30. दशरूपक, 4/81-82
31. साहित्यदर्पण - 3/222-225
32, नाट्यदर्पण - पृष्ठ - 148
33. नाट्यदर्पण 6/42, 44
34. भास एवं भवभूति के नाटकों में रसतत्त्व, पृष्ठ - 71
35. साहित्यदर्पण - 3/177
36. रसगंगाधर - पृष्ठ - 39
37. नाट्यशास्त्र - 7/78
38. दशरूपक - 4/35
39. वही, 4/35
40. हिन्दी अभिनवभारती, पृष्ठ - 609
41. भास एवं भवभूति के नाटकों में रसतत्त्व, पृष्ठ - 74
42. नाट्यशास्त्र, 6/पृष्ठ - 329-330
43. नाट्यशास्त्र, 7/82
44. वही, 20/47
45. वही, पृष्ठ - 312-313
46. वही, पृष्ठ - 350
47. वही, 7/10

48. वही, पृष्ठ- 352
49. वही, पृष्ठ - 319-320
50. दशरूपक - 4/74
51. साहित्यदर्पण - 3/230-237
52. नाट्यशास्त्र - 7/15 तथा 26-20
53. नाट्यशास्त्र - पृष्ठ-353
54. वही, पृष्ठ- 326
55. दशरूपक 4/80
56. साहित्यदर्पण 3/235-238
57. नाट्यशास्त्र पृष्ठ-328
58. साहित्यदर्पण-3/249-251
59. भास एवं भवभूति के नाटकों में रसतत्त्व, पृष्ठ - 81

पंचम अध्याय

भास एवं भवभूति के रामकथाश्रित नाटकों में अङ्गी रस

किये गये अध्ययन से स्पष्ट है कि भासकृत रामकथाश्रित नाटक दो हैं:- 1. अभिषेक 2. प्रतिमा एवं भवभूतिकृत रामकथाश्रित नाटक भी दो है:- 1. महावीरचरित 2. उत्तररामचरित। अध्ययन से यह भी पता चलता है कि संस्कृत नाट्य के क्षेत्र में अङ्गी रस के रूप में शृंगार, वीर, करुण, शान्त या अद्भुत रस प्रयुक्त हुए हैं।

यह एक संयोग ही है कि भास एवं भवभूति- इन दोनों नाटककारों ने जब रामकथा के अंशों को अपने नाट्य का आधार बनाया तो एक ने नाटक के अङ्गी रस के रूप में वीर रस को चुना और दूसरे ने नाटक के अङ्गी रस के रूप में करुण रस को।

भास एवं भवभूति के रामकथाश्रित नाटकों में अङ्गी रस के रूप में प्रथमत: वीर रस का और द्वितीयत: करुण रस का विश्लेषण क्रमश: अलग-अलग में प्रस्तुत करना चाहती हूँ।

भासकृत अभिषेकनाटक में अङ्गी रस के रूप में वीर रस

यह नाटक छ: अङ्कों के विस्तारवाला है। भास ने रामायणीय कथा को ही नाटकीय स्वरूप प्रदान किया है। मुख्यत: यह कथावस्तु प्रधान नाटक है। इसके नायक राम दो युद्धों में क्रमश: बालि तथा रावण को मारते हैं, अत: इन प्रसंगों में स्वाभाविक रूप से वीर रस वर्णित है।

अभिषेक नाटक में वीररस का अङ्गीत्व यहाँ विवेच्य है। इस नाटक में

भास ने आरंभ में ही राज्यच्युत सुग्रीव को पुनः राज दिलाने आये राम–लक्ष्मण की तुलना राज्यच्युत इन्द्र को पुनः राज्य स्थापित करनेवाले विष्णु तथा शिव से करके वीर रस की प्रधानता की ही पुष्टि की है। सुग्रीव को आश्वासन देते हुए राम द्वारा अपने पराक्रम का वर्णनः-

मत्सायकान्निहतभिन्नविकीर्णदेहं
शत्रुं तवाद्य सहसा भुवि पातयामि।
राजन्! भयं त्यज ममापि समीपवर्ती
दृष्टस्त्वया च समरे निहतः स बाली।।[1]

अर्थात् अपने बाणों द्वारा तुम्हारे शत्रु बाली की देह को छिन्न–भिन्न करके मैं अभी उसे धराशायी बना रहा हूँ, राजन् आप मेरे पास रहिये, डरने की कोई बात नहीं हैं, अभी आप बाली को युद्ध में मरा देखिये। इसके पश्चात् सुग्रीव का यह कथन–

मुक्तो देव! तवाद्य बालिहृदयं भेत्तु न मे संशयः
सालान् सप्त महावने हिमगिरेः शृङ्गोपमाञ्छ्रीधर।।
भित्वा वेगवशात् प्रविश्य धरणीं गत्वा च नागालयं
मज्जन वीर! पयोनिधौ पुनरयं सम्प्राप्तवान् सायकः।।[2]

अर्थात् आप का वाण पर्वतशृंगोपम सात साल वृक्षों को भेदकर वेग से पाताल में बैठा, नागलोक गया, फिर समुद्र में मज्जन करके इस समय बाली के हृदय में भेदन करने के लिए आप कें पास आ गया है, इसमें मुझे सन्देह नहीं है।

राम की वीरता से हनुमान, सुग्रीव आश्वस्त होते हैं। आश्वस्त सुग्रीव बाली को ललकारता है। ऐसे में बाली अपने पराक्रम का वर्णन करते हुए कहता है–

श्रूयतां मत्पराक्रमः।

तारे ! मया खलु पुरामृतमन्थनेऽपि
गत्वा प्रहस्य सुरदानवदैत्यसङ्घान्।
उत्फुल्लनेत्रमुरगेन्द्रमुदग्ररूप –
माकृष्यमाणमवलोक्य सुविस्मितास्ते।।[3]

अर्थात् पूर्वकाल में अमृत-मन्थन के समय मैं गया, देव-दानवगणों का उपहास करके मैं वासुकी नाग स्परूप रस्सी खींचने लगा जिससे बासुकी नाग की आँखें निकल आई और उनका रूप भयंकर हो उठा। सभी मेरे इस कार्य पर आश्चर्य करने लगे।

अपनी पत्नी तारा को अन्दर भेजकर वह सुग्रीव को ललकारते हुए कहता है-

इन्द्रो वा शरणं तेऽस्तु प्रभुर्वा मधुसूदनः।
मच्चक्षुष्पथमासाद्य सजीवो नैव यास्यसि।।[4]

अर्थात् चाहे तुम्हारे रक्षक इन्द्र हों या भगवान् विष्णु हों, तू हमारे सामने जिन्दा नहीं लौट सकता है।

इसी प्रकार हनुमान द्वारा अशोकवाटिका में ऊधम मचाने के प्रसंग में कुमार अक्ष का हनुमान द्वारा मारे जाने का वर्णन करते हुए शङ्कुकर्ण का यह कथन है-

क्रोधात् संरक्तनेत्रं त्वरिततरहयं स्यन्दनं वाहयन्तं
प्रावृट्कालाभ्रकल्पं परमलघुतरं बाणजालान्, वमन्तम्।
तान् बाणान् निर्विधुन्वन् कपिरपि सहसा तद्रथं लंघयित्वा
कण्ठे सङ्गृह्य धृष्टं मुदिततरमुखो मुष्टिना निजघान।।[5]

अर्थात नेत्र क्रोध से लाल-लाल हो गये, उन्होंने बड़े वेग से रथ हाँकना प्रारंभ किया बरसात के मेघ जैसे वेग से वृष्टि करते हैं, उसी तरह वे बाणों की वर्षा करने लगे। कुमार के बाणों को काटकर तथा सहसा उनके रथ पर धावा बोलकर उस वानर ने कुमार का गला दबा दिया और प्रसन्नमुख होकर कुमार को मुष्टि-प्रहार द्वारा मार गिराया।

पुनः चतुर्थ अंक में राम का स्वयं के विषय में यह कथन-

आक्रान्ताः पृथुसानुकुंजगहना मेघोपमाः' पर्वताः
सिंहव्याघ्रगजेन्द्रपीतसलिला नद्यश्च तीर्णा मया
क्रान्तं पुष्पफलाढ्यपादपयुतं चित्रं महत् काननं
सम्प्राप्तोऽस्मि कपीन्द्रसैन्यसहितो वेलातटं साम्प्रतम्।।[6]

अर्थात् मैंने बड़े शिखरों पर वर्त्तमान कुंजों से भीषण मेघ सदृश पर्वत लांघे, जिनके जल को बाघ, सिंह एवं गजराज पिया करते हैं ऐसी नदियाँ पार की, फूल फल से लदे वृक्षों से भरे वन पार किये, इस समय मैं वानरराज की सेना के साथ समुद्र के तट पर उपस्थित हूँ।

इसी कथाक्रम में, समुद्र द्वारा रास्ता नहीं देने पर राम कह उठते हैं-

मम शरपरिदग्धतोयपङ्कं हतशतमत्स्यविकीर्णभूमिभागम्।
यदि मम न ददाति मार्गमेनं प्रतिहतवाचिरयं करोमि शीघ्रम्।।[7]

अर्थात् यदि सागर मार्ग प्रदान नहीं करते हैं तो मैं अपने बाणों द्वारा इनके पानी और पङ्क को दग्ध कर दूँगा, मरे हुए मत्स्यों से इनकी खाई पट जायगी और इनकी तरंगमाला शीघ्र समाप्त हो जायगी।

कथा आगे चलती है/ बढ़ती है। राम की सेना का रावण की सेना से युद्ध प्रारंभ हो जाता है। रावण के पुत्रादि वीर एक-एककर युद्ध में मारे जा रहे हैं। इसी संबंध में एक राक्षस का रावण के प्रति यह कहना ....

एष हि रामः

धनुषि निहितबाणस्त्वामतिक्रम्य
गर्वाद्धरिगणपरिवारो हाससम्फुल्लनेत्रः।
रणशिरसि सुतं ते पातयित्वा तु
राजन्नभिपतति हि लंकां सन्दिधक्षुर्यथैव।।[8]

अर्थात् इस राम ने - गर्व से आप का अनादर करके धनुष ताने हुए वानरों के साथ हासविकसित हो युद्धक्षेत्र में आप के पुत्र का वध कर दिया, अब लंका में पैठ रहा है, ऐसा लगता है मानों वह लंका को जलाना चाहता हो।

कथा आगे बढ़ती है। राम रावण का युद्ध आरंभ हो जाता है। देव, देवर्षि, सिद्धादि राम-रावण का युद्ध-कौशल देखने के लिए तत्पर हैं। इस प्रसंग में अनवरत वीर रस परिपुष्ट होता है।

राममपि पश्येतां भवन्तौ।

सव्येन चापमवलम्ब्य करेण वीर-
मन्येन सायकवरं परिवर्त्तयन्तम्।

भूमौ स्थितं रथगतं रिपुमीक्षमाणं
क्रौञ्चं यथा गिरिवरं युधि कार्त्तिकेयम्।[9]

अर्थात्–आप राम को देखें–बायें हाथ में धनुष लेकर राम दाहिने हाथ से बाण का परिवर्तन कर रहे हैं, वह स्वयं भूमि में खड़े हैं और रथगत शत्रु को देख रहे हैं, ऐसा लगता है जैसे कार्त्तिकेय क्रौंच पर्वत को देख रहे हैं। पुनः–

कनकरचितचापं तीक्ष्णमुद्यम्य शीघ्रं
रणशिरसि सुधीरं बाणजालं विधुन्वन्।
रथगतमभियान्तं रावणं याति पद्भ्यां
गजपतिमिव मत्तं तीक्ष्णदंष्ट्रा मृगेन्द्रः।।[10]

अर्थात् तीक्ष्ण एवं स्वर्ण विरचित धनुष को शीघ्रता से उठाकर–रामजी युद्ध में भयंकर बाणवर्षा कर रहे हैं, रथस्थ तथा आक्रमणकारी रावण का सामना यह पैदल होकर कर रहे हैं, ऐसा लगता है जैसे मतवाले हाथी पर तीक्ष्णदंष्ट्रशाली सिंह झपट रहा हो। राम और रावण दोनों ही वीर योद्धा हैं–

चारीभिरेतौ परिवर्तमानो रथे स्थितौ बाणगणान् वमन्तौ।
स्वरश्मिजालैर्धरणिं दहन्तौ सूर्याविव द्वौ नभसि भ्रमन्तौ।।[11]

अर्थात् यह दोनों क्रमशः घूमते हुए रथों पर अवस्थित हैं, बाण वर्षा कर रहे हैं, अपनी प्रभा से पृथ्वी को दग्ध कर रहे हैं, मानो आकाश में घूमते हुए दो सूर्य हों।

वस्तुतः राक्षस–सेना और वानर–सेना दोनों में ही वीरता साकार हो गयी है।

शरवरपरिपीततीव्रबाणं नरवरनैर्ऋतयोः समीक्ष्य युद्धम्।
विरतविविधशस्त्रपातमेते हरिवरराक्षससैनिकाः स्थिताश्च।।[12]

अर्थात् पुरुषोत्तम राम एवं रावण के इस युद्ध में एक का बाण दूसरे के बाण का संहार कर रहा है, इस भयंकर युद्ध को देखकर वानर सैन्य तथा राक्षसगण नाना प्रकार के अस्त्र प्रहार से विरत होकर केवल देखते हुए खड़े हैं।

रावणमपि पश्येतां भवन्तौ।
शरैर्भीमवेगैर्हयान् मर्दयित्वा ध्वजं चापि शीघ्रं बलेनाभिहत्य।
महद्बाणवर्षं सृजन्तं नदन्तं हसन्तं नृदेवं भृशं भीषयन्तम्।।[13]

अर्थात् आप रावण को भी देखें, जो भीमवेग-बाणों द्वारा घोड़ों को सहारा करके बलपूर्वक ध्वजा का नाश कर बाणों की वर्षा से हँसते हुए राम को भयान्वित करने का प्रयास कर रहा है।

एष हि रामः

स्थानाक्रामणवामनीकृततनुः किञ्चित् समाश्वास्य वै
तीव्रं बाणमवेक्ष्य रक्तनयनो मध्याह्नसूर्यप्रभः।
व्यक्तं मातलिना स्वयं नरपतिर्दत्तास्पदो वीर्यवान्
क्रुद्धः संहितवान् वरास्त्रममितं पैतामहं पार्थिवः।।[14]

अर्थात् स्थान पकड़ कर शरीर को वामन बनाकर थोड़ा स्थिर हो रक्तनयन होकर बाण की ओर देखकर मध्याह्नसूर्य सदृश मातलि द्वारा स्थान के लिये जाने पर क्रुद्ध होकर राम ने पितामह सम्बन्धी भीषण शर को धनुष पर आरोपित किया और अन्ततः-

रघुवरभुजवेगविप्रमुक्तं ज्वलनदिवाकरयुक्ततीक्ष्णधारम्।
रजनिचरवरं निहत्य सङ्ख्ये पुनरभिगच्छति राममेव शीघ्रम् ।।[15]

अर्थात् यह राम के भुज-वेग से प्रेरित होकर अग्नि सूर्य युक्त तीक्ष्णधार अस्त्रयुद्ध में रावण को मारकर पुनः शीघ्रतापूर्वक राम के पास आ रहा है।

उपर्युक्त सन्दर्भों में मुख्य रूप से राम के लिए रावण आलम्बन विभाव तथा उसकी क्रियायें उद्दीपन विभाव है। युद्ध में सहायक के रूप में सुग्रीव आदि वानरों की सहायता की उपलब्धि, समुद्र पार करना आदि अनुभाव है तथा राम का धैर्य गति, मति, स्मृति, तर्क, आदि संचारी भावों से उनके स्थायी भाव उत्साह की पुष्टि से वीर रस सम्पुष्ट होता है।

यदि सारांशतः कहा जाय तो भारतीय काव्यशास्त्र के अनुसार अंगी रस के क्रमशः ये यह लक्षण हैं-

(1) बहुव्याप्ति। प्रबन्ध काव्य में अभिव्यक्त नाना रसों में जो रस कथानक के कलेवर में सर्वाधिक व्याप्त हो, वही अंगी रस है।

(2) कथानक के दोनों पक्षों-घटना और भाव का संचालन नायक के चरित्र की मूलवृत्ति करती है और यही मूलवृत्ति कर्म-पक्ष में चरम

घटना और फलागम का निर्धारण करती है और भाव-पक्ष में मूल भाव अर्थात् अंगी रस का निर्धारण करती है।

(3) 'अंगी रस' सारभूत प्रभाव का अभिव्यंजक होता हैं।[16]

उपर्युक्त तीनों ही कसौटियों पर अभिषेक नाटक खरा उतरता है। कवि भास ने वीररसोचित प्रसंगों में नाटकीयता और स्वाभाविकता को बनाये रखने के लिए छोटे-छोटे वाक्यों का प्रयोग किया है।

भवभूतिकृत महावीरचरित में अङ्गी रस के रूप में वीर रस

यह नाटक सात अंकों के विस्तारवाला है। यह भवभूतिकृत प्रथम नाटक है। भवभूति ने रामायणीय कथा को नाटकीय स्वरूप प्रदान करते समय नाट्य का अभिधान ही 'महावीरचरितम्' किया है। यहीं स्पष्ट होता है कि कवि का लक्ष्य वीर रस की पुष्टि है। उन्होंने सूत्रधार के मुख से-

"**अप्राकृतेषु पात्रेषु यत्र वीरः स्थितो रसः**" कहलवाया है।

प्रथम अंक में ताड़का, सुबाहु तथा मारीच का वध वीर रस का पोषक है। ये तीनों राक्षस आलम्बन विभाव तथा इनके कर्म उद्दीपन विभाव हैं। 'यदाज्ञापयति' कह राम तथा लक्ष्मण का उद्धत गति से प्रस्थान अनुभाव तथा ओज, प्रहर्ष, गति आदि व्यभिचारी भाव हैं। यथा-

राजन्नितो ह्येहि सहानुजस्य रामस्य पश्याप्रतिमानमोजः।
ब्रह्मद्विषो ह्येष निहन्ति सर्वानाथर्वणस्तीव्र इवाभिचारः।।[17]

द्वितीय अंक के परशुराम प्रसंग में:-

अपने गुरु के धनुर्भङ्ग से उत्तेजित जामदग्न्य राम को खोजते जनक के कन्यान्तःपुर में प्रवेश कर जाते हैं। यह जानकर राम में वीरत्व के भाव उत्पन्न होते हैं।

अकलिततपस्तेजोवीर्यप्रथिम्नि यशोनिधा-
ववितथमदध्माते रोषान्मुनावभिधावति।
अभिनवधनुर्विद्यादर्पक्षमाय च कर्मणे
स्फुरति रभसात्पाणिः पादोपसंग्रहणाय च ।।[18]

अर्थात् असीम तेज तथा पराक्रम से प्रख्यात यशोनिधि अमिथ्या गर्व से पूर्ण मुनि परशुराम रोष से चले आ रहे हैं। इस स्थिति में हमारा हाथ नवशिक्षित धनुर्विधा के उपयुक्त कार्य को करने के लिए और चरणवन्दना के लिये बलात् चलना चाहता है।

जामदग्न्य राम को खोजते हैं और राम "**अयमहं भोः। इत इतो भवान्।**[19] कहकर आगे बढ़ते हैं। राम के इस साहस को देखकर परशुराम प्रसन्न हो राम की प्रशंसा करते हैं-

अन्विष्यतः प्रमथनाय ममापि दर्पा-
दात्मानमर्पयसि जातिविशुद्धसत्त्वः।
गन्धद्विपेन्द्रकलभः करिकुम्भकूट
कुट्टाकपाणिकुलिशस्य यथा मृगारेः।।[20]

अर्थात् मैं तुम्हें मारने के लिए ढूँढ़ रहा हूँ और जन्मना पवित्रात्मा होने के कारण तुम अपने को अर्पित करते हो। जैसे कोई उत्तम गजशिशु हाथियों के मस्तक को फाड़ने में प्रसिद्ध वज्रोपम वाणिवाले सिंह के आगे अपने को अर्पित कर रहा हो।

चञ्चत्पञ्चशिखण्डमण्डनमसौ मुग्धप्रगल्भं शिशुर्गम्भीरं च
मनोहरं च सहजश्रीलक्ष्म रूपं दधत्।
द्राग्दृष्टोऽपि हरत्ययं मम मनः सौन्दर्यसारश्रिया
हन्तव्यस्तु तथापि नामधिगहो वीरव्रतक्रूरताम्।।[21]
प्रागप्राप्तनिसुम्भशांभवधनुर्द्वेधाविधाविर्भव-
त्क्रोधप्रेरितभीममार्गवभुजस्तम्भापविद्धः क्षणात्।
सज्वालः परशुर्भवत्वशिथिलस्त्वत्कण्ठपीठातिथि-
र्येनानेन जगत्सु खण्डपरशुर्देवो हरः ख्याप्यते।।[22]

अर्थात् यह शिशु भूषणस्वरूप घुंघराले बाल, सुन्दर प्रगल्भ चेहरा, स्वाभाविक शोभा सम्पन्न, गंभीर तथा मनोहर रूप धारण करनेवाला होने के कारण एक बार देख लेने पर अपने सौन्दर्य से हमारे हृदय को आकर्षित कर रहा है, फिर भी इसे मारना है, वीरव्रत की क्रूरता को धिक्कार है। पहले कभी नहीं आनमित शिवधनु के खण्डित होने से उत्पन्न कोपपश परशुराम द्वारा चलाया गया दीप्त

यह कुठार तुम्हारे गले का अतिथि बने जिस कुठार ने संसार में शिव को खण्डपरशु ख्यात किया है।

परशुराम राम को अपना तीक्ष्ण परशु दिखाते हैं। राम धैर्यपूर्वक उस परशु की ओर देखकर उसका उपहास करते हैं। जामदग्न्य के जीवन में इस प्रकार का यह प्रथम अनुभव था। वे सोचने पर विवश हो जाते हैं कि-

कोप्येष वीर शिशुकाकृतिरप्रमेयसामर्थ्यसारसमुदायः पदार्थः।[23]

सात्त्विक गुणों से प्रज्वलित तेज, धर्म, मान, शोभा और पराक्रम से परिपूर्ण राम के शरीर को देखकर परशुराम अनुमान कर लेते हैं कि वह (शरीर) सातों भुवनों को अभयदान देने की क्षमता रखता है। उनके उस रूप को देखकर अनेक प्रकार की कल्पनाएं परशुराम के मन में उत्पन्न होने लगती हैं जो राम के 'महावीरत्व' को व्यक्त करती हैं-

त्रातुं लोकानिव परिणतः कायवानस्त्रवेदः
क्षात्रो धर्मः श्रित इव तनुं ब्रह्मकोशस्य गुप्त्यै।
मामर्थ्यानामिव समुदयः संचयो वा गुणानां
प्रादुर्भूय स्थित इव जगत्पुण्यनिर्माणराशिः।।[24]

अर्थात् ऐसा प्रतीत हो रहा है मानों सकलभुवन के रक्षार्थ कायधारी अस्त्रवेद हो, ब्रह्माण्ड की रक्षा के लिये क्षात्रधर्म ने शरीर धारण किया हो, सामर्थ्य का समूह हो या गुणों का संचय हो अथवा जगत् का पुण्यकर्म मूर्त्तिधारण करके खड़ा हो।

वास्तव में परशुराम के जीवन में यह पहला और अनोखा अनुभव था। वे राम की चतुर्मुखी विलक्षणता से चकित हैं। वे क्षत्रियों के सामूहिक संहारक तथा रक्त सरोवर में स्नान, तर्पण की बात कें द्वारा राम के वीरत्व पर हावी होना चाहते हैं-

रे मूढ!

उत्कृत्योत्कृत्य गर्भानपि शकलयतः क्षत्रसंतानरोषा-
दुद्दामस्यैकविंशत्यवधि विधमतः सर्वतो राजवंश्यान्।
पित्र्यं तद्रक्तपूर्णह्रदसवनमहानन्दमन्दायमान
क्रोधाग्नेः कुर्वतो मे न खलु न विदितः सवभूतैः स्वभावः।।[25]

किन्तु राम–

"नृशंसता हि नाम पुरुषदोषः। तत्र का विकत्थना"?[26]

अर्थात् क्रूरता तो पुरुष का दोष हैं, उसमें क्या श्लाघा हैं ? कहते हैं। तदनन्तर परशुराम राम को ललकारते हुए कहते हैं–

प्रहर नमतु चापं प्राक्प्रहारप्रियोऽहं
मयि तु कृर्तानिघाते किं विदध्यात्परेण।
झटिति विततवह्न्युद्गारभास्वत्कुठार
प्रविघटितकठोरस्कन्धबन्धः कबन्धः।।[27]

अर्थात प्रहार कर, धनुष उठा, मैं पहले अपने पर ही प्रहार चाहता हूँ। मैं प्रहार कर दूँगा, तब वह क्या प्रहार करेगा? आग बरसानेवाले हमारे कुठार की धार से शीघ्र ही उसका गला कट जाएगा, स्कन्ध से गला अलग हो जाएगा, कबन्ध भर रहेगा।

किन्तु राम को धनुष उठाने का अवसर नहीं मिल पाता। जनक और शतानन्द इसी समय प्रवेश कर उन्हें रोक देते हैं।

श्वश्रूजन द्वारा राम को कंकणमोचन की विधि सम्पन्न करने के लिए अन्त:पुर में बुलाया जाता है। राम कहते हैं– **"जामदग्न्य एवमादिशन्ति गुरवः"**[28]

परशुराम अनुज्ञा प्रदान करते हुए कहते हैं–

"क्रियतां लोकधर्मः। पश्यन्तु त्वां ज्ञातयः।
किन्तु जनपदेषु न चिरमारण्यकास्तिष्ठन्ति।
गन्तुकामोऽस्मि। अतो न कालः परिक्षेप्तव्यः"[29]

यहाँ भी परशुराम का आत्मविश्वास और गर्व स्पष्ट रूप से प्रतीत होता है।

अन्त:पुर का कार्य समाप्त करने के पश्चात् गुरुजनों की उपस्थिति में राम पूर्ण विश्वास के साथ घोषणा करते हैं–

'पौलस्त्यविजयोद्दामकार्तवीर्यार्जुनद्विषम्।
जेतारं क्षत्त्रवीर्यस्य विजयेय नमोस्तु वः।।[30]

अर्थात् पौलस्त्य -विजय के मद में चूर कार्त्तवीर्यार्जुन के संहारक तथा क्षत्रवीर्य के हन्ता परशुराम पर विजय पाऊँगा, आपलोगों को नमस्कार है।

राम की उपर्युक्त घोषणा वीर रस के व्यभिचारी भाव 'गर्व' की पुष्टि करती है। राम की इस गर्वपूर्ण घोषणा को परशुराम कैसे सहन करते। वे उनका उपहास करते हुए कहते हैं -'आओ राजकुमार! जामदग्न्य को जीतोगे ? फिर वे मुस्कुराकर कहते हैं- 'नहीं जीत सकोगें, दुर्दान्त परशुराम तुम्हारा काल है।' इस प्रकार कहते हुए जब वे अपना धनुष उठाते हैं तब तृतीय अंक समाप्त हो जाता है।

चतुर्थ अंक में राम और परशुराम पुनः एक साथ प्रवेश करते हैं, परन्तु वे दोनों ही वीर रस की सीमा से बाहर निकल चुके हैं।

पंचम अंक में राम और बाली के मिलन में वीर रस की अभिव्यंजना हुई है। बाली का सामर्थ्य असाधारण है-

लोकालोकालवालस्खलनपरिपतत्सप्तमाम्भोधिपूरं
विश्लिष्यत्पर्वकल्पत्रिभुवनमखिलोत्खातपातालमूलम्।
पर्यस्तादित्यचन्द्रस्तबकमवपतद्भूरिताराप्रसूनं
ब्रह्मस्तम्बं धुनीयामिह तु मम विधावस्ति तीव्रो विषादः।।[31]

अर्थात् मैं ब्रह्माण्डस्वरूप इस झाड़ी को उलट-पुलट कर सकता हूँ, जिससे लोकालोक पर्वतरूप आलवाल स्खलित हो जाएगा, सप्तम् समुद्र का पानी गिरने लगेगा, पोर के स्थानीय त्रिभुवन ढीले पड़ जायेंगे, पातालरूप जड़ उखड़ जायगी चन्द्रसूर्यरूप पुष्पगुच्छ बिखर जायेंगे और तारामण्डलरूप फूल गिरने लगेंगे, परन्तु, इस रामवधरूप कार्य में मुझे बड़ा कष्ट हो रहा हैं।

उसे इस बात का हर्ष है कि परशुराम को पराजित करनेवाले राम से मिलकर उसके युद्धाभिलाष की पूर्ति हो जायगी। राम से मिलने पर वह गर्वपूर्वक कहता है-''**विश्रुतजामेदग्न्यदमने पाणौ धनुर्जृम्भताम्।**''[32]

परन्तु राम शस्त्रविहीन पर शस्त्र कैसे उठाएँ? बाली ने राम के भाव को समझ लिया। वह हँसकर कहता है- 'हे महाक्षत्रिय! हमलोग दया के पात्र नहीं है जो आप इस प्रकार दया दिखा रहे हैं। हम अपने पराक्रम से विश्व में विख्यात

है, स्वयं अपने मुख से क्या कहें। युद्ध के लिए तैयार हो जाओ। फिर भी यदि तुम्हारा आग्रह है कि मैं शस्त्र उठाऊँ तो ये पर्वत ही मेरे शस्त्र हैं।' यहाँ बाली को अपने पराक्रम पर असीम विश्वास है। उसका यह 'गर्व' सर्वथा स्वाभाविक है। राम का भी आत्मविश्वास कम नहीं है। दोनों ही इस युद्ध-महोत्सव को प्राप्त कर प्रसन्न हैं और दोनों ही अपनी विजय में पूर्णतया आश्वस्त है। एक दूसरे को सम्बोधित कर वे कहते हैं-

कामं त्वया मम सह श्लाघ्यो वीरगोष्ठीमहोत्सवः।
किं त्विदानीमतिक्रान्ते त्वय्यवीरा वसुन्धरा।।[33]

अर्थात् तुम्हारे साथ लड़ना प्रशंसनीय है, परन्तु अब तुम्हारे मिट जाने पर पृथ्वी वीरशून्या हो जाएगी। युद्ध में वाली के आहत होने पर वीर रस की स्थिति समाप्त हो जाती है।

षष्ठ अंक मे रावण की गर्वोक्तियों में वीर रस की झलक दिखायी गयी है किन्तु अहंकार तथा उपयुक्त उद्दीपन विभावादि की रिक्तता रहने से इसकी समर्थ पुष्टि नहीं हो पाती । किन्तु,

वध्यन्तेऽस्तपपुंगवाः प्रतिभयाभोगैः प्लवंगाधिपै-
र्बध्यन्ते च वितर्दिकाः प्रतिदिशं कृतै रदोमूर्धभिः।
छिद्यन्ते च बहिः प्रतित्सव इमे मध्ये क्रुधान्धाः
क्षणाद्भिद्यन्ते पुरगोपुराः प्रतिदिशं क्षिप्तैश्च गण्डोपलैः।।[34]

अर्थात् भयानक वानरों से राक्षसगण मारे जा रहे हैं, इनके कटे हुए सिरों से हर ओर वेदियाँ बनाई जा रही हैं, बाहर भागने के समय बीच में ही ये काटे जा रहे है और शिलाघात से पुरद्वार तोड़ा जा रहा है।

क्रमशः रावण वीरोचित संकल्प करता है-

कैश्चिद्दार्भिः प्रमत्तान्प्लवगपरिवृढान्दिक्षु विक्षिप्य दक्षै
रन्यैः पिष्ट्वापि युद्धाभिनयविधिनटौ तौ तपस्विप्ररोहौ।
शिष्टैःकृष्ट्वास्वचेतः प्रतिफलितवृथारन्ध्रमात्रप्रविष्टान्
दुष्टांस्त्रैविष्टपानप्यगतकरुणस्तैर्बिभर्मि स्वकाराम्।।[35]

अर्थात निर्दय बनकर कुछ हाथों से वानरों को दिशाओं पर फेंककर दूसरे

हाथों से वीरता का बाना बनानेवाले तपस्वियों को पीसकर अपने हृदय में कल्पित छिद्र द्वारा भीतर पैठे देवों को खींच-खीचकर उनसे अपने कारागार को भर देता हूँ।.... और रावण विकट गति से आगे बढ़ता है। वासव, सूत, चित्ररथ राम-रावण के युद्ध का वर्णन करते है।[36]

और अन्तत: दिव्यर्षिगण का आशीर्वचन प्राप्त कर राम रावण का वध कर देते है।

उपर्युक्त सन्दर्भों में परस्पर युद्ध चाहे वह वाक्-युद्ध हो अथवा शस्त्र-युद्ध, राम और रावण परस्पर एक-दूसरे के आलम्बन हैं, अन्यथा राम के पक्ष के लक्ष्मण आदि और शत्रु पक्ष के बाली आदि भी हैं जो आलम्बन रूप में हैं तथा उनकी उक्तियाँ उद्दीपन विभाव हैं। उनका गर्वपूर्ण आचरण तत् स्थान पर अनुभाव है तथा धैर्य, स्मृति, तर्क , मति, गर्व आदि संचारी भाव हैं जिनके स्पष्टत: वर्णन से 'उत्साह' स्थायी भाव सम्पुष्ट हुआ है और वीर रस आस्वादनीय दशा को प्राप्त होता है।

अभिषेक नाटक के अंगीरस विवेचन क्रम में भारतीय काव्यशास्त्रानुसार नाटक के अंगी रस के जिन तीन मुख्य बिन्दुओं की चर्चा की गयी उन बिन्दुओं के अनुसार महावीरचरित में वीर रस की प्रधानता स्पष्ट दृष्टिगोचर होती है।

भासकृत प्रतिमानाटक में अङ्गी रस के रूप में करुण रस

यह नाटक सात अंकों के विस्तारवाला है। इस नाटक में राम का उत्तरार्ध जीवन चरित वर्णित है। प्रथम अंक में राम के राजतिलक का शुभ कार्य सम्पन्न नहीं हो पाता है। कुल क्रम, अवस्था, योग्यतादि के अनुकूल राजतिलक से वंचित राम इक्ष्वाकुओं की वृद्धावस्था के अनुकूल वल्कल धारण कर चौदह वर्षों के लिए वनवास जाते हैं। राम को इस असामयिक वेश में देखकर पूरी अयोध्या शोक-सागर में निमग्न हो जाती है। सभी नर-नारी अश्रुपूरित आँखों से टकटकी बाँधे यह सब देखते रह जाते है। यहाँ राज्यारोहण रूपी इष्ट का नाश तथा वनगमन रूप अनिष्ट की प्राप्ति होती है। सुकुमार सीता, युवराज राम, भाई लक्ष्मण की स्थिति शोचनीय हो जाती है। महाराज दशरथ शोक-विह्वल हो मूर्च्छित हो जाते है।

शोक में डूबे राजा दशरथ के विषय मे कंचुकी कहता हैं-

शोकादवचनाद् राज्ञा हस्तेनैव विसर्जितः।
किमप्यभिमतं मन्ये मोहं न नृपतिर्गतः।।[37]

अर्थात् शोक के कारण महाराज मौन हो गए और हाथ के इशारे से ही मुझे कैकेयी के विचार से आपको अवगत कराने के लिए भेजा और स्वयं मूर्च्छित हो गए। इस दुःख से मुक्ति पाने के लिए संभवतः उन्होंने मूर्च्छित होना ही ठीक समझा।

इस वर्णन में महाराजा दशरथ आश्रय हैं, कैकेयी आलम्बन विभाव, कैकेयी के विचार उद्दीपन विभाव, महाराज का मौन होना, हाथ से इशारा करना, मूर्च्छित होना अनुभाव तथा ग्लानि, असूया,विषाद संचारी भाव है। इनके द्वारा 'शोक' की परिपुष्टि होने से करुण रस की प्रतीति होती है। आगे राम को रोकते हुए कंचुकी का यह कथन-

कुमार! न खलु न खलु गन्तव्यम्। एष हि महाराजः,
श्रुत्वा ते वनगमनं वधूसहायं
सौभ्रात्रव्यवसितलक्ष्मणानुयात्रम्।
उत्थाय क्षितितलरेणुरुषिताङ्गः
कान्तारद्विरद इवोपयाति जीर्णः।। 38

अर्थात् कुमार मत जाइए, मत जाइए। यह देखिए महाराज-

सीता सहित आपका वनगमन तथा लक्ष्मण का भ्रातृप्रेम के कारण अनुगमन सुनकर महाराज दशरथ वृद्ध गजराज की तरह, शोक से धरती पर लोटने के कारण धूलधूसरित शरीर वाले काँपती चाल से इधर ही आ रहे हैं।

द्वितीय अंक में सतत् करुण रस के दृष्टान्त मिलते हैं। कंचुकी चहुँ ओर देखकर कहता है-जब से राम गये, सारी अयोध्या सूनी-सूनी दीख रही है। क्योंकि-

नागेन्द्रा यवसाभिलाषविमुखाः सास्त्रेक्षणा वाजिनो
ह्रेषाशून्यमुखाः सवृद्धवनिताबालाश्च पौरा जनाः।

त्यक्ताहारकथाः सुदीनवदनाः क्रन्दन्त उच्चैर्दिशा
रामो याति यया सदारसहजस्तामेव पश्यन्त्यमी।।[39]

अर्थात् हाथियों ने चारा खाना बन्द कर दिया है। घोड़ों की आँखों में आँसू भरे हैं, उन्होंने हिनहिनाना छोड़ दिया है। नगरवासी बूढ़े जवान, औरत और बच्चे तक भी खाना भूल गये है। सभी के चेहरे उतर गये हैं, सभी रोते हैं, चिल्लाते हैं और राम जानकी-लक्ष्मण के साथ जिधर गये हैं, उधर ही आँखें लगाये देख रहे हैं।

क्रमशः........... महारानी कौशल्या सुमित्रा के साथ अपने असह्य पुत्रशोक को भुलाकर उन्हें सँभालने की चेष्टा कर रही हैं और महाराज-

पतत्युत्थाय चोत्थाय हा हेत्युच्चैर्लपन् मुहुः
दिशंपश्यति तामेव यया यातो रघूद्वहः।।[40]

अर्थात् उठते हैं, गिरते हैं, फिर उठते हैं, हाय हाय की रट लगाये हैं, एकटक उधर ही देख रहे हैं जिधर राम-लक्ष्मण गए हैं।

शोक से विह्वल राजा विलाप कर उठते हैं-

हा वत्स! राम! जगतां नयनाभिराम!
हा वत्स! लक्ष्मण! सलक्षणसर्वगात्र!
हा साध्वि! मैथिलि पतिस्थितचित्तवृत्ते!
हा हा गताः किल वनं बत मे तनूजाः।।[41]

अर्थात् हा लोकनयनाभिराम राम, हा सर्वगुणसम्पन्न लक्ष्मण, हा स्वामिभक्ते, सुविमलचरित सीते, हन्त मेरे प्रिय बच्चे सचमुच तुम वन को चले गए। आत्मग्लानि से भरे राजा अनवरत विलाप करते हैं-

चित्रमिदं भोः यद् भ्रातृस्नेहात् पितरि विमुक्तस्नेहमपि
वताल्लक्ष्मणं द्रष्टुमिच्छामि! वधु वैदेहि![42]
रामेणापि परित्यक्तो लक्ष्मणेन च गर्हितः।
अयशोभाजनं लोके परित्यक्तस्त्वयाप्यहम्।।[43]

पुत्र राम! वत्स लक्ष्मण! वधु वैदेहि! प्रयच्छत मे प्रतिवचनं पुत्रकाः। शून्यमिदं भोः! न मे कश्चित् प्रतिवचनं प्रयच्छति।

कौसल्यामातः! क्वासि ?

सत्यसन्ध! जितक्रोध! विमत्मर! जगत्प्रिय!

गुरुशुश्रूषणे युक्त! प्रतिवाक्यं प्रयच्छ मे।।

हा क्वासौ सवर्जनहृदयनयनाभिरामो रामः ? क्वासौ

मयि गुर्वनुवृत्तिः? क्वासौ शोकार्तेष्वनुकम्पा!....... हा धिक्। कष्टं भोः?

सूर्य इव गतो रामः, सूर्य दिवस इव लक्ष्मणोऽनुगतः।

सूर्यदिवसावसाने छायेव न दृश्यते सीता।।[44]

दशरथ का शोक कम नहीं होता उनका बहुविध विलाप बढ़ता ही जाता है। कभी वे यमराज को तो कभी स्वयं को कोसते है। उनकी इन्द्रियाँ शून्य होने लगती हैं। कौशल्या और सुमित्रा के सानिध्य में उनका दुख घटने की जगह बढता ही चला जाता है। कंचुकी द्वारा सुमन्त्र के आने की सूचना से वे हर्षित हो उठते हैं किन्तु खाली रथ को लेकर आने की बात जानते ही उनका हर्ष शोक में बदल जाता है और वे कह उठते हैं-

शून्यं प्राप्तो यदि रथो भग्नो मम मनोरथः।

नूनं दशरथं नेतुं कालेन प्रेषितो रथः।।[45]

अर्थात् हा शोक - यदि रथ सूना आया है तो मेरी आशा टूट गयी। मालूम पड़ता है यमराज ने दशरथ को लेने रथ भेजा है।

सुमन्त्र भी शोकाभिभूत होकर कह उठते हैं-

एते भृत्याः स्वानि कर्माणि हित्वा,

स्नेहाद् रामे जातवाष्पाकुलाक्षाः।

चिन्तादीनाः शोकसन्दग्धदेहाः

विक्रोशन्तं पार्थिवं गर्हयन्ति।।[46]

अर्थात् राम के स्नेह से नेत्रों में आँसू भरे हुए, चिन्ता से दीन और शोक से सन्तप्त ये सेवक भी अपने कार्य छोड़ चुके हैं तथा रोते हुए राजा को कोस रहे हैं।

राम का सन्देश देते हुए वे कहते हैं कि वे स्तम्भित हो जड़ता से युक्त हो गए। उनका गला रूँध गया और वे वन की ओर चल दिए-

कमप्यर्थ चिरं ध्यात्वा वक्तुं प्रस्फुरिताधराः।
वाष्पास्तम्भितकण्ठत्वादनुक्त्वैव वनं गताः।।[47]

सुमंत्र के उपर्युक्त कथन को सुनने के बाद दशरथ की दशा अत्यन्त दयनीय होती चली जाती है, वे मूर्च्छित हो जाते है, पुनः होश में आते है। उन्हें पितरों का साक्षात्कार होता है उनका आचमन करते हुए वे कहते हैं– ''**अहमितः पितृणां सकाशं गच्छामि। हे पितरः। अयमहमागच्छामि!।।**[48] इसके बाद पुनः महाराज मूर्च्छित हो जाते तथा कंचुकी पर्दा गिरा देता है जो महाराजा की मृत्यु का संकेत हैं।

तृतीय अंक में दशरथ की मृत्यु से अनजान भरत ननिहाल से लौटते हैं। संयोगवश अयोध्या में प्रवेश के पूर्व प्रतिमा गृह पहुँचते है जहाँ मृत इक्ष्वाकुवंशीय राजाओं की प्रतिमायें स्थापित हैं। देवकुलिक से प्रसंगतः पिता की मृत्यु तथा अग्रज राम के वनगमन की बात सुनकर करुणाभिभूत हो बार-बार मूर्च्छित होते हैं। होश में आते ही कह उठते हैं–

अयोध्यामटवीभूतां पित्रा भ्रात्रा च वर्जिताम्।
पिपासार्तोऽनुजानामि क्षीणतोयां नदीमिव।।[49]

अर्थात् हाय पिता और भाई से शून्य अयोध्या जंगल के समान है। वहाँ मैं ठीक उसी प्रकार जा रहा हूँ, जैसे कोई प्यासा आदमी सूखी नदी की ओर दौड़ता जा रहा हो।

राम की माताएँ भी तबतक वहाँ आ जाती हैं। उनके साथ भरत का करुण वार्तालाप होता है। भरत कैकेयी को कोसते हैं। इसी सन्दर्भ में भरत सुमन्त्र को देख अनुमान लगाते है कि वे सुमन्त्र हैं । वस्तुतः वे समुन्त्र को पहचान नहीं पा रहे हैं। ऐसे में सुमन्त्र उत्तर देते हैं–

अन्वास्ययानश्चिरजीवदोषैः कृतघ्नभावेन विडम्ब्यमानः।
अहं हि तस्मिन् नृपतो विपन्ने जीवामि शून्यस्य रथस्य सूतः।।[50]

अर्थात मेरी लम्बी आयु ने मुझमे अनेक बुराइयाँ ला दी हैं। कृतघ्नता ने मुझे विडम्बित किया। और मैं राजा की मुत्यु के बाद उनके सूने रथ का सारथी हूँ।

यहाँ भी आश्रय-सुमन्त्र, आलम्बन विभाव-राजा की मृत्यु, उद्दीपन-विभाव-सूने रथ का सारथी होना, अनुभव-शोकग्रसत हो अपनी आयु आदि को कोसना तथा संचारी भाव-विषाद, मोह, स्मृति आदि के कारण 'शोक' परिपुष्ट होकर करुण रस की प्रतीति करा रहा है।

भरत अपने अभिषेक की बात अनसुनी करके राम से मिलने वन चले जाते हैं।

चतुर्थ अंक में पितृविहीन तीनों भाइयों की मुलाकात होती है। सुमन्त्र अपनी आयु को कोसते हुए कहते हैं-

नरपतिनिधनं भवत्प्रवासं भरतविषादमनाथतां कुलस्य।
बहुविधमनुभूय दुष्प्रसह्यं गुण इव बह्वपरार्द्धमायुषा मे।।[51]

अर्थात् महाराज की मृत्यु, आपका वनवास, भरत की तकलीफ, वंश की अनाथता प्रभृति अनेक प्रकार के कष्टों को दिखाकर हमारी लम्बी आयु ने गुणों के साथ दोष ही अधिक दिये।

और तब सीता कहती हैं-

रुदन्तमार्यपुत्रं पुनरपि रोदयति तातः।।[52]

पंचम अंक में श्रीराम पिता की वार्षिकी हेतु चिन्तित होते हैं। सीता पितरों का श्राद्ध सामर्थ्यानुसार श्रद्धा से करने की सलाह देती हैं। इस पर राम एक बार फिर शोक-सागर में डूब जाते है। वे कहते हैं -

मैथिलि!

फलानि दृष्ट्वा दर्भेषु स्वहस्तरचितानि नः।
स्मारितो वनवासं च तातस्तत्रापि रोदिति।।[53]

षष्ठ अंक में सीता-हरण की सूचना सुमन्त्र भरत को देते हैं। भरत मूर्च्छित होकर गिर पड़ते है। होश में आने पर वे कैकेयी को कोसते हैं और स्वयं शोक में डूब जाते हैं-

हन्त भोः! सत्त्वयुक्तानामिक्ष्वाकूणां मनस्विनाम्।
वधूप्रधर्षणं प्राप्तं प्राप्यात्रभवतीं वधूम्।।[54]

उपयुक्त अवसर देखकर कैकेयी महाराज द्वारा श्रवणकुमार-हत्या तथा अन्धमुनि के शाप की बात बताती है। सुमन्त्र इसकी पुष्टि करते हैं। भरत आत्मग्लानि से भर जाते हैं। तथा माँ से क्षमा-याचना करते हैं। सीता-हरण का समाचार सुनकर कौशल्या मूर्च्छित हो जाती है। इस तरह यह अंक कारुणिक प्रसंग के साथ समाप्त होता है।

सप्तम अंक के विष्कम्भक में तपस्वी नन्दिलक के द्वारा सूचना मिलती है कि राम ने रावण को मारकर लंका का राजा विभीषण को बना दिया है और स्वयं सीता के साथ वापस मुनिवन आ गये हैं। वहीं माता कैकेयी तथा सुमन्त्र राम का राज्याभिषेक करते है। तदनन्तर पुष्पक विमान पर आरूढ़ सभी अयोध्या आ जाते हैं।

इस प्रकार प्रतिमानाटक का सुखात्मक पर्यवसान नाट्याशास्त्रीय नियमों के अनुसार होता है। पूरे नाटक को यदि भारतीय काव्यशास्त्र के अनुसार अंगी रस के दृष्टिकोण से देखा जाय तो-

(1) इस नाटक के कथानक में सर्वाधिक व्याप्त करुण ही है। अर्थात् करुण-रस की बहुव्याप्ति है।

(2) कथानक के दोनों पक्षों- घटना और भाव का संचालन में करुण रस का अंगित्व स्पष्ट दिखता है।

(3) इसमें करुण रस ही सारभूत प्रभाव का अभिव्यंजक है।

इस नाटक के कवि भास ने करुण रसोचित प्रसंगों में नाटकीयता और स्वाभाविकता को बनाये रखने के लिए छोटे-छोटे वाक्यों का संवाद रूप में भी प्रयोग किया।

आरंभ से ही नाटक के प्रसंगों में दशरथ, हाथी, घोड़े, नगरवासी, भरत, सुमन्त्र आदि आश्रय है। कैकेयी, राम, सीता, लक्ष्मण आलम्बन विभाव हैं। कैकेयी के विचार, राम के वनगमन का पथ, रामादि का स्मरण,सूना रथ आदि उद्दीपन विभाव हैं। दशरथ का लोटना और उनकी चाल का काँपना, हाथी, घोड़ों का चारा खाना बन्द करना, घोड़ों का हिनहिननाना बन्द करना, लोगों का रोना चिल्लाना, आँखें लगाये देखना, दशरथ की आशा का टूटना, सुमन्त्र का अपनी आयु को कोसना आदि अनुभाव हैं। ग्लानि, विषाद, मोह, दैन्य,

उन्माद, चिन्ता, व्याधि, स्मृति आदि संचारी भाव हैं। इन सभी के कारण 'शोक' परिपुष्ट हो रहा है। और करुण रस की प्रतीति करा रहा है।

भवभूतिकृत उत्तररामचरित में अंगी रस के रूप में करुण रस

भवभूति का यह नाटक सात अंकों के विस्तारवाला है। अपनी इस विलक्षण नाट्यकृति में कवि ने राम के उत्तरवर्ती जीवन चरित का वर्णन किया है।

भवभूति ने प्रस्तावना में करुण का बीज-वपन किया है। अयोध्या में उत्सव समाप्त हो गया है। गुरुजन वहाँ से चले गये है। सीता उदास हैं। उन्हें सांत्वना देने के लिए राम धर्मासन से उठकर वासगृह में जाते है। सीता के अपवाद तथा उसके कारण उत्पन्न होनेवाली भावी अनिष्ट की आशंका की ओर भी कवि ने प्रस्तावना में ही संकेत कर दिया हैं-

''यदि पुनरियं किंवदन्ती महाराजं प्रति स्यन्देत ततः कष्टं स्यात्।'' (यदि फिर यह लोकप्रवाद महाराज राम तक पहुँच जाय, जब अनर्थ हो जाएगा।)

राम का प्रथम वाक्य-

'देवि वैदेहि, समाश्वसिहि। ते हि गुरवो न शक्नुवन्ति विहातुमस्मान्।[55]

किन्त्वनुष्ठाननित्यत्वं स्वातन्त्र्यमपकर्षति।
संकटा ह्याहिताग्नीनां प्रत्यवायैर्गृहस्तथा।।[56]

अर्थात् हे देवि विदेहराजकुमारि, धैर्य धारण करो, क्योंकि वे गुरुजन हमको छोड़ नहीं सकते हैं। परन्तु विहित कर्मो की नियतकर्तव्यता स्वच्छन्दता को छीन लेती है क्योंकि सोग्निक पुरुषों का गृहस्थाश्रम पातकों के कारण दु:खस्वरूप हैं, अथवा विघ्नों से पूर्ण है।

और सीता का उत्तर- जानती हूँ , आर्यपुत्र! जानती हूँ। किन्तु स्वजनों के वियोग क्लेशजनक होते हैं-यह कथन अन्य संदर्भ में कहे जाने पर भी रस की दृष्टि से अत्यन्त महत्वपूर्ण है। नायक नायिका के प्रथम वाक्यों में ही करुणा का संचार महाकवि की चमत्कारिणी प्रतिभा का परिचायक है। भगवती अरुन्धती, शान्ता तथा राजमाताओं का संदेश, भगवान् वशिष्ठ का आदेश तथा राम की प्रतिज्ञा अनजाने ही सीता परित्याग की प्रेरणा के कारण बन जाते है

और सीता परित्याग से उत्पन्न शोक सम्पूर्ण नाटक को करुण रस से आप्लावित कर देता है। यथा-

अष्टावक्रः- श्रूयताम्।

जामातृयज्ञेन वयं निरुद्धास्त्वं बाल एवासि नवं च राज्यम्।

युक्तः प्रजानामनुरञ्जने स्यास्तस्माद्यशो यत् परमं धनं वः।।[57]

रामः- यथा समादिशति भगवान् मैत्रावरुणिः।

स्नेहं दयां च सौख्यं च यदि वा जानकीमपि।

आराधनाय लोकानां मुञ्चतो नास्ति मे व्यथा।।[58]

इस प्रथम अंक में ही सीता के प्रवाद के स्मरण मात्र से राम के हृदय में असह्य वेदना उत्पन्न हो जाती है, जिसके कारण प्रस्तुत प्रसंग में करुण रस स्पष्ट प्रतीत होता हैं-

उत्पत्तिपरिपूतायाः किमस्याः पावनान्तरैः।

तीर्थोदकं च वह्निश्च नान्यतः शुद्धिमर्हतः।।

देवि देवयजनसंभवे, प्रसीद। एष ते जीवितावधिः प्रवादः।[59]

अर्थात् जन्म से शुद्धतम इस का अन्य पवित्रताकारक पदार्थो से क्या प्रयोजन है? तीर्थ का जल और अग्नि किसी अन्य से शुद्धि की अपेक्षा नहीं रखते है। यज्ञभूमि से उत्पन्न हे देवि, प्रसन्न होओ। यह तुम्हारा जीवनपर्यन्त रहनेवाला अपवाद है।

चित्रदर्शन में अपने विवाह का दृश्य देखकर राम की स्थिति करुणापूर्ण हो जाती है-

समयः स वर्तत इवैष यत्र मां

समनन्दयत् सुमुखि गौतमापितः।

अयमागृहीतकमनीयकङ्कण-

स्तव मूर्तिमानिव महोत्सवः करः।।[60]

इसी क्रम में लक्ष्मण जब राम को दण्डकारण्य का दृश्य दिखाते हैं, तब उनकी स्थिति खिन्न-चित्त हो जाती है, और राम की इस अवस्था को देखकर

पत्थर भी रो पड़ते हैं और वज्र का हृदय भी विदीर्ण हो जाता है। महाकवि भवभूति ने करुण रस प्रधान काव्य की रचना में जो सफलता प्राप्त की है, उसी की ओर इन शब्दों में निर्देश किया गया है। [61] भवभूति रचित करुण रस का यह श्लोक अत्यन्त मर्मस्पर्शी है-

यथेदं रक्षोभिः कनकहरिणच्छद्मविधिना
तथा वृत्तं पापैर्व्यथयति यथा क्षालितमपि।
जनस्थाने शून्ये विकलकरणैरार्यचरितै-
रपि ग्रावा रोदित्यपि दलति वज्रस्य हृदयम्।।[62]

अर्थात् (शूर्पणखावृत्तान्त के) अनन्तर यह (चित्रनिर्दिष्ट सीता-हरण), पापी राक्षसों से स्वर्णमृग के रूप में कपट के अनुष्ठान द्वारा इस तरह किया गया, जो बदला लिया हुआ भी व्यथा पहुँचाता है। निर्जन जनस्थान में अपने-अपने व्यापार में असमर्थ हो गई हैं इन्द्रियाँ जिनमें ऐसे, आर्य के (रोदन आदि) चरित्रों से, पाषाण भी रोता है तथा वज्र का भी हृदय फटता है।

राम को जब पुरानी घटनाओं का स्मरण होता है, तब उनकी शोकाग्नि प्रदीप्त हो जाती है। और हृदय सन्तप्त हो जाता है-

तत्कालं प्रियजनविप्रयोगजन्मा
तीव्रोऽपि प्रतिकृतिवाञ्छया विसोढः।
दुःखाग्निर्मनसि पुनविपच्यमानो
हृन्मर्मव्रण इव वेदनां करोति।।[63]

अर्थात् प्रियजन (सीता) के वियोग से उत्पन्न, दुःसह होने पर भी प्रतीकार की इच्छा से उस समय किसी प्रकार सहा हुआ शोकानल मन में फिर स्वयमेव पाक को प्राप्त होता हुआ हृदय के मर्मस्थान में फोड़े के समान वेदना को उत्पन्न कर रहा है।

प्रथम अंक में चित्रदर्शन में शैल शिखर का चित्र देखते ही राम को सीता का वियोग पुनः सताने लगता है और उस दृश्य को देखने से उनकी स्थिति करुणामय हो जाती है-

लक्ष्मण

सोऽयं शैलः ककुभसुरभिर्माल्यवान्नाम यस्मि-
न्नीलः स्निग्धः श्रयति शिखरं नूतनस्तोयवाहः।
आर्येणास्मिन्.......................................

राम

.... विरमविरमातः परं न क्षमोऽस्मि
प्रत्यावृत्तः पुनरिव स मे जानकीविप्रयोगः।।[64]

सीता-विषयक प्रवाद से राम की स्थिति करुणामय हो जाती है। राम द्वारा सीता का परित्याग ऐसा सोपान है जो सम्पूर्ण नाटक को करुण रस से आप्लावित कर देता है। राम अपने वीभत्स कर्म और नृशंसता का विचार कर व्याकुल हो उठते हैं-

शैशवात्प्रभृति पोषितां प्रियां सौहृदादपृथगाश्रयामिमाम्।
छद्मना परिददामि मृत्यवे सौनिको गृहशकुन्तिकामिव।।[65]

अर्थात् बचपन से यत्नपूर्वक पाली हुई, प्यारी, अतिशय प्रीति के कारण अनन्य (केवल मेरे) आश्रयवाली इसको बहाने से मृत्यु को अर्पित कर रहा हूँ जैसे मांस-विक्रेता घर की बेचारी चिड़िया को मृत्यु को दे देता है।

राम स्वयं को चाण्डाल कहते हैं-

अपूर्वकर्मचण्डालमयि मुग्धे विमुञ्च माम्।
श्रितासि चन्दभ्रान्त्या दुविपाकं विषद्रुमम्।।[66]

प्रथम अंक में ही महाकवि ने राम की कारुणिक अवस्था का अत्यन्त सुन्दर ढंग से चित्रण किया है। वे कहते हैं कि दुख के अनुभव के लिए ही राम में चेतना स्थापित है। वे स्वयं को अकृतज्ञ तथा नीच मानते हैं।

ते हि मन्ये महात्मानः कृतघ्नेन दुरात्मना।
मया गृहीतनामानः सपृश्यन्त इव पाप्मना।।[67]

अर्थात् तुम सब इस नीच राम द्वारा ठगे गये हो, तुम सब तिरस्कृत किये

गये हो। अथवा मैं अब उनको पुकारनेवाला कौन हूँ ? क्योंकि वे पुण्यात्मा लोग अकृतज्ञ तथा दुष्ट स्वभाववाले मुझसे नाम लिये हुए, पाप से मानों छुए जा रहे हैं मैं मानता हूँ।

राम सीता–परित्याग का दोष अपने को देते हैं और कहते हैं कि मैंने ऐसा कर्म करके इस प्रकार का पाप किया है, जैसे मैंने सीता की बलि राक्षसों को दे दी हो–

विस्रम्भादुरसि निपत्य लब्धनिद्रा–
मुन्मुच्य प्रियगृहिणीं गृहस्य शोभाम्।
आतंकस्फुरितकठोरगर्भगुर्वी
व्याद्भ्यो बलिमिव निर्घृणः क्षिपामि।।[68]

अर्थात् जो मैं निष्ठुर, विश्वास से छाती पर पड़कर प्राप्त की है निद्रा जिसने ऐसी घर की शोभा तथा (चित्रदर्शनजनित) उद्वेग के कारण फड़कते हुए गर्भ से भारी प्रियपत्नी को उठाकर हिंसक पशुओं के लिए ग्रासोपहार के समान फें क रहा हूँ।

उपर्युक्त कथन कहते हुए सीता के पैरों पर अपना सिर रखकर कह रो उठते हैं– देवि ! देवि !

अयं पश्चिमस्ते रामशिरसा पादपंकजस्पर्शः।।[69]

द्वितीय अंक में, भवभूति ने क्रौंच पक्षियों में से नर क्रौंच को व्याध के द्वारा मारा जाता हुआ देखकर सहसा महर्षि वाल्मीकि के मुख से निःसृत अमृतमय करुणोद्गार का उल्लेख किया है–

मा निषाद प्रतिष्ठां त्वमगमः शाश्वतीः समाः।
यत्क्रौञ्चमिथुनादेकमवधीः काममोहितम्।।[70]

अर्थात हे व्याध, तू अनन्त वर्षों तक प्रतिष्ठा को मत प्राप्त हो, जो तूने क्रौञ्च के जोड़े में से काम से मोहित एक (नर) को मार दिया।

आगे जनस्थान में आत्रेयी तपोवन, पंचवटी, गोदावरी नदी प्रस्रवण पर्वत और वासन्ती को देखकर अधीर हो उठती है और कहती है–

स एष ते वल्लभबन्धुवर्गः
प्रासङ्गिकीनां विषयः कथानाम्।
त्वां नामशेषामपि दृश्यामानः
प्रत्यक्षदृष्टामिव नः करोति।[71]

अर्थात प्रसंगप्राप्त बातचीतों का विषय यह वही तेरे प्रिय बन्धुओं का समूह प्रत्यक्ष दीखता हुआ, नाम ही शेष रह गया है जिसका इस प्रकार राम को पुराना शोक फूटे हुए फोड़े के तुल्य व्याकुल कर रहा है। देवी सीता की स्मृति से उद्भूत राम का यह विषाद–

चिराद्वेगारम्भी प्रसृत इव तीव्रो विषरसः
कुतश्चित्संवेगात्प्रचल इव शल्यस्य शकलः।
व्रणो रूढग्रन्थिः स्फुटित इव हृन्मर्मणि पुनः
घनीभूतः शोको विकलयति मां मूर्च्छयति च।।[72]

अर्थात् बहुत समय के पश्चात् वेग के साथ आरम्भ होनेवाले और शरीर में फैलते हुए अत्युग्र विषरस के समान, किसी भी हेतु से जोर से हिले हुए वाणाग्र के खण्ड के समान, तथा उगे हुए ग्रन्थिवाले अर्थात् भरे हुए, (किन्तु), फिर फूटे हुए हृदयमर्म के फोड़े के समान, गाढ़ शोक मुझे विह्वल बना रहा है और चेतनाशून्य कर रहा है।

पंचवटी को देखकर राम का हृदय शोकाकुल हो जाता है और वे करुणाभाव के साथ कहते हैं कि इस पंचवटी में मैंने सीता के साथ घर के तुल्य दिन बिताए थे–

यस्यां ते दिवसास्तया सह मया नीता यथा स्वे गृहे
यत्संबन्धिकथाभिरेव सततं दीर्घाभिरास्थीयत।
एकः संप्रति नाशितप्रियतमस्तामद्य रामः कथं
पापः पंचवटीं विलोकयतु वा गच्छत्वसंभाव्य वा।।[73]

तृतीय अंक में भवभूति ने राम की करुणावस्था को पुटपाक के सदृश बताया है क्योंकि अपनी गंभीरता के कारण राम अपने शोक को प्रकट नहीं कर सकते थे, परन्तु अन्दर ही अन्दर उनका हृदय सन्तप्त होता रहता था।

पुटपाक प्रक्रिया भी इसी प्रकार की होती है। उसमें द्रव्य अन्दर ही अन्दर जलता रहता है, उसका जलना बाहर प्रकट नहीं होता है।

अनिर्भिन्नो गभीरत्वादन्तर्गूढघनव्यथः।
पुटपाकप्रतीकाशो रामस्य करुणो रसः।।[74]

अर्थात गाम्भीर्य के कारण बाहर अप्रकाशित, भीतर ही भीतर छिपी हुई गाढ़ वेदनावाला राम का करुण रस अर्थात् सीतावियोगजन्य शोक पुटपाक के सदृश है।

मुरला के उपर्युक्त कथन के वाद तमसा कहती है-

तदियं गोदावरीह्रदान्निष्क्रम्य-
परिपाण्डुदुर्बलकपोलसुन्दरं
दधती विलोलकबरीकमाननम्।
करुणस्य मूर्तिरथवा शरीरिणी
विरहव्यथेन वनमेति जानकी।। [75]

अर्थात् गोदावरी के अगाध जलवाले जलाशय से निकलकर यह अति पाण्डुवर्णवाले और कृश कपोलों से सुन्दर तथा चंचल केशविन्यास से युक्त मुख को धारण करती हुई, करुणरस की मूर्ति अथवा देहधारिणी वियोगवेदना-सी सीता वन में प्रवेश करती हैं।

पुनः मुरला का यह कथन-

इयं कि सा-
किसलयमिव मुग्धं बन्धनाद्विप्रलूनं
हृदयकुसुमशोषी दारुणो दीर्घशोकः।
ग्लपयति परिपाण्डु क्षाममस्याः शरीरं
शरदिज इव घर्मः केतकीगर्भपत्रम्।।[76]

अर्थात हृदयरूपी पुष्प को सुखानेवाला कठोर दीर्घकालव्यापी शोक वृन्त से टूटे हुए मनोहर नवपल्लव के समान, अतिशय पाण्डुवर्णवाले तथा कृश, इस सीता के शरीर को इस प्रकार म्लान बना रहा है, जैसे शरद् ऋतु में उत्पन्न घाम केतकी पुष्प के भीतर स्थित पत्र को।

पंचवटी को देखकर राम की शोकाग्नि उद्दीप्त हो जाती है-

अन्तर्लीनस्य दुःखाग्नेरद्योद्दामं ज्वलिष्यतः।
उत्पीड इव धूमस्य मोहः प्रागावृणोति माम्।।[77]

अर्थात् पंचवटी के दर्शन से भीतर छिपे हुए शोकानल के जो कि, आज उत्कट रूप से जलनेवाला है, धुएँ के संघात के समान मूर्च्छा मुझे पहले ही आच्छादित कर रहा है।

तमसा सीता की आन्तरिक मनोवृत्ति का सम्यक् रूप से उद्घाटन करुण रस में करती है-

तटस्थं नैराश्यादपि च कलुषं विप्रियवशा-
द्वियोगे दीर्घेऽस्मिञ्झटितिघटनास्तम्भितमिव।
प्रसन्नं सौजन्याद् दयितकरुणैर्गाढकरुणं
द्रवीभूतं प्रेम्णा तव हृदयमस्मिन्क्षण इव।।[78]

अर्थात् तेरा हृदय इस क्षण में (पुनः समागम की) आशा के अभाव से उदासीन और (निष्कारण परित्याग के) अहित के कारण अप्रसन्न, इस लंबे वियोग में आकस्मिक समागम से जड़ीभूत-सा, (राम की) सुजनता से प्रीतियुक्त, प्रिय के शोकों से घने शोकवाला, प्रेम से पिघला हुआ-सा है।

इस तृतीय अंक में वासन्ती को यह विधिवत् ज्ञात है कि राम सीता के वियोग से अत्यधिक व्यथित हैं फिर भी वे राम को पंचवटी के उन दृश्यों को दिखाती हैं जो उनको वेदना को और तीव्रतर कर देते हैं।

सीता के द्वारा परिवर्धित कदम्ब वृक्ष भी राम को सीता की स्मृति करा रहा है।

वासन्ती राम की करुणा को उद्दीप्त करने हेतु कहती हैं-

एतत्तदेव कदलीवनमध्यवर्ति
कान्तासखस्य शयनीयशिलातलं ते।
अत्र स्थिता तृणमदाद्बहुशो यदेभ्यः
सीता ततो हरिणकैर्न विमुच्यते स्म।।[79]

अर्थात् प्रिया के साथ रहनेवाले आपका यह वही कदलीवन के बीच में

स्थित शयनार्थ शिलातल है। क्योंकि यहाँ पर बैठी हुई सीता इनको बहुधा घास दिया करती थी, इसलिए बेचारे हरिणों से यह शिलातल नहीं त्यागा जाता है।

और राम वहाँ नहीं बैठ पाते हैं। राम के बदले वर्ण और अवस्था का वर्णन वासन्ती करती है-

नवकुवलयस्निग्धैरङ्गैर्ददन्नयनोत्सवं
सततमपि नः स्वेच्छदृश्यो नवो नव एव यः।
विकलकरणः पाण्डुच्छायः शुचा परिदुर्बलः
कथमपि स इत्युन्नेतव्यस्तथापि दृशो प्रियः।।[80]

अर्थात् नवीन कमल के समान मनोहर अंगों से नेत्रों के आनन्द को देते हुए निरन्तर ही हमारे लिए स्वेच्छा से देखनेयोग्य जो नये-नये ही होते थे, शोक से विह्वल इन्द्रियों वाले, धूसरकान्तिवाले तथा अत्यन्त कृश हैं,तथापि नेत्रों को आनन्द देने वाले ये वे ही राम हैं, इस प्रकार बड़ी कठिनता से पहचानने योग्य हैं।

इसके पूर्व ही सीता कहती हैं कि पंचवटी में जो पदार्थ उसे सुखकारक प्रतीत होते थे, वे अब उसके लिए दु:खजनक बन गये हैं।[81]

सीता द्वारा पोषित मृग आदि को देखकर राम का हृदय शोक से द्रवित हो उठता है-

करकमलवितीर्णैरम्बुनीवारशष्पै-
स्तरुशकुनिकुरंगान्मैथिली यानपुष्यत्।
भवति मम विकारस्तेषु दृष्टेषु कोऽपि
द्रव इव हृदयस्य प्रस्तरोद्भेदयोग्यः।।[82]

अर्थात् सीता ने जिन वृक्षों, पक्षियों तथा हरिणों को कमलरूपी हाथों से जल, नीवार तथा कोमल तृणों से पाला पोसा, उनको देखे जाने पर, पाषाण को भी विदारण करने में समर्थ , हृदय की आर्द्रता जैसा मेरा कोई अनिर्वचनीय विकार उत्पन्न हो रहा है।

दु:ख में डूबे राम कह उठते है-

दलति हृदयं गाढोद्वेगं द्विधा तु न भिद्यते
वहति विकलः कायो मोहं न मुञ्चति चेतनाम्।
ज्वलयति तनूमन्तर्दाहः करोति न भस्मसात्
प्रहरति विधिर्मर्मच्छेदी न कृन्तति जीवितम्।।[83]

अर्थात गाढ़ी व्यथावाला हृदय फटता है, किन्तु दो खण्डों में विभक्त नहीं होता,शोक से विह्वल शरीर मूर्च्छा को धारण करता है किन्तु चेतना को नहीं छोड़ता, अन्तस्ताप शरीर को जला रहा है किन्तु पूर्णरूप से भस्मीभूत नहीं करता, मर्म को बाँधनेवाला दैव प्रहार करता है किन्तु जीवन को नहीं काट डालता।

राम का शोक पराकाष्ठा को प्राप्त कर लेता है-

हा हा देवि स्फुटति हृदयं ध्वंसते देहबन्धः
शून्यं मन्ये जगदविरतज्वालमन्तर्ज्वलामि।
सीदन्नन्धे तमसि विधुरो मज्जतीवान्तरात्मा।
विष्वङ्मोहः स्थगयति कथं मन्दभाग्यः करोमि।।[84]

अर्थात् हा हा देवि, हृदय फट रहा है, देह का बन्धन विशीर्ण हो रहा है। जगत् को शून्य प्रतीत कर रहा हूँ, अविश्रान्त ज्वालाओं से भीतर जल रहा हूँ। अवसादयुक्त हुआ विकल अन्तःकरण गाढ अन्धकार में मानो डूब रहा है। चारों ओर से मूर्च्छा घेर रही है। मैं मन्दभाग्य कैसे करूँ?

राम की करुणावस्था बढ़ती जाती है। वे पूर्ववियोग और नवीन वियोग की तुलना करते हुए कहते है कि सीताहरणजन्य वियोग उपायसाध्य था, वह रावणनाश था, किन्तु यह वियोग निरवधि है, उपायसाध्य नहीं है और चुप होकर सहना पड़ रहा है-

उपायानां भावादविरतविनोदव्यतिकरै-
र्विमर्दैर्वीराणां जगति जनितात्यद्भुतरसः।
वियोगो मुग्धाक्ष्याः स खलु रिपुघातावधिरभूत्
कथं तूष्णीं सह्यो निरवधिरयं त्वप्रतिविधः।।[85]

राम शोकाग्नि में तप रहे हैं। किन्तु सीता का शोक भी कम द्रवित करने वाला नहीं है। और 'तमसा' जो राम ओर सीता दोनों को देख सुन पा रही है, कह उठती हैं–

अहो संविधानकम्।

एको रसः करुण एव निमित्तभेदा-
द्भिन्नः पृथक्पृथगिवाश्रयते विवर्तान्।
आवर्तबुद्बुदतरङ्गमयान्विकारा-
नम्भो यथा सलिलमेव तु तत्समग्रम्।।[86]

भाव यह है कि करुण ही एक रस है, वही विभिन्न रसों का रूप धारण करता है, जैसे जल भंवर,बुलबुले और तरंग आदि का रूप धारण करता है।

चतुर्थ अंक में जब वाल्मीकि के आश्रमस्थान तपोवन में ऋष्यशृंग के आश्रम से वशिष्ठ, कौशल्या आदि पधारते हैं और आपस में संवाद होता है तो अनायास ही सभी के बातचीत का विषय सीता का राम द्वारा परित्याग होता है। जनक कहते हैं–

अपत्ये यत्तादृग्दुरितमभवत्तेन महता
विषक्तस्तीव्रेण व्रणितहृदयेन व्यथयता।
पटुर्धारावाही नव इव चिरेणापि हि न मे
निकृन्तन्मर्माणि क्रकच इव मन्युर्विरमति।।[87]

अर्थात् मेरी संतान पर जो उस प्रकार का अनर्थपात हुआ, बड़े भारी, दारुण, पीड़ाजनक तथा घायल कर दिया है हृदय को जिसने ऐसे उस से विशेषतया लगा हुआ तथा प्रबल, निरन्तर संचार करनेवाला, बहुत काल के पश्चात् भी नया जैसा,और आरे के समान मर्मस्थानों को काटता हुआ मेरा शोक शान्त नहीं होता है। इससे आगे–

हा पुत्रि,

अनियतरुदितस्मितं विराजत्कतिपयकोमलदन्तकुड्मलाग्रम्।
वदनकमलकं शिशोः स्मरामि स्खलदसमञ्जसमञ्जुजल्पितं ते।।[88]

अर्थात् हा ! पुत्री, अहेतुक रोदन तथा हास्य हैं जिसमें ऐसे,शोभित हैं कुछ दन्तमुकुलों के अग्रभाग जिसमें ऐसे, लड़खड़ाता हुआ, असंबद्ध तथा मनोहर वचन हैं जिसमें ऐसे, तुझ बच्ची के कमल के समान मुख को याद करता हूँ।- वात्सल्य का उद्रेक करता हुआ करुण रस का ही परिपोष करता है।

जनक वसुंधरा को भी उपालम्भ देते हैं-

भगवति वसुंधरे सत्यमतिदृढासि।

त्वं वह्निर्मुनयो वशिष्ठगृहिणी गंगा च यस्या विदु-
र्माहात्म्यं यदि वा रघोः कुलगुरुर्देवः स्वयं भास्करः।
विद्यां वागिव यामसूत भवती तद्वत्तु या दैवतं
तस्यास्त्वद्दुहितुस्तथा विशसनं किं दारुणेऽमृष्यथाः।।[89]

अर्थात् भगवती वसुंधरा ! सचमुच तू अति कठोर है जिसकी महिमा को तू, मुनि लोग, वशिष्ठपत्नी और गंगा जानती है तथा रघुकुल के आदि पुरुष सूर्यदेव स्वयं जानते हैं। विद्या को वाग्देवता के समान जिसको आपने जन्म दिया, उन्हीं के समान जो देवता है, उस अपनी पुत्री का उस प्रकार का हिंसन, हे कठोर, तूने कैसे सहा।

जनक कौशल्या को उनकी करुण-दशा के कारण पहचान नहीं पाते। तो अरुन्धती कह उठती हैं कि इष्ट-वियोगजन्य दु:ख असह्य होता है तभी कौशल्या की ऐसी दशा है। अनन्तर जनक को अपने मित्र दशरथ की बातें स्मरण होने लगती हैं। सारा दृश्य करुणापूर्ण हो जाता है। अपने प्रिय सखा दशरथ और सीता की स्मृति में डूब जाते हैं और कह उठते हैं-

कन्यायाः किल पूजयन्ति पितरो जामातुराप्तं जनं
संबन्धे विपरीतमेव तदभूदाराधनं ते मयि।
त्वं कालेन तथाविधोऽस्यपहृतः संबन्धबीजं च तद्
घोरेऽस्मिन्मम जीवलोकनरके पापस्य धिग्जीवितम्।।[90]

अर्थात् कन्या के पितृवर्ग जामाता के आत्मीयजन को पूजते हैं ऐसी प्रसिद्धि है। सम्बन्ध होने पर भी मुझमें तुम्हारा वह पूजन उल्टा ही हुआ। इस प्रकार के तुम काल द्वारा छीन लिए गए हो, और वह सम्बन्ध का आदि कारण

(सीता) भी छीन लिया गया है। इस भीषण संसार रूप नरक में मुझ पापी के जीवन को धिक्कार है।

लव को देखकर जनक को राम तथा सीता की स्मृति हो जाती है और उनका हृदय द्रवित हो उठता है। लव के मुख से सीता–परित्याग की कथा सुनकर वे कल्पना कर उठते हैं–

नूनं त्वया परिभवं च वनं च
घोरं तां च व्यथां प्रसवकालकृतामवाप्य।
क्रव्याद्गणेषु परितः परिवारयत्सु
संत्रस्तया शरणमित्यसकृत्स्मृतोऽस्मि।।[91]

अर्थात् तिरस्कार को और भयंकर वन को तथा प्रसव के समय की उस वेदना को प्राप्त करके चारों ओर कच्चा मांस खानेवाले प्राणियों के समूहों के घेरे रहते हुए, तुझ डरी हुई द्वारा रक्षक के रूप में मैं बार–बार अवश्य याद किया गया हूँगा।

पंचम अंक में, महाराज दशरथ के वयोवृद्ध साथी सुमन्त्र को ध्यान से देखकर अश्रुपूर्ण नेत्रवाले होते हुए स्वगत कह उठते हैं–

मनोरथस्य यद्बीजं तद्दैवेनादितो हृतम्।
लतायां पूर्वलूनायां प्रसवस्योद्भवः कुतः।।[92]

अर्थात् हृदय, क्यों मिथ्या कल्पना कर रहा है। यह लव सीता का पुत्र है, इस प्रकार के अभिलाषा का जो मूलकारण अर्थात् सीता को तो दैव ने पहले ही छीन लिया। पहले से ही काटी हुई लता पर पुष्प की उत्पत्ति कहाँ संभव है?

षष्ठ अंक में राम लव और कुश की मुखाकृति दाँतों की कान्ति, ओष्ठमुद्रा आदि सौन्दर्यगुणों का साम्य सीता से पाते हैं। वाल्मीकि से बसा वन, दोनों बालकों की अवस्था, प्रभाव आदि को देखते हुए साश्रु हो उठते हैं और सोचते हैं–

पुरा रूढे स्नेहे परिचयविकासादुपचिते
रहो विश्रब्धाया अपि सहजलज्जाजडदृशः।

मयैवादौ ज्ञातः करतलपरामर्शकलया
द्विधा गर्भग्रन्थिस्तदनु दिवसैः कैरपि तया।।[93]

अर्थात् पूर्व उत्पन्न हुए स्नेह के, परिचय के बढ़ने से बुद्धि को प्राप्त हो जाने पर, एकान्त में विश्वस्त (संकोचरहित) हुई की भी स्वाभाविक लज्जा से निश्चेष्ट हो गई है दृष्टि जिसकी ऐसी सीता का ग्रन्थीभूत गर्भपिण्ड हथेली के स्पर्श की निपुणता से दो भागों में बँटा हुआ पहले-पहल मुझसे जाना गया, तत्पश्चात् कुछ दिनों में उससे (जाना गया)।

रोते हुए राम से लव द्वारा पूछने पर कुश कहता है-

अयि वत्स,

विना सीता देव्या किमिव हि न दुखं रघुपतेः
प्रियानाशे कृत्स्नं किल जगदरण्यं हि भवति।
स च स्नेहस्तावानयमपि वियोगो निरवधिः
किमेवं त्वं पृच्छस्यनधिगत रामायण इव।।[94]

अर्थात् अरे प्रिय भाई, सीता देवी के बिना रघुपति को क्या दुःखकर नहीं है। प्रिया के नाश होने पर सारा जगत् ही जंगल बन जाता है, ऐसा लोग कहते हैं। इतना अधिक वह प्रेम और अवधिरहित यह वियोग। जिसको रामायण अविदित है ऐसे पुरुष के समान तुम इस प्रकार क्यों पूछते हो?

लव और कुश का अपने लिए करुणा देख अपना आवेग छिपाने के लिए राम रामायण से कुछ सुनाने के लिए उन्हें कहते हैं। कुश राम को बालचरित के अंतिम अध्याय के दो श्लोक सुनाते हैं। जिनका आशय था कि राम और सीता एक-दूसरे को प्राणों से भी अधिक प्यारे थे। राम द्रवीभूत होते हैं और कह उठते हैं-

प्रियागुणसहस्त्रणामेकोन्मीलनपेशलः।
य एव दुःस्मरः कालस्तमेव स्मारिता वयम्।।[95]

अर्थात् प्रिया के असंख्य गुणों के साथ आविर्भाव में कुशल जो ही दुःख से स्मरण किये जाने योग्य समय है, उसी की हमें याद दिला दी गई है। राम को सीता के साथ बिताये गये समय चाहे वे राजमहल से या वन से सम्बन्धित हो स्मरण हो उठते है। राम में मुस्कुराहट, स्नेह, शोक, लज्जा के मिले जुले

भाव उद्दीप्त हो उठते हैं। वे कहते हैं कि यदि बच्चे वनवासी हों तो बहुत ही भोले होते हैं और मन्दाकिनी तट के शिलापट्टवाले प्रदेश को भगवती सीता के साथ बिताये क्षणों के साथ प्रत्यक्ष-सा अनुभव करने लगते हैं। शोक से युक्त वे जड़ीभूत से हो जाते हैं।

चिरं ध्यात्वा ध्यात्वा निहित इव निर्माय पुरतः
प्रवासेऽप्याश्वासं न खलु न करोति प्रियजनः।
जगज्जीर्णारण्यं भवति च विकल्पव्युपरमे
कुकूलानां राशौ तदनु हृदयं पच्यत इव।।[96]

अर्थात् प्रवास (वियोग) काल में भी दीर्घ काल तक निरन्तर ध्यान करके कल्पना द्वारा रचकर सामने स्थापित किया हुआ सा प्रेमपात्र जन सान्त्वना नहीं देता है ऐसी बात नहीं है। परन्तु कल्पना के निवृत्त हो जाने पर संसार शुष्क हो जाता है और तत्पश्चात् हृदय मानों तुषाग्नियों के ढेर में पकता रहता है।

इसी षष्ठ अंक में राम अपनी करुणावस्था का वर्णन इस प्रकार करते हैं-

संबन्धस्पृहणीयताप्रमुदितैर्जुष्टैर्वशिष्ठादिभि-
र्दृष्टाऽपत्यविवाहमंगलमहे तत्तातयोः संगतम्।
पश्यन्नीदृशमीदृशः पितृसखं वृत्ते महावैशसे
दीर्ये किं न सहस्त्रधाऽहमथवा रामेण किं दुष्करम्।।[97]

अर्थात् रघुवंश तथा जनक वंश के सम्बन्ध की श्लाघ्यता से प्रसन्न हुए वशिष्ठ आदि से सेवित जो संतानों के विवाह का मंगलोत्सव था उसमें दशरथ तथा जनक दोनों पिताओं का वह सम्मेलन देखकर, मै क्यों नहीं सहस्त्रों प्रकार से विदीर्ण हो जाता? राम से क्या दु:साध्य है?

इसी अंक में राम की करुण दशा को देखकर होश में आए हुए राजा जनक और कौशल्या पुनः मूर्च्छित हो गए-

अनुभावमात्रसमवस्थितश्रियं सहसैव वीक्ष्य रघुनाथमीदृशम्।
प्रथमप्रमूढजनकप्रबोधनाद्विधुराः प्रमोहमुपयान्ति मातरः।।[98]

अर्थात्- केवल अनुभाव में ही विद्यमान कान्ति वाले रघुपति को अकस्मात् ही देखकर, प्रथम मूर्च्छित हुए जनक को समावश्वस्त करके शोक से विकल माताएँ मूर्च्छा को प्राप्त हो रही हैं।

सप्तम अंक में सीता, राम, लव, कुश आदि का मिलन होता है। इस प्रकार उत्तररामचरित का सुखात्मक पर्यवसान होता है जो नाट्यशास्त्रीय नियमों के अनुकूल है। सम्पूर्ण नाटक को यदि भारतीय काव्यशास्त्र के अनुसार अंगी रस के दृष्टिकोण से देखा जाय तो-

(1) इस नाटक के कथानक में सर्वाधिक व्याप्त करुण ही है। अर्थात् करुण-रस की बहुव्याप्ति है।

(2) कथानक के दोनों पक्षों-घटना और भाव का संचालन में करुण रस का अंगित्व स्पष्ट दीखता है।

(3) इस नाटक में 'करुण रस' ही सारभूत प्रभाव का अभिव्यंजक है।

पूरे नाटक में सीता के प्रति राम में प्रबल नैराश्य का भाव भरा हुआ है। राम के आँसू करुण विलाप के साक्षी हैं। यह प्रबल नैराश्य शोक के ही सापेक्षभाव का अभिधायक है, करुणविप्रलम्भ का नहीं। करुण विप्रलम्भ में भी प्रेमियों के वियोग की कठिन-से-कठिन अवस्था दिखाई जाती है, किन्तु उसमें मिलन के प्रति सापेक्षभाव सर्वथा विद्यमान होता है। यहाँ राम के विलापों में सीता से मिलन के प्रति हमेशा निरपेक्षभाव की ही पुष्टि हुई है। उनके ज्ञान में सीता दिवङ्गता हैं। ऐसी स्थिति में राम के विलाप में शोक भाव एवं करुण रस की ही पुष्टि है। क्योंकि जहाँ रति के लायक आलम्बन ही नहीं रहेगा, वहाँ शृंगार के पल्लवित होने की कल्पना ही व्यर्थ है।[99]

कवि भवभूति ने इस प्रकार उत्तररामचरित को गढ़ा है कि राम के लिए सीता रूपी इष्ट का नाश हुआ है। सीता को वनगमन रूपी अनिष्ट मिला है।

'आश्रय' राम में सोच्य सीता आलम्बन विभाव तथा उसका गुण-स्मरण, उसके साथ बिताए क्षणों, दृश्यों का स्मरण उद्दीपन विभाव है। राम का रोना, कलपना, उच्छ्वास, निःश्वास, स्तम्भ, प्रलाप, परिताप, दैवोपलम्भ, जड़ता, वैवर्ण्य, मूर्च्छा आदि अनुभाव' है। मोह, विवाद, जड़ता, दैन्य, ग्लानि, सम्भ्रम, उन्माद, चिन्ता, औत्सुक्य आदि संचारी भावों से स्थायी भाव 'पुष्ट' होने से करुण रस की प्रतीति हो रही है।

संदर्भ

1. अभिषेकनाटक 1/4

2. वही, 1/5
3. वही, 1/11
4. वही, 1/12
5. वही, 3/7
6. वही, 4/2
7. वही, 4/12
8. वही, 5/15
9. वही, 6/7
10. वही, 6/11
11. वही, 6/14
12. वही, 6/13
13. वही, 6/15
14. वही, 6/16
15. वही, 6/17
16. रस-सिद्धान्त: डॉ० नगेन्द्र, पृष्ठ- 287-288
17. महावीरचरितम्, 1/62
18. वही, 2/30
19. वही, पृष्ठ 87
20. वही, 2/31
21. वही, 2/32
22. वही, 2/33
23. वही, 2/39
24. वही, 2/41
25. वही, 2/48
26. वही, पृष्ठ-101
27. वही, 2/49
28. वही, पृष्ठ-103
29. वही, पृष्ठ-103
30. वही, 3/45
31. वही, 5/45
32. वही 5/49
33. वही, 5/52
34. वही, 6/24

35. वही, 6/25
36. वही, 6/46, 49, 51, 54, 61
37. प्रतिमानाटक, 1/16
38. वही, 1/30
39. वही, 2/2
40. वही, 2/3
41. वही, 2/4
42. वही, पृष्ठ–63
43. वही, 2/5
44. वही, पृष्ठ–64
45. वही, 2/11
46. वही, 2/13
47. वही, 2/17
48. वही, पृष्ठ–82
49. वही, 3/10
50. वही, 3/15
51. वही, 4/18
52. वही, पृष्ठ–139
53. वही, 5/6
54. वही, 6/14
55. उत्तररामचरित पृ०–28
56. वही, 1/8
57. वही, 42,1/11
58. वही, पृ० 44,1/12
59. वही, पृ०–48, 1/13
60. वही, 1/18

भवभूति के नाटकों का शैलीवैज्ञानिक और शब्दशक्ति परक अध्ययन: मोनिका गर्ग ईस्टर्न बुक लिंकर्स दिल्ली, प्रथम संस्करण, पृ०–239

62. उत्तररामचरितम् 1/28
63. वही, 1/30
64. वही, 1/33
65. वही, 1/45
66. वही, 1/46

67. वही, 1/48
68. वही, 1/49
69. वही, पृ०–135
70. वही, 2/5
71. वही, 2/6
72. वही, 2/26
73. वही, 2/28
74. वही, 3/1
75. वही, 3/4
76. वही, 3/5
77. वही, 3/9
78. वही, 3/13
79. वही, 3/21
80. वही, 3/22
81. वही, पृ०–264
82. वही, 3/25
83. वही, 3/31
84. वही, 3/38
85. वही, 3/44
86. वही, 3/47
87. वही, 4/3
88. वही, 4/4
89. वही, 4/5
90. वही, 4/17
91. वही, 4/23
92. वही, 5/20
93. वही, 6/28
94. वही, 6/30
95. वही, 6/34
96. वही, 6/38
97. वही, 6/40
98. वही, 6/41
99. भास एवं भवभूति के नाटकों में रसतत्त्व, पृष्ठ–153

षष्ठ अध्याय

भास एवं भवभूति के रामकथाश्रित नाटकों में अङ्ग रस

किए गए अध्ययन से ज्ञात होता है कि सिद्धान्ततः हास्य, रौद्र, भयानक और वीभत्स रसों के अंग रस के रूप में प्रयोग का निर्देश है। भास एवं भवभूति दोनों ही नाटककारों ने अपनी कृतियों में पूर्वोक्त रसों के साथ-साथ अन्य रसों का अंग रूप में प्रयोग किया है। इन दोनों कवियों की रामकथाश्रित कृतियों में मैं अंग रस के रूप में प्रयुक्त रसों का क्रमवार अध्ययन करना चाहती हूँ जो इस प्रकार है-

हास्य रस

अपने सुललित हास्य के लिए प्रशंसित कवि भास की रामकथाश्रित कृतियों में से प्रतिमानाटक के आरंभ में राज्याभिषेक के समय वल्कल वस्त्र धारण करने के प्रसंग में हास्य रस की अभिव्यंजना हुई है। अवदंतिका रेवा से वल्कल ले आती है। और सीता उसे हँसी-हँसी में धारण कर लेती है। सीता पूछती है-

'हला किन्नु खलु ममापि तावत् शोभते।'

अवदन्तिका कहती हैं-

'भट्टिनि! सर्वशोभनीयं सुरूपं नाम। अलंकरोतु भट्टिनी'।

सीता जब वल्कल पहन लेती हैं जब अवदंतिका उनकी सुन्दरता का वर्णन करती हुई कहती है-

'तव खलु शोभते नाम। सौवर्णिकमिव वल्कलं संवृत्तम्।

सीता द्वारा वल्कलों को धारण किये हुए देख राम भी हास्यपूर्ण वातावरण में वल्कलों को धारण कर लेते हैं।

भवभूति की रामकथाश्रित रचनाओं में उत्तररामचरितम् के चतुर्थ अंक में ब्राह्मण कुमारों द्वारा अपरिचित अश्व का विशद एवं स्वाभाविक वर्णन–

कुमार, कुमार, अश्वोऽश्व इति कोऽपि भूतविशेषो
जनपदेषु श्रूयते, सोऽयमधुनास्माभिः प्रत्यक्षीकृतः।
पश्चात्पुच्छं वहति विपुलं तच्च धूनोत्यजस्रं
दीर्घग्रीवं स भवति खुरास्तस्य चत्वार एव
शष्पाण्यत्ति प्रकिरति शकृत्पिण्डकानाम्रमात्रा-
न्किं व्याख्यातैर्व्रजति स पुनर्दूरमेह्येहि यामः।।[1]

अर्थात् कुमार, कुमार, अश्व अश्व नाम का कोई प्राणिभेद लोक में सुना जाता है, वही यह आज हमसे प्रत्यक्ष देखा गया है।....... सुनिए पीछे बड़ी पूँछ धारण किए है और उसको निरन्तर हिलाता है। वह लम्बी गर्दनवाला है। खुर उसके चार ही हैं। कोमल घास को खाता है। आम्रफल के परिमाणवाले पुरीषपिण्ड को गिराता है। अथवा वर्णनों से क्या? वह फिर दूर चला जा रहा है, आओ- आओ हम चलते हैं।

यहाँ ब्राह्मणकुमारों द्वारा अपरिचित अश्व का विशद एवं स्वाभाविक वर्णन हास का पोषक है। यहाँ यज्ञ सम्बन्धी अश्व आलम्बन है। अश्व के शरीर का वर्णन जैसे लंबी पूँछ, चार खुर आदि उद्दीपन है। पाठक तथा दर्शक आश्रय हैं, हँसना अनुभाव है तथा आश्चर्य संचारी भाव है। इन सबके द्वारा हास की परिपुष्टि होने से हास्य रस है।

रौद्र रस

भासरचित अभिषेक नाटक में बाली–सुग्रीव युद्ध के क्रम में क्रोधाभिभूत बाली की मुखमुद्रा का वर्णन करते हुए–

सन्दष्टोष्ठश्चण्डसंरक्तनेत्रो मुष्टिं कृत्वा गाढमुद्वृत्तदंष्टः।
गर्जन् भीमं वानरो भाति युद्धे संवर्त्ताग्निः सन्दिधक्षुर्यथैव।।[2]

अर्थात् यह ओंठ चबा रहा है, इसकी आँखें लाल और भयंकर हैं, मुक्का बाँधकर दाँत निकाल रहा है। भयंकर शब्द करके गरजता हुआ यह बाली युद्ध में ऐसा लगता है मानो संसार को दग्ध करने की इच्छा रखनेवाला प्रलयाग्नि हो।

यहाँ 'आश्रय' बाली के लिए सुग्रीव आलम्बन विभाव, युद्ध के लिए उपस्थित होना उद्दीपन विभाव, लाल आँखें, ओंठ चबाना, मुक्का बाँधना, दाँत निकालना अनुभाव तथा गरजते हुए युद्ध में लगना संचारी भाव है जो स्थायी भाव क्रोध को पुष्ट करता हुआ रौद्र रस की प्रतीति करा रहा है।

भवभूति के महावीरचरित के द्वितीय अंक में जामदग्न्य का कथन-

सोऽयं त्रिःसप्तवारानविकलविहितक्षत्त्रतन्त्रप्रमारो
वीरः क्रौञ्चस्य भेदात्कृतधरणितलापूर्वहंसावतारः।
जेता हेरम्बभृङ्गिप्रमुखगणचमूचक्रिणस्तारकारे-
स्त्वां पृच्छञ्जामदग्न्यः स्वगुरुहरधनुर्भङ्गरोषादुपैति।।[3]

अर्थात् जिसने इक्कीस बार सकल क्षत्रिय का संहार कर दिया, क्रौंच पर्वत का भेदन करके पृथ्वी पर सर्वप्रथम हंसों को आने का अवसर दिया, गणेश तथा भृङ्गी गण रूप सैन्य से युक्त स्कन्द को जीता, वही परशुराम अपने गुरु के धनुर्भङ्ग होने के कारण उत्पन्न रोषवश तुम्हें पूछते हुए आ रहे हैं।

यहाँ परशुराम आश्रय हैं। राम आलम्बन, राम द्वारा शिव-धनुष तोड़ना उद्दीपन, क्रोध से शब्दों का उच्चारण अनुभाव है। आवेग तथा आकुलता व्यभिचारी भाव हैं। इन सबसे क्रोध परिपुष्ट होकर रौद्र रस की प्रतीति करा रहा है।

इसी प्रकार, द्वितीय अंक में-

सत्त्वभ्रंशविषादिभिः कथमपि त्रस्तैः क्षणं वेत्रिभि-
र्दृष्टो दृष्टिविघातजिह्मितमुखैरव्याहतप्रक्रमः।
रामान्वेषणतत्परः परिजनैरुन्मुक्तहाहारवं
कन्यान्तःपुरमेव हा प्रविशति क्रुद्धो मुनिर्भार्गवः।।[4]

अर्थात् सत्त्वक्षय से विषण्ण प्रहरी वेशधारीगण किसी प्रकार उन्हें देख भर रहे हैं, उनकी आँखें उनकी ओर उठ नहीं रही है, उन्होंने उनकी ओर से मुँह फे र लिया है, परशुराम की गति अव्याहत ही है, प्रहरी उन्हें रोक नहीं पाते। वे राम को खोज रहे हैं, परिजन हाहाकार कर रहे हैं, हाय क्रुद्ध परशुराम तो अन्त:पुर में घुसते आ रहे हैं।

तृतीय अंक में जामदग्न्य और राजा-जनक के वार्तालाप में[5] रौद्र रस प्रतीत होता है।

तृतीय अंक में जनक का कथन-

ज्याजिह्वया वलयितोत्कटकोटिद्रंष्ट्रमुद्गारिघोरघनघर्घरघोषमेतत्।
ग्रासप्रसक्तहसदन्तकवक्त्रयन्त्रजृम्भाविडम्बिविकटोदरमस्तुचापम्।।[6]

अर्थात्- हमारा यह धनुष कवल ग्रहण करने के लिये विकृत यमराम के मुख का अनुकरण करनेवाला हो जाय जिसकी प्रत्यंचारूप जीभ से ऊँची कोटि रूप दन्त लिपटे हैं तथा जिससे घोर मेघ का-सा शब्द हो रहा हैं।

पुन: परशुराम का कथन-

उत्तिष्ठेत्तिष्ठ यावद्विशकलितयकृत्क्लोमवृक्कास्त्रगात्र:-
स्नायुग्रन्थ्यस्थिशल्कव्यतिकरितजरत्कंधरादन्तखण्ड:।
मूर्धच्छेदादुदञ्चद्गलधमनिशिरारक्तडिण्डीरपिण्ड -
प्रायासृग्भारघोरं पशुमिव परशु: पर्वशस्त्वां शृणातु।।[7]

अर्थात्-उठो उठो, शिर के कट जाने से धमनियों की शिराओं से निकलनेवाले शोणित फेन से विस्तृत धार हमारा यह कुठार पशु की तरह तुम्हें टुकड़ा-टुकड़ा करके तुम्हारे यकृत तिलक, स्तन, अँतड़ी, अस्थि से युक्त अंस देश को भी खण्ड-खण्ड कर देगा।

उत्तररामचरित के चतुर्थ अंक में- राजा जनक का कथन-

एतद्वैशसवज्रघोरपतनं शश्वन्ममोत्पश्यत:
क्रोधस्य ज्वलितुम् धगित्यवसरश्चापेन शापेन वा।।[8]

अर्थात् सीता के हननरूप भीषण वज्रपात को निरन्तर सोचते मेरे क्रोध के चाप द्वारा अथवा शापद्वारा 'धक्' इस प्रकार से जलने का समय उपस्थित हुआ है।

पंचम अंक में लव का कथन-

अयं शैलाघातक्षुभितवडवावक्त्रहुतभु
क्प्रचण्डक्रोधार्चिर्निचयकवलत्वं व्रजतु मे।
समन्तादुत्सर्पन्धनतुमुलसेनाकलकलः
पयोराशेरोघः प्रलयपवनास्फालित इव।।[9]

अर्थात् प्रलय काल की पवन से आलोडित समुद्र के प्रवाह के समान सब ओर फैलता हुआ यह सेना का गंभीर तथा संकुल कोलाहल, (समुद्र स्थित) पर्वतों के साथ टकराने से उद्दीपित वडवानल के समान जो मेरा उग्र कोप है उसकी ज्वालाओं के समूह का ग्रास बने।

पंचम अंक में ही लव और चन्द्रकेतु के क्रोध का वर्णन करते हुए सुमन्त्र का कथन-

चूडामण्डलबन्धनं तरलयत्याकूतजो वेपथुः
किंचित्कोकनदच्छदस्य सदृशे नेत्रे स्वयं रज्यतः।
धत्ते कान्तिमकाण्डताण्डवितयोर्भङ्गेन वक्त्रं भुवो-
श्चन्द्रस्योद्भटलाञ्छनस्य कमलस्योद्भ्रान्तभङ्गस्य च।।[10]

अर्थात् परस्पर के दमन के आश्रय से उत्पन्न कम्प शिखरमण्डल के बन्धन को चंचल कर रहा है। लाल कमल के पत्र के कुछ कुछ सदृश नेत्र स्वतः लाल हो रहे हैं। मुख अचानक ताण्डवयुक्त भौओं की कुटिलता से परिस्फुट कलंकवाले चन्द्रमा की, और ऊपर मँडराते हुए भौंरोंवाले कमल की शोभा को धारण कर रहा है।

यहाँ 'आश्रय' सुमन्त्र हैं। लव और चन्द्रकेतु आलम्बन हैं। उनकी चेष्टायें उद्दीपन हैं। शरीर काँपना दोनों के नेत्रों का लाल हो जाना, भृकुटीभंग हो जाना आदि अनुभाव हैं। आक्षेप, मोह, अमर्ष आदि व्यभिचारी भाव हैं। इनके द्वारा क्रोध स्थायीभाव परिपुष्ट होकर रौद्र रस की प्रतीति करा रहा है।

भयानक रस

भासरचित रामकथाश्रित नाटकों में से अभिषेक नाटक के चतुर्थ अंक में सत्रहवें श्लोक में राम द्वारा समुद्र के विषय में यह कथन-

क्वचिद् फेनोद्गारी क्वचिदपि च मीनाकुलजलः
क्वचिच्छङ्खाकीर्णः क्वचिदपि च नीलाम्बुदनिभः।
क्वचिद् वीचीमालः क्वचिदपि च नक्रप्रतिभयः
क्वचिद् भीमावर्तः क्वचिदपि च निष्कम्पसलिलः।।

भवभूति के उत्तररामचरित में स्थान-स्थान पर भयानक रस सम्पुष्ट हुआ है।

महावीरचरितम् के पंचम अंक में जटायु का रावण के प्रति यह कथन-

तुण्डप्रोतशिर करोटिविवराकृष्टस्फुरत्त्वग्वसा -
क्लोमप्लीहयकृद्द्रुतोष्णरुधिरस्नाय्वान्त्रमालस्य ते।
अत्युग्रक्रकचप्रचण्डनखरोत्कर्तक्वणत्कीकसै -
रङ्गैः खण्डितकंधराधमनिभिः श्येनीसुतस्तृप्यतु।।[11]

अर्थात् मैं चोंच से तुम्हारी खोपड़ी फोड़कर तथा अंगों को क्षतविक्षत करके तुम्हारी चमड़ी, अँतड़ियाँ, प्लीहा, यकृत, उधेड़ देता हूँ, उससे गरम रक्त तथा आँतों की माला निकल आयेगी और भयानक आरे के समान नखों से तुम्हारे शेष अंगों को चीरकर धमनियों को नोंच-नोंचकर मैं श्येनीसुत तृप्ति का अनुभव करता हूँ।

उत्तररामचरितम् के द्वितीय अंक में जनस्थान की सीमा पर विद्यमान विशाल वन की भयंकरता का वर्णन महाकवि ने इस प्रकार किया है-

निष्कूजस्तिमितः क्वचित्क्वचिदपि प्रोच्चण्डसत्त्वस्वनाः
स्वेच्छासुप्तगभीरघोरभुजगश्वासप्रदीप्ताग्नयः।
सीमानः प्रदरोदरेषु विलसत्स्वल्पाम्भसो यास्वयं
तृष्यद्भिः प्रतिसूर्यकैरजगरस्वेदद्रवः पीयते।।[12]

अर्थात् कहीं तो कूजनों से रहित और निश्चल, कहीं जन्तुओं के अति भयानक शब्दोंवाली, अपनी इच्छा के अनुसार सोये हुए बड़े तथा भयानक सर्पों के श्वासों से प्रदीप्त अग्नियोंवाली तथा बिलों के मध्य भागों में विद्यमान थोड़े जलोंवाली प्रान्तभूमियाँ हैं, जिनमें प्यासे कृकलासों द्वारा वह अजगरों के पसीने का जल पिया जा रहा है।

द्वितीय अंक में ही, शम्बूक का ही कथन-

दधति कुहरभाजामत्र भल्लूकयना-
मनुरसितगुरूणि स्त्यानमम्बूकृतानि।
शिशिरकटुकषायः स्त्यायते सल्लकीना
मिभदलितविकीर्णग्रन्थिनिष्यन्दगन्धः।।[13]

अर्थात् यहाँ बिलों में रहनेवाले तरुण भालुओं के, प्रतिध्वनियों से बढ़े हुए, थूकयुक्त शब्द वृद्धि को धारण करते हैं। और गजभक्ष्या नामक लताओं का हाथियों द्वारा मर्दित तथा बिखेरे हुए पर्वों के रस से उद्भूत गन्ध बढ़ रहा है।

पुनः-

देव, पश्य पश्य-

कूजत्कुञ्जकुटीरकौशिकघटाघूत्कारवत्कीचक -
स्तम्बाडम्बरमूकमौकुलिकुलः क्रौञ्चावतोऽयं गिरिः।
एतस्मिन्प्रचलाकिनां प्रचलतामुद्वेजिताः कूजितै
रुद्वेल्लन्ति पुराणरोहिण तरुस्कन्धेषु कुम्भीनसाः।।[14]

अर्थात् महाराज, देखिये देखिये- यह कुंज रूप कुटीरों में कूजते हुए उल्लू पक्षियों के समूहों के घूत्कार शब्दों से युक्त, वायु से गूँजनेवाले बाँसों के गुच्छों की तुमुलध्वनि से निःशब्द कौवों के समूहों वाला 'क्रौञ्चावत' नामक पर्वत है। इसमें इतस्ततः चलते हुए मयूरों की कूजनध्वनि से डराये हुए अजगर पुराने चन्दनवृक्षों के तनों पर इधर-उधर रेंग रहे हैं।

पंचम अंक में चन्द्रकेतु का यह कहना-

आगर्जद्गिरिकुञ्जकुञ्जरघटानिस्तीर्ण कर्णज्वरं
ज्यानिर्घोषममन्ददुन्दुभिरवैध्मातमुञ्जृम्भयन्।
वेल्लद्भैरवरुण्डमुण्डनिकरैर्वीरो विधत्ते भुवं
तप्यत्कालकरालवक्त्रविधसव्याकीर्यमाणामिव।।[15]

अर्थात् रणभेरी के गंभीर शब्दों से बढ़ाये हुए, तथा बहुत अधिक चिंघाड़ते हुए पर्वत कुजों के समान हाथियों के समूहों को दिया है कानों का क्लेश

जिसने ऐसी मौर्वी के टंकार को उत्पन्न करता हुआ यह वीर, छटपटाते हुए भीषण कबन्धों के शिरों के समूहों से रणभूमि को, तृप्त होते हुए कृतान्त के भीषण मुख से भुक्तावशेष जिसपर बिखर रहे हैं मानों ऐसी बना रहा है।

प्रस्तुत श्लोक में लव की वीरता का वर्णन है। यहाँ लव आलम्बन है और उसकी चेष्टाएँ उद्दीपन हैं। विवर्णता, गद्गद भाषण रोमांच आदि अनुभाव हैं। त्रास, ग्लानि,शंका आदि व्यभिचारी भाव हैं। इन सबसे भय स्थायी भाव पुष्ट होकर भयानक रस की प्रतीति करा रहा है।

वीभत्स रस

भासरचित रामकथाश्रित नाटकों में वीभत्स रस प्रयुक्त नहीं है। भवभूति के महावीरचरित के प्रथम अंक में ताड़का का चित्रण–

अन्त्रप्रोतबृहत्कपालनलकक्रूरकणत्कङ्कण –
प्रायप्रेङ्खितभूरिभूषणरवैराघोषयन्त्यम्बरम्।
पीतोच्छर्दितरक्तकर्दमघनप्राग्भारघोरोल्लल –
द्व्यालोलस्तनभारभैरववपुर्दर्पोद्धतं धावति।।[16]

अर्थात् अंतड़ियों में पिरोई कपालमाला,हडिड्यों का कंकण, आदि गहनों के शब्द से आकाश को शब्दायमान करनेवाली, पीत तथा वान्त रक्तकर्दम से भयानक लम्बे स्तनों से भीषणकाय यह दर्प से घूमनेवाली (कौन है) ।

ताड़का-वध का वर्णन

हृन्मर्मभेदिपतदुत्कटकङ्कपत्रसंवेगतत्क्षणकृतस्फुटदङ्गभङ्गा।
नासाकुटीरकुहरद्वयतुल्यनिर्यदुद्बुद्बुदध्वनदसृक्प्रसरा मृतैव ।।[17]

अर्थात् हृदयमर्म का भेदनकरनेवाले घोर बाणों के वेग से तत्काल अंग कट रहे हैं और दोनों नाक की राह एक साथ बुलबुले के रूप में खून गिर रहा है। यह मरी वह।

पंचम अंक में लक्ष्मण कहते है–

सौहित्यात्पृथवः क्कथन्ति रुधिरोत्सेकाश्चमत्कारिण-
ष्टङ्कारोत्कटमुच्चरन्ति नलकास्त्ङ्मांसविस्त्रंसनात्।

उत्सर्पन्त्यथ मेदसां विलयनादुद्बुद्बुदा वीचय-
श्चित्रं श्चित्रमुदेति कोऽप्ययमितो दिव्यः श्मशानानलात्।।[18]

अर्थात् तृप्ति से रुधिर की धार पक रही है, त्वचा और मांस अलग हो रहे हैं, संधिस्थल चटचट कर रहे हैं मेदा के नष्ट होने से बुलबुले छूट रहे हैं, आश्चर्य ही बात, है कि श्मशानानल में से कोई दिव्य पुरुष प्रकट हो रहा है।

षष्ठ अंक में राम-रावण युद्ध का वर्णन-

वीराणां रुण्डतुण्डप्रविघटनपटुस्फारदोर्दण्डखण्ड -
व्यापारक्षिप्यमाणप्रतिभटविकटाटोपवर्ष्मप्ररूढः।
कूटः कोऽप्येष युद्धाजिरभुवि जरठश्चित्रकूटानुकारी
लीयन्ते यत्र शत्रुप्रपतनविवशाः कोटिशः शूरकीटाः।।[19]

अर्थात् वीरों के रुण्डमुण्ड कटे हुए हाथ-पैर और योद्धाओं के विशाल शरीरों के इकट्ठे हो जाने से युद्धांगण में एक पहाड़ खड़ा हो गया है जो चित्रकूट-सा दीखता है, जिसमें शत्रुओं के आक्रमण से विवश क्षुद्र योद्धा छिप रहे हैं।

इसी प्रकार राम-रावण युद्ध प्रसंग में वासव की उक्ति-

प्रासप्रोतप्रवीरोल्बणरुधिरपरामृष्टबुक्काजिघत्सा -
धावद्गृध्राधिराजाप्रतिमतनुरुहच्छ्ायया वारितोष्णाः।
विश्राम्यन्ति क्षणार्धं प्रधनपरिसरेष्वेव मुक्ताभियोगा
वीराः शस्त्रप्रहारव्रणभररुधिरोद्गारदिग्धाखिलाङ्गाः।।[20]

अर्थात् भाले से विधे शूरवीरों के शरीर का रुधिरसिक्त नव मांस खाने के लोभ में मँडरानेवाले गृध्रों की बड़ी पक्षच्छाया द्वारा जिनकी धूप बचाई जाती है, ऐसे वीरगण शस्त्रप्रहार से व्याप्त शरीर भाग से शोणित की धार निकलते रहने पर भी थोड़ी देर के लिये लड़ाई के मैदान में ही विश्राम कर लेते हैं।

आगे-

इतोऽपि-

प्रतीक्षन्ते वीराः प्रतिमुखमुरोभिः सरभसं
विपक्षाणां हेतीः प्रतिनियतधैर्यानुभवतः।

विदीर्णत्वग्भारा दलितपिशिताश्छिन्नधमनि -
प्रकाण्डास्थिस्नायुस्फुटतरविलक्ष्यान्त्रनिवहाः।।[21]

अर्थात् इधर भी-जिनकी देह का मांस कट गया है, त्वचा साफ है, धमनियाँ, बड़ी-बड़ी हड्डियाँ और स्नायु कट गई हैं, जिनसे आंतें दीख रही हैं, ऐसे वीरगण व्यवस्थित धैर्य की महिमा में शत्रुओं के अस्त्रों को सीने से ले रहे हैं।

उत्तररामचरित के द्वितीय अंक में राम गर्भिणी सीता के निर्वासन के कारण स्वयं को वीभत्सर्मा कहते हैं-

रे हस्त दक्षिण मृतस्य शिशोर्द्विजस्य
जीवातवे विसृज शूद्रामुनौ कृपाणम्।
रामस्य गात्रमसि निर्भरगर्भखिन्न-
सीताविवासनपटोः करुणा कुतस्ते।।[22]

अर्थात् हे दक्षिण हाथ । ब्राह्मण के मृत बालक के जीवन के लिए शूद्र मुनि पर तलवार छोड़। पूर्ण गर्भ से अलसायी हुई सीता के निर्वासन में निपुण राम का तू अंग है, तुझे दया कैसे आ सकती है?

द्वितीय अंक में ही शम्बूक का यह कथन-

निष्कूजस्तिमितः क्वचित्क्वचिदपि प्रोच्चण्डसत्त्वस्वनाः
स्वेच्छासुप्तगभीरघोरभुजगश्वासप्रदीप्ताग्नयः।
सीमानः प्रदरोदरेषु विलसत्स्वल्पाम्भसो यास्वयं
तृष्यद्भिः प्रतिसूर्यकैरजगरस्वेदद्रवः पीयते।।[23]

अर्थात् कहीं तो पक्षियों के कूजनों से रहित और निश्चल, कही श्वापदों (जन्तुओं) के अति भयानक शब्दोंवाली, अपनी इच्छा के अनुसार सोये हुए बड़े तथा भयानक सर्पों के श्वासों से प्रदीप अग्नियोंवाली बिलों के मध्य भागों में विद्यमान थोड़े जलों वाली प्रान्त भूमियाँ है, जिनमें प्यासे गिरगिटों द्वारा वह अजगरों के पसीने का जल पिया जा रहा है।

उत्तररामचरित के ही पंचम अंक में चन्द्रकेतु का कथन-

मुनिजनशिशुरेकः सर्वतः सैन्यकाये
नव इव रघुवंशस्याप्रसिद्धः प्ररोहः।
दलितकरिकपोलग्रन्थिटंकारघोर
ज्वलितशरसहस्रः कौतुकं मे करोति ।।[24]

अर्थात् रघुवंश का नया अप्रसिद्ध अंकुर जैसा मुनिबालक अकेला ही, सर्वत्र सैन्यव्यूह में दल दिये गये हैं, हाथियों के गण्डस्थलों के संधिभाग जिसके द्वारा ऐसे, तथा टंकार शब्द से भयानक, तथा जलते हुए सहस्रों बाण हैं, जिसके ऐसे (होता हुआ) मेरे कौतूहल को उत्पन्न कर रहा है।

पुनः-

अयं हि शिशुरेककः समरभारभूरिस्फुर-
त्करालकरकन्दली कलितशस्त्रजालैर्बलैः।
कणत्कनककिङ्किणी झणझणायितस्यन्दनै
रमन्दमददुर्दिनद्विरदव रिदैरावृतः।।[25]

अर्थात् यह अकेला बालक तुमुलसंग्राम में अत्यन्त चमकते हुए, भीषण तथा कन्दलीसदृश विशाल हाथों में धारण किए हुए शस्त्रसमूहों से युक्त शब्द करती हुई स्वर्णघंटिकाओं से झणझण ध्वनि करते हुए रथों से युक्त तथा बहुत अधिक मदजल को बरसानेवाले मेघसदृश हाथियों से युक्त सेनाओं से घिरा हुआ है।

इसी क्रम में आगे-

आगर्जद्गिरिकुंजकुंजरघटानिस्तीर्णकर्णज्वर-.
ज्यानिर्घोषममन्ददुन्दुभिरवैराध्मातमुज्जृम्भयन्।
वैल्लद्भैरवरुण्डखण्डनिकरैर्वीरो विधत्ते भुवं
तृष्यत्कालकरालवक्त्रविघसव्याकीर्यमाणामिव।।[26]

अर्थात् रणभेरी के गंभीर शब्दों से बढ़ाए हुए, तथा भय से बहुत अधिक चिंघाड़ते हुए पर्वत कुंजों के समान हाथियों के समूहों को, दिया है कानों का क्लेश जिसने ऐसे मौर्वी के टंकार को उत्पन्न करता हुआ यह वीर, छटपटाते

हुए भीषण कबन्धों के शिरों के समूहों से रणभूमि को, तृप्त होते कृतान्त के भीषण मुख से निकले हुए भुक्तावशेष जिसपर बिखर रहे हैं मानो ऐसी बना रहा है।

इस प्रकार भास एवं भवभूति के रामकथाश्रित नाटकों में संस्कृत नाटकों के अंग रसों-हास्य, रौद्र, भयानक और वीभत्स के द्वारा अंगी रस पुष्ट हुआ। किन्तु, इसके अतिरिक्त शृंगार, वीरादि रसों के द्वारा भी इन नाटकों के अंगीरस सम्पुष्ट हुए हैं जिनको मैं क्रम से प्रस्तुत करना चाहती हूँ।

शृंगार रस

यद्यपि भास और भवभूति के रामकथाश्रित नाटक वीर रस अथवा करुण रस प्रधान हैं। तथापि इन नाटकों में रसराज शृंगार भी यथोचित स्थान पर प्रयुक्त हुए हैं जिस कारण मुख्य रस का संपोषण ही हुआ है।

भास के प्रतिमानाटक में प्रथम अंक में सीता के प्रति राम की यह उक्ति-

मा स्वयं मन्युमुत्पाद्य परिहासे विशेषतः।
शरीरार्धेन मे पूर्णमाबद्धा हि यदा त्वया।।[27]

अर्थात् सीते स्वयं अमंगल की आशंका मत करो खासकर हास परिहास में। मेरी अर्धांगिनी होकर जब तुमने वल्कल पहन लिया तो मुझे भी वल्कल पहने ही समझो।

यहाँ सीता का वल्कल पहनना उद्दीपन विभाव है, राम आश्रय है, राम का परिहास करना अनुभाव है तथा धृति, ग्लानि आदि संचारी भाव है। इस प्रकार इन भावों के द्वारा 'रति' की परिपुष्टि होने से शृंगार रस की प्रतीति हो रही है।

भवभूति ने महावीरचरित के पंचम अंक में राम की विरहावस्था का वर्णन किया है जहाँ वियोगकालीन रति की परिपुष्टि से विप्रलम्भ शृंगार की प्रतीति हो रही है-

एष मूर्त इव क्रोधः शोकाग्निरिव जंगमः।
कृच्छ्राद् बिभर्ति ह्रल्लेलज्जासंवेगिनीं तनुम्।।[28]

अर्थात् यह हमारे आर्य आजकल शरीरधारी क्रोध के सदृश तथा जंगम

शोकाग्नि के तुल्य होकर कष्ट से जुगुप्सा और लज्जा से युक्त देह को धारण कर रहे हैं।

इसी अंक में राम की यह उक्ति–

न्यक्कारो हृदि वज्रकील इव मे तीव्रः परिस्पन्दते
घोरान्धे तमसीव मज्जति मनः संमीलितं लज्जया।
शोकस्तातविपत्तिजो दहति मां नास्त्येव यस्मिन् क्रिया
मर्माणीव पुनश्छिनत्ति करुणा सीतां वराकीं प्रति।।[29]

अर्थात् वज्रकील की तरह यह शिकायत मेरे भीतर बैठी हुई है, मन घोर अंधकार में डूबा हुआ तथा लज्जा से आच्छन्न हो रहा है। जटायु की पीड़ा मुझे कचोट रही है जिसकी अब कोई औषधि ही नहीं है, बेचारी सीता के लिये करुणा मर्मच्छेद अलग कर रही है।

पंचम अंक में ही राम की यह उचित–

प्रिये हा हा क्वासि प्रकिर मधुरां वाचमथ वा
पराभूतैरित्थं विलपनविनोदोऽप्यसुलभः।
अनिन्द्यः पौलस्त्यो व्रजति परिवादो मयि पुन–
र्यतो वैरे रूढे बहुगुणमनेन प्रतिकृतम्।।[30]

अर्थात्, हा प्रिये। कहाँ हो ? मीठी वाणी तो सुनाओ अथवा हमारे सदृश कलंकी के लिए वार्त्तासुख भी दुर्लभ ही है। रावण प्रशंसनीय दशा में निन्दनीय है क्योंकि उसने बढ़े हुए वैर का उचित बदला लिया है।

इसी तरह उत्तररामचरित के प्रथम अंक में सीताहरण का स्मरण आते ही राम की आँखों से आँसू की धारा बह निकलती है–

अयं ते वाष्पौघस्त्रुटित इव मुक्तामणिसरो
विसर्पन् धाराभिर्लुठति धरणीं जर्जरकणाः।
निरुद्धोऽप्यावेगः स्फुरदधरनासापुटतया
परेषामुन्नेयो भवति च भराध्मातहृदयः।।[31]

अर्थात्– यह आपका अश्रूसमूह टूटे हुए मुक्तामणियों के हार के समान अविच्छिन्न प्रवाहों के रूप में गिरता हुआ, टूटे हुए कणों वाला होकर भूमि पर

लोटता है और अपने आधिक्य से आपूरित कर दिया है हृदय को जिसने ऐसा आपके शोक का आवेग फड़कते हुए होंठ तथा नासापुटों से दूसरों द्वारा अनुमेय हो रहा है।

इसी प्रकार पम्पा सरोवर का चित्र देखते हुए राम का यह कहना–

एतस्मिन्मदकलमल्लिकाक्षपक्ष –
व्याधूतस्फुरदुरुदण्डपुण्डरीकाः।
वाष्पाम्भः परिपतनोद्गमान्तराले
संदृष्टाः कुवलयिनो भुवो विभागाः।।[32]

अर्थात् इसमें यौवनमद से अव्यक्तमधुर ध्वनिवाले मल्लिकाक्ष हंसों के पंखों से कँपाये हुए चंचल बड़े नालोंवाले श्वेतकमलों से युक्त भूमि के भाग, आँसुओं के गिरने तथा निकलने के बीचवाले समय से नीलकमलों से युक्त दिखाई पड़े।

प्रथम अंक में ही सीता और राम संवाद के दौरान राम का कथन–

आविवाहसमयाद् गृहे वने शैशवे तदनु यौवने पुनः।
स्वापहेतुरनुपाश्रितोऽन्यया रामबाहुरुपधानमेष ते।।[33]

अर्थात् विवाह के समय से लेकर घर में, वन में, बचपन में और फिर यौवन में, निद्रा का उपकरण भूत तथा अन्य स्त्री द्वारा अनालम्बित, यह राम का बाहु तेरा तकिया है।

वीर रस

भास एवं भवभूति के रामकथाश्रित नाटकों में से क्रमशः अभिषेक और महावीरचरित नाटकों में वीर रस अंगी रस है जिसकी चर्चा यहाँ लक्ष्य नहीं है।

अत: प्रतिमानाटक तथा उत्तररामचरित जहाँ वीर रस अंग रस के रूप में आए हैं– की चर्चा करना चाहती हूँ।

प्रतिमानाटक के चतुर्थ अंक में भरत के प्रति लक्ष्मण की यह उक्ति–

असुरसमरदक्षैवज्रसंघृष्टचापैरनुपमबलवीर्यैः स्वैः कुलैस्तुल्यवीर्यः।
रघुरिव स नरेन्द्रो यज्ञविश्रान्तकोशो भव जगति गुणानां भाजनं भ्राजितानाम्।।[34]

अर्थात् दैत्यों के साथ संग्राम में प्रवीण, वज्र से भी स्पर्धा करनेवाले धनुष को धारण करने वाले अनुपम बलवीर्यशाली अपने पूर्वजों की तरह बनो। अपने समस्त ऐश्वर्य को यज्ञ में अर्पित कर देनेवाले महाराज रघु की भांति संसार में दिव्यमान गुणों के भाजन बनो।

यहाँ लक्ष्मण 'आश्रय' भरत 'आलम्बन विभाव' पूर्वजों की वीरता का स्मरण 'उद्दीपन विभाव' लक्ष्मण के उत्साह भरे वचन 'अनुभाव' तथा गर्व 'संचारी भाव' के द्वारा 'उत्साह' परिपुष्ट होकर 'वीर' रस की प्रतीति करा रहा है।

उत्तररामचरित के द्वितीय अंक में राम की वीरता का वर्णन करते हुए शम्बूक का कथन-

चतुर्दश सहस्राणि रक्षसां भीमकर्मणाम्।
त्रयश्च दूषणखरत्रिमूर्धानो रणे हताः।।[35]

अर्थात् क्रूर कर्मों वाले राक्षसों में से चौदह हजार तथा दूषण, खर और त्रिमूर्धा ये तीन भी संग्राम में मारे गए।

चतुर्थ अंक में, नेपथ्य से की गई घोषणा-

योऽयमश्वः पताकेयमथवा वीरघोषणा
सप्तलोकैकवीरस्य दशकण्ठकुलद्विष।।[36]

अर्थात् यह जो अश्व है, यह सातों लोकों में अद्वितीय वीर, रावण वंश के शत्रु राम की विजय-पताका है अथवा वीरत्व की घोषणा है।

इसी अंक में लव का धनुष पर मौर्वी चढ़ाते हुए यह कहना कि-

ज्याजिह्वया वलयितोत्कटकोटिदंष्ट्रमुद्गारिघोरघनघर्घरघोषमेतत्।
ग्रासप्रसक्तहसदन्तकवक्त्रयन्त्रजृम्भाविडम्बिविकटोदरमस्तु चापम्।।[37]

अर्थात् मौर्वी रूप जिह्वा से उन्नत सिरे रूप दाढ़ें जिसकी ऐसा, ऊपर उठता हुआ, भीषण, मेघ के जैसा घर्घर शब्द है जिसका ऐसा यह धनुष, निगलने में लगे हुए, अट्टहास करते हुए यम के यन्त्रसदृश मुख की जम्हाई का अनुकरण करनेवाला (अतएव) भीषण उदर वाला होवे।

पंचम अंक में चन्द्रकेतु का कथन–

किरति कलितकिंचित्कोपरज्यन्मुखश्री –
रविरतगुणगुंजत्कोटिना कार्मुकेन।
समरशिरसि चञ्चत्पञ्चचूडश्चमूना
मुपरि शरतुषारं कोऽप्ययं वीरपोत:।।[38]

अर्थात् कुछ-कुछ क्रोध से रक्तवर्ण हो रही है मुख की कान्ति जिसकी ऐसा, हिलती हुई पाँच शिखाओंवाला कोई यह वीरबालक रणक्षेत्र के अग्रभाग में , निरन्तर मौर्वी पर टंकार करती हुई हैं अटनी जिसकी ऐसे धनुष से सेनाओं के ऊपर तुषार की वर्षा के समान बाणों की वर्षा कर रहा है।

पंचम अंक में लव का कथन–

यथेन्दावानन्दं व्रजाति समुपोढे कुमुदिनी।
तथैवास्मिन्दृष्टिर्मम, कलहकाम: पुनरयम्।
रणत्कारक्रूरकणितगुणगुञ्जदगुरुधनु–
र्धृतप्रेमा बाहुर्विकचविकरालोल्वणरस:।।[39]

अर्थात् जिस प्रकार चन्द्रमा के उदित होने पर कुमुदिनी लता आनन्द को प्राप्त होती है, उसी प्रकार इस चन्द्रकेतु में मेरी दृष्टि आनन्द को प्राप्त होती है। किन्तु 'रणत्' इस प्रकार के शब्द से कठोर है झंकार जिसकी ऐसी मौर्वी से गुंजारते हुए भारी धनुष में स्थापित प्रेमवाला, स्फुट और भीषण वीररसवाला मेरा यह बाहु तो युद्ध का इच्छुक है।

पंचम अंक में ही चन्द्रकेतु का कथन–

कोप्येष संप्रति नव: पुरुषावतारो
वीरो न यस्य भगवान्भृगुनन्दनोऽपि।
पर्याप्तसप्तभुवनाभयदक्षिणानि
पुण्यानि तातचरितान्यपि यो न वेद।। [40]

अर्थात् अब यह कोई नया पुरुष रूप में अवतार हुआ है, जिसके लिए भगवान् भृगुनन्दन भी वीर नहीं है। पूर्णरूप से प्राप्त हुई है सात लोकों को

अभयरूप दक्षिणा जिनमें ऐसे पावन, पिताजी के चरितों को भी नहीं जानता है।

षष्ठ अंक में कुश का कथन–

दत्तेन्द्राभयदक्षिणैर्भगवतो वैवस्वतादा मनो –
दृप्तानां दहनाय दीपितनिजक्षत्रप्रतापाग्निभिः।
आदित्यैर्यदिविग्रहो नृपतिभिर्धन्यं ममैतत्ततो
दीप्तास्त्रस्फुरदुग्रदीधितिशिखानीराजितव्यं धनुः।।[41]

अर्थात् भगवान् वैवस्वत मनु से लेकर आजतक दिया है इन्द्र को अभयदान जिन्होंने ऐसे, तथा उद्धतों को भस्म करने के लिए प्रज्वलित किया है स्वकीय क्षात्रतेज रूप अग्नि जिन्होनें ऐसे सूर्यवंशीय राजाओं से यदि युद्ध होता है तो दीप्तिमान् अस्त्र की चमकती हुई तीक्ष्ण किरणों की शिखाओं से नीराजना की गई है जिसकी ऐसी मौर्वीवाला मेरा यह धनुष धन्य हो।

आगे राम का कथन–

कोऽप्यस्मिन् क्षत्रियपोतके पौरुषातिरेकः।
दृष्टिस्तृणीकृतजगत्त्रयसत्त्वसारा
धीरोद्धता नमयतीव गतिर्धरित्रीम्।
कौमारकेऽपि गिरिवद्गुरुतां दधानो
वीरो रसः किमयमेत्युत दर्प एव ।।[42]

अर्थात् इस क्षत्रिय बालक में सामर्थ्य का अनिर्वचनीय उत्कर्ष है। दृष्टि तृण के समान उपेक्षित कर दिया गया है तीनों भुवनों के बल का उत्कर्ष जिसके द्वारा ऐसी है, अविचलित तथा गर्वित चाल पृथिवी को मानो झुका देती है। बाल्यावस्था में भी पर्वत के समान गुरुता को धारण किए हुए क्या यह वीर रस आ रहा है अथवा गर्व ही आ रहा है।

करुण रस

भास एवं भवभूति के रामकथाश्रित नाटकों में से क्रमशः प्रतिमानाटक एवं उत्तररामचरित का अंगी रस करुण है। अतः इन दोनों की दूसरी कृतियों में करुण रस का वर्णन का अध्ययन यहाँ अभीष्ट है जो इस प्रकार है।

भासकृत अभिषेक नाटक में कई स्थलों पर करुण रस की उद्भावना हुई है। प्रथम अंक में सुग्रीव का बाली के प्रति यह कथन–

करिकरसदृशौ गजेन्द्रयामिं –

स्तव रिपुशस्त्रपरिक्षताङ्गदौ च।

अवनितलगतौ समीक्ष्य बाहू

हरिवर ! हा पततीव मेऽद्य चित्तम्।। [43]

अर्थात् हे गजेन्द्र की तरह चलनेवाले, हाथी के शुण्डादण्ड के समान आपके बाहुओं को शत्रु के बाणों द्वारा क्षत–विक्षत होकर पृथ्वी पर लोटते देखकर मेरा हृदय बैठा जा रहा है।

बाली की मृत्यु के उपरान्त तो सुग्रीव की विह्वलता बढ़ती है। अंगद भी विलाप कर रहा है–

हा महाराज!

अतिबलसुखशायी पूर्वमासीर्हरीन्द्रः

क्षितितलपरिवर्ती क्षीणसर्वाङ्गचेष्टः।

शरवरपरिवीतं व्यक्तमुत्सृज्य देहं

किमभिलषसि वीर स्वर्गमद्याभिगन्तुम्।। [44]

अर्थात् हाँ महाराज, आप अत्यन्त बलपूर्वक आराम से सोनेवाले हरीश्वर थे, इस समय आपके अंगों में चेष्टा नहीं रह गई है, आप पृथ्वी पर पड़े हुए हैं, क्या आप अपनी इस बाणविद्ध देह को छोड़ कर स्वर्ग जाना चाह रहे हैं।

इसी प्रकार, पंचम अंक में इन्द्रजित की मृत्यु के उपरान्त रावण की विपन्नावस्था के चित्रण में हुआ है। रावण अपने इस पराक्रमी पुत्र की मृत्यु से विचलित हो कह उठता है–

देवाः सेन्द्रा जिता येन दैत्याश्चापि पराङ्मुखाः।

इन्द्रिजित् सोऽपि समरे मानुषेण निहन्यते।। [45]

अर्थात् जिसने समस्त देवों, दानवों और इन्द्र को जीता, उस इन्द्रजित् को भी मानुष ने मार दिया ।

हा वत्स ! सर्वजगतां ज्वरकृत् ! कृतास्त्र !
हा वत्स ! वासवजिदानतवैरिचक्र !।
हा वत्स ! वीर ! गुरुवत्सल ! युद्धशौण्ड !
हा वत्स ! मामिह विहाय गतोऽसि कस्मात्।।[46]

अर्थात् हा बेटा, जगत्संतापकर, हा शस्त्रविद्याज्ञाता, हा वत्स् हा इन्द्रजित्, हा शत्रुसंहारक, हा वीर, हा गुरुवत्सल, हा युद्धशूर, हाय बेटा, मुझे छोड़ कर तुम कहाँ गये?

भवभूतिकृत महावीरचरित के चतुर्थ अंक में राजा दशरथ की मर्मच्छेदिनी पीड़ा इस प्रकार व्यक्त होती है–

प्राणाः प्रयान्ति परितस्तमसावृतोऽस्मि
मर्मच्छिदो मम रुजः प्रसरन्त्यपूर्वाः।
अक्ष्णोमुखेन्दुमुपधेहि गिरं च देहि
हा पुत्र मय्यकरुणः सहसैव मा भूः।।[47]

अर्थात् हमारे प्राण निकले जा रहे हैं, चारों ओर अंधेरा छा रहा है, मर्मभेदी पीड़ा हो रही है जैसी कभी नहीं हुई थी, आँखों के सामने मुखचन्द्र लाओ, कुछ बोलो। सहसा मुझ पर निर्दय मत हो जा ।

पंचम अंक में सीता-हरण के बाद राम का कथन–

प्रिये हा हा क्वासि प्रकिर मधुरां वाचमथ वा
पराभृतैरित्थं विलपनविनोदोऽप्यसुलभः।
अनिन्द्यः पौलस्त्यो व्रजति परिवादो मयि पुनः
र्यतो वैरे रूढे बहुगुणमनेन प्रतिकृतम्।।[48]

अर्थात् हा प्रिये ! कहाँ हो? मीठी वाणी तो सुनाओ अथवा हमारे सदृश कलंकी के लिए वार्त्तासुख भी दुर्लभ ही है। रावण प्रशंसनीय तथा मैं निन्दनीय हूँ क्योंकि उसने बढ़े हुए वैर का बदला ले लिया है।

पंचम अंक में ही बाली की मृत्यु के समय नील आदि का विलाप–

हा वीर हा मघवनन्दन मन्दराद्रिनिष्कम्पसारजगदप्रतिमल्लवीर।।
उद्दर्पदुन्दुभिनिशुम्भपटुप्रचण्डदोर्दण्डमण्डल गतोऽसि हहा हताः स्मः।।[49]

अर्थात् हाय वीर ! हाय इन्द्रपुत्र ! हा मन्दराचल समान अचल ! हा अद्वितीय शूर ! हा दुन्दुभि को मारने पाले बाहुदण्ड से युक्त ! हाय ! अब तुम चले ही।

शान्त रस

भाव के अभिषेक नाटक और भवभूति के उत्तररामचरित के प्रसंगों में शान्त रस प्राप्य है। अभिषेकनाटक के प्रथम अंक में राम के वाण से विद्ध बाली मूर्च्छित हो पुनः होश में आता है। राम द्वारा छिपकर बाण चलाने पर प्रश्नचिह्न भी लगाता है। किन्तु राम के तर्कों से निरुत्तर होकर संतुष्ट होकर कहता है –

भवता दण्डितत्वाद् विगतपापोऽहं ननु।

इतना ही नहीं निकट मृत्यु देखते हुए भी विषादग्रस्त अंगद को विलाप करने से रोकते हुए सुग्रीव से कहता है–

भोः सुग्रीव!

मया कृतं दोषमपास्य बुद्ध्या त्वया हरीणामधिपेन सम्यक्।
विमुच्य रोषं परिगृह्य धर्मं कुलप्रवालं परिगृह्यतां नः।।

(1/26)

हे सुग्रीव! तुम अब वानरराज हुए, मैंने जो गलतियाँ की हैं उन्हें अपनी बुद्धि से दूर करके तथा क्रोध को भुलाकर तुम हमारे वंशाकुर की रक्षा करना।

पुनः बाली श्रीराम से कहता है–

भो राघव/ यस्मिन् कस्मिन् वापराधेऽनयोर्वानरचापलं क्षन्तुमर्हसि।

बाली सुग्रीव को कुलमाला देते हुए कहता है–

"प्रतिगृह्यतामस्मत्कुलधनं हेममाला।"

(पृष्ठ – 19)

हनुमान से विनम्रतापूर्वक पानी माँगता है और आचमन करके कहता है–

"परित्यजन्तीव मां प्राणाः। इमा गंगाप्रभृतयो महानद्य एता उर्वश्यादयोऽप्सरसो मामभिगताः। एष सहस्त्रहंसप्रयुक्तो

वीरवाही विमानः कालेन प्रेषितो मां नेतुमागतः। भवतु। अयमयमागच्छामि।'' (पृष्ठ–19–20)

यहाँ बाली के पूर्वोक्त आचरण से स्पष्ट है कि उसे अनित्य संसार का ज्ञान हो गया है तथा अंतिम अवस्था में परमार्थ चिन्तन करता है जो शान्त रस का आलम्बन विभाव है। सृष्टि की क्षणभंगुरता से तत्त्व ज्ञान को प्राप्त बाली के हृदय में शम स्थायी भाव उत्पन्न होता है। श्रीराम का बाण पुण्याश्रम की तरह फलदेनेवाला उद्दीपन विभाव है सभी प्राणियों के प्रति दया का भाव उत्पन्न होना अनुभाव है तथा निर्वेद, धृति, स्मृति, मति आदि संचारी भाव हैं। इन सबसे शान्त रस की प्रतीति सामाजिकों को होती है।

राम द्वारा सीता की अग्नि–परीक्षा और अग्नि–शुद्धि प्रकरण में अग्निदेव और राम का कथन शान्त रस का उदाहरण हैं–

इमां गृह्णीष्व राजेन्द्र ! सर्वलोकनमस्कृताम्।
अपापामक्षतां शुद्धां जानकीं पुरुषोत्तम ! ।।[50]

अपि च,

इमां भगवतीं लक्ष्मीं जानीहि जनकात्मजाम्
सा भवन्तमनुप्राप्ता मानुषीं तनुमास्थिता।।[51]
रामः–अनुगृहीतोऽस्मि।
जानतापि च वैदेह्याः शुचितां धूमकेतन !।
प्रत्ययार्थं हि लोकानामेवमेव मया कृतम्।।[52]

अर्थात् हे पुरुषोत्तम, हे राजेन्द्र,सर्वलोकवन्दिता, अपापा, अक्षता तथा शुद्धा इस अपनी सीता को स्वीकार कीजिए। और– आप जनकात्मजा इस सीता को लक्ष्मी ही समझें, लक्ष्मी ही मनुष्य रूप धरकर आपके पास आई हैं।,

राम–यह आपका अनुग्रह है। हे अग्निदेव! मैं सीता की पवित्रता को जानता हूँ, लोगों के विश्वासार्थ ही मैंने ऐसा किया है।

उत्तररामचरित के चित्रवीथी प्रसंग में राम के जटाधारी चित्र को देख लक्ष्मण का कथन–

धृतं बाल्ये तदार्येण पुण्यमारण्यकव्रतम्।[53]

द्वितीय अंक में अगस्त्य मुनि द्वारा ब्रह्मविद्या का उपदेश देने का प्रसंग[54] और फिर राम द्वारा आनन्दमय विराट लोकों का वर्णन करने का प्रसंग–

द्वयमपि प्रियं नः ।तदनुभूयतामुग्रस्य तपसः फलम्।

यत्रानन्दाश्च मोदाश्च यत्र पुण्याश्च संपदः।

वैराजा नाम ते लोकास्तैजसा सन्तु ते शिवाः।।[55]

अर्थात् दोनों ही बातें हमें प्रिय हैं। अत: अति कठोर तपस्या के फल को अनुभव कीजिए। जहाँ आध्यात्मिक तथा दिव्यविषयों के भोग का सुख है और जहाँ पवित्र संपदाएँ है वे ज्योतिर्मय तथा मंगलकारी वैराज नामक बह्मलोक तुम्हारे होवें।

अद्भुत रस:–

भासकृत अभिषेक नाटक में समुद्र आश्चर्य रूप में दो भागों में विभक्त होकर स्थल मार्ग दे देता है। इस स्थल पर वरुणदेव का उपस्थित होना और विचित्र रूप में मार्ग देना हमारे विस्मय को जागृत कर देता है। आँखें फाड़कर हम समुद्र की इस विचित्रता को देखते रह जाते हैं–

देव ! साम्प्रतं द्विधाभूत इव दृश्यते जलनिधिः।।[56]

भवभूति के महावीरचरित में हनुमान द्वारा संजीवन औषधि के प्रसंग में वासव की उक्ति–

उत्स्फूर्जद्रोमकूपः प्रलयपरिमिलत्पांशुवर्षानुकारी

किंचिद्भुग्नाग्रपुच्छप्रतिमविचलनापास्तनक्षत्रचक्रः।

भूम्नौत्सुक्यानुरूपव्यवसितिरधिकं पर्यवप्लुत्य गत्वा

क्वापि प्राज्ञः क्षणार्धात्कमपि गिरिमसावाहरन्नाजगाम।।[57]

अर्थात् रोंगटे खड़े हो रहे हैं, प्रलयकाल के समान धूलिवृष्टि उससे गिर रही है, टेढी पूँछ से टकरा जाने के कारण नक्षत्रमण्डल झटका गया है, औत्सुक्यानुसार व्यापार करके कूदकर जाकर एक ही क्षण में पर्वत लिये हनुमान आ रहे हैं। इतना ही नहीं सप्तम अंक के विमान दृश्य प्रसंग में पग–पग पर अद्भुत रस की प्रतीति होती है।[58] महावीरचरित के प्रथम अंक में लक्ष्मण का कथन–

झटित्येवोत्तप्तद्रुतकनकसिक्ता इव दिशः
पिशङ्गत्वात्संध्यान्तरित इव निर्भाति दिवसः।
ज्वलत्केतुव्रातस्थगितमिव दिव्यास्त्रनिचितं
नभो नैरन्तर्यप्रचलिततडित्पिञ्जरमिव।।[59]

अर्थात् द्रुतसुवर्ण से सिक्त की तरह दिशायें पीतवर्ण हो रही हैं सांध्यराग से युक्त की तरह दिन पीला पड़ गया है, केतुसमुदाय से पूर्ण की तरह दिव्यास्त्र व्याप्त आकाश निरन्तर चलित विद्युत्पूर्ण की तरह दीख रहा है।

प्रथम अंक में ही, धनुर्भंग के पश्चात् लक्ष्मण की उक्ति-

दोर्दण्डाञ्चितचन्द्रशेखरधनुर्दण्डावभंगोद्यत
ष्टंकारध्वनिरार्यबालचरितप्रस्तावनाडिण्डिमः।
द्राक्पर्यस्तकपालसंपुटमितब्रह्माण्डभाण्डोदर
भ्राम्यत्पिण्डितचण्डिमा कथमहो नाद्यापि विश्राम्यति।।[60]

अर्थात् बाहुदण्ड से आकृष्ट चन्द्रशेखर के धनुषदण्ड से प्रादुर्भूत यह टंकार शब्द राम के बालचरित की भूमिका के रूप में वर्त्तमान है,समस्त ब्रह्माण्ड को पूर्ण कर उग्रता धारण करनेवाला यह टंकार शब्द क्यों अब भी नहीं शान्त हो रहा है।

यहाँ लक्ष्मण का विस्मय स्थायी भाव है। टंकार ध्वनि आलम्बन है। उसकी अतिदीर्घता आदि उद्दीपन है। उपर्युक्त महिमा का वर्णन अनुभाव है। और इस वर्णन से अनुमित हर्ष आदि व्यभिचारी भाव हैं। इन सबके द्वारा अद्भुत रस प्रकट हो रहा है।

उत्तररामचरित के तृतीय अंक में मुरला का कथन-

ईदृशीनां विपाकोऽपि जायते परमाद्भुतः।
यत्रोपकरणीयभावमायात्येवंविधो जनः।।[61]

अर्थात् ऐसे व्यक्तियों का दशाविपर्यास भी अत्यन्त विस्मय जनक होता है, जिसमें इस प्रकार के लोग सहायक बनाते हैं।

पंचम अंक में चन्द्रकेतु लव की वीरता पर आश्चर्य करते हुए कहता है-

पातालोदरकुंजपुंजिततमः श्यामैर्नभो जृम्भकै-
रुत्तप्तस्फुरदारकूटकपिलज्योतिर्ज्वलद्दीप्तिभिः।
कल्पाक्षेपकठोरभैरवमरुद्व्यस्तैरवस्तीर्यते
मीलन्मेघतडित्कडारकुहरैर्विन्ध्याद्रिकूटैरिव।। [62]

अर्थात् पातालगर्भरूप निकुंजों में राशिभूत अंधकार के समान काले अत्यन्त तपे हुए अतएव तरल प्रभाववाले पीतल की ज्योति के समान दीप्यमान द्युति है जिनकी ऐसे अतएव कृपान्त में प्रचण्ड और भयानक वायुओं से फेंके हुए, मिलते हुए मेघोंवाले और विद्युत से पिंगल गुहाओंवाले जो विन्ध्याचल के शिखर हैं उनके समान प्रतीत होनेवाले जृम्भकास्त्रों से आकाश आच्छादित हो रहा है।

सप्तम अंक के अंत में नाटक को सुखान्त बनाने के लिए कवि ने अद्भुत रस का प्रयोग करते हुए सीता का गंगा-प्रवाह से निकलना दिखाया है-

मन्थादिव क्षुभ्यति गाङ्गमम्भो व्याप्तं च देवर्षिभिरन्तरिक्षम्
आश्चर्यमार्या सह देवताभ्यां गंगामहीभ्यां सलिलादुदेति।। [63]

अर्थात् गंगा का जल, मंथन से जैसे आलोडित हो रहा है। और आकाश देवों तथा ऋषियों से भर गया है। आश्चर्य है, आर्या, गंगा तथा पृथिवी देवताओं के साथ जल से निकल रही हैं।

संदर्भ

1. उत्तररामचरितम्-4/26
2. अभिषेकनाटकम्-1/13
3. महावीरचरितम्-2/17
4. वही, 2/20
5. वही, 3/26, 27
6. वही, 3/29
7. वही, 3/32
8. उत्तररामचरितम्-4/24 का पूर्वार्द्ध
9. वही, 5/9
10. वही, 5/36

11. महावीरचरितम्, 5/19
12. उत्तररामचरितम्, 2/16
13. वही, 2/21
14. वही, 2/29
15. वही, 5/6
16. महावीरचरित, 1/35
17. वही, 1/39
18. वही, 5/33
19. वही, 6/32
20. वही, 6/33
21. वही, 6/34
22. उत्तररामचरित- 2/10
23. वही, 2/16
24. वही, 5/3
25. वही, 5/5
26. वही, 5/6
27. प्रतिमानाटक, 1/10
28. महावीरचरित, 5/20
29. वही, 5/22
30. वही, 5/28
31. उत्तररामचरित, 1/29
32. वही, 1/31
33. वही, 1/37
34. प्रतिमानाटक, 4/10
35. उत्तररामचरित, 2/15
36. वही, 4/27
37. वही, 4/29
38. वही, 5/2
39. वही, 5/26
40. वही, 5/34
41. वही, 6/18
42. वही, 6/19
43. अभिषेक, 1/22

44. वही, 1/25
45. वही, 5/12
46. वही, 5/13
47. महावीरचरित, 4/55
48. वही, 5/28
49. वही, 5/61
50. अभिषेकनाटक, 6/37
51. वही, 6/28
52. वही, 6/29
53. उत्तररामचरित, 1/22
54. वही, द्वितीय अंक, पृष्ठ–148–150
55. वही, 2/12
56. अभिषेकनाटक चतुर्थोऽङ्क पृष्ठ–72
57. महावीरचरीत, 6/51
58. वही, पृष्ठ–306 से 318
59. महावीरचरित्र, 1/43
60. वही, 1/54
61. उत्तररामचरित, 3/3
62. वही, 5/14
63. वही, 7/16

सप्तम अध्याय

रामकथाश्रित नाटकों के आलोक में भास और भवभूति की रसाभिव्यक्ति की तुलना

भास एवं भवभूति की रसाभिव्यक्ति की तुलना रामकथाश्रित नाटकों के आलोक में करने के लिए क्रमबद्धता समीचीन होगा। दोनों ही कवियों के एक-एक नाटक करुण रस प्रधान और दूसरे एक-एक वीर रस प्रधान हैं। इसके अतिरिक्त अङ्गी रस के उपकारक हास्य, रौद्र आदि का प्रयोग किया गया है।

करुण रस का तुलनात्मक अध्ययन

भास ने प्रतिमानाटक तथा भवभूति ने उत्तररामचरित में करुण रस को प्रधानता प्रदान की है। चूँकि दोनों नाटकों की कथावस्तु का आधार समान है, फिर भी चूँकि दोनों पृथक् व्यक्तित्व और पृथक् काल के हैं। अतः करुण रस के प्रयोग में भी स्वाभाविक रूप से कुछ साम्य तथा कुछ वैषम्य हैं।

महाकवि भास ने प्रतिमानाटक के प्रथम अंक में वल्कल के ब्याज से करुण रस के बीज को व्यञ्जित कराया है[1] तो भवभूति ने सीता-विषयक लोकापवाद को आधार बनाते हुए नये राजा राम से लोकाराधन के निमित्त सीता तक को त्यागने की घोषणा द्वारा।[2] प्रस्तुत दोनों ही सोपानों से करुण रस की व्यंजना और नाटकीयता लगभग समान है। हाँ, भास की व्यंजना का माध्यम मूर्त वल्कल है तथा भवभूति का माध्यम अमूर्त कथन।

प्रतिमानाटक के तृतीय अंक में प्रतिमागृह का दृश्य समायोजित किया गया है तथा उत्तररामचरित के प्रथम अंक में चित्रवीथी-दर्शन दृश्य का । इन दोनों ही सोपानों से करुण रस की पुष्ट अभिव्यक्ति हुई है। किन्तु प्रतिमा में इस

करुण रस की नाटकीयता स्वाभाविक प्रतीत होती है। क्योंकि दशरथ की प्रतिमा भरत तथा दर्शक दोनों के लिए विभाव, अनुभाव तथा व्यभिचारी भाव का कार्य करने में स्वत: सक्षम है, भास को इसके लिए अतिरिक्त प्रयास नहीं करना पड़ा है।

उत्तरारामचरित के चित्रवीथी में राम के पूर्ववर्ती जीवन से लेकर सीता की अग्निशुद्धि तक का प्रसंग चित्रित है। इसके अभाव में राम का पूर्व चरित अज्ञात रहता और उत्तररामचरित कुछ सीमा तक अपूर्ण रहता। पुन: चित्रों में अंकित एवं व्याख्याचित दृश्य करुण रस के उपकारक हैं। रस-प्रवाह के साथ-साथ नाटकीयता में ये प्रभावी सिद्ध होते हैं।

किन्तु यदि प्रतिमागृह-दृश्य की तुलना चित्रवीथी दृश्य से करें तो पाते हैं कि प्रतिमा दृश्य कथावस्तु का हिस्सा होने के कारण स्वाभाविक रूप से है। जबकि चित्रवीथी ने करुणरस की पृष्ठभूमि को प्रस्तुत किया है। करुण रस को अभिव्यक्त करने के लिए कवि ने चित्रवीथी को माध्यम बनाया है। चित्रवीथी कथावस्तु का स्वाभाविक हिस्सा नहीं है।

उत्तररामचरित के तृतीय अंक में भवभूति ने करुण रस की जैसी समर्थ अभिव्यंजना की है वह पूरे संस्कृत-वाङ्मय में अद्वितीय है। भास के करुण रस की अभिव्यंजना की तुलना में भवभूति श्रेष्ठ हैं।

हाँ प्रतिमानाटक में भास ने मौन शैली अपनाया है जो अनोखा प्रयोग है। प्रतिमा नाटक में, वन जाते हुए राम, सीता तथा लक्ष्मण द्वारा सुमन्त्र को दशरथ के लिए सन्देश देने के लिए रुकना तथा फिर करुणाभिभूत अश्रुवेग के कारण कण्ठावरोध होने से बिना कुछ कहे मौन वन चले जाना संस्कृत वाड्.मय का अनोखा प्रयोग है।

प्रतिमानाटक में प्रतिमादृश्य मात्र भास की मौलिकता है। शेष कथावस्तु वाल्मीकीय रामायण के ही समान है। किन्तु उत्तररामचरित में कवि के द्वारा कई मौलिक परिवर्तन हैं। चित्रवीथी, छाया-सीता जैसे मौलिक प्रसंग भवभूति की प्रतिभा के परिचायक हैं। सीता निर्वासन की घटना के परिपेक्ष्य में राम के चरित्र की उदात्तता को भवभूति ने अपनी कल्पना का रंग भरकर अच्छी तरह उभारा है।

यह सत्य है कि भास की अपेक्षा भवभूति का करुण रस अधिक सूक्ष्म, गंभीर और प्रभावोत्पादक है। लेकिन ध्यातव्य है कि भवभूति ने करुण रस की अभिव्यंजना के लिए राम और सीता जैसे उत्तम चरित्र को चुना। जबकि भास ने राम और सीता के अतिरिक्त दशरथ भरत जैसे मध्यम चरित्र को चुना है।

इस प्रकार भवभूति के करुण रस में गंभीरता और सूक्ष्मता है, जबकि भास के करुण रस में व्यापकता और स्वाभाविकता है। अभिनय की दृष्टि से भी भास का करुण भवभूति की अपेक्षा श्रेष्ठ है।

वीर रस का तुलनात्मक अध्ययन

किये गये अध्ययन से स्पष्ट है कि भास का अभिषेक नाटक और भवभूति का महावीरचरित वीर-रस प्रधान है। दोनों ही नाटक रामायणीय कथा पर आधारित हैं और राम के पूर्वार्ध जीवन पर आधारित हैं। भास ने प्रख्यात कथावस्तु में विशेष महत्त्वपूर्ण परिवर्तन नहीं किया है। बालि का वध, हनुमान आदि वानरों को सीता की खोज में सभी दिशाओं में भेजना, सीता से मिलने के बाद हनुमान द्वारा अशोकवाटिका का विध्वंस करना, रावण के साथ हनुमान की बहस होना, राम द्वारा सुग्रीवादि के साथ लंका पर चढ़ाई करना घनघोर युद्ध में रावण का मारा जाना, सीता की अग्नि-परीक्षा और अन्त में राम का राज्याभिषेक आदि प्रख्यात प्रसंग को भास ने मात्र नाटकीय रूप प्रदान किया है। स्पष्ट है कि प्रसंग वीरोचित हैं अतः वीर रस की प्रधानता भी उचित है।

किन्तु भवभूति ने इसी कथावस्तु को थोड़ी कलात्मकता के साथ विशेष नाटकीय संवेग प्रदान किया है। भवभूति ने राम-कथा के परस्पर विच्छिन्न कथांशों में रावण के मंत्री माल्यवान को नयी भूमिका प्रदान क़िया है। जिससे कथावस्तु अन्वित रूप से अपने लक्ष्य की ओर अग्रसर होती है। विश्वामित्र के आश्रम में सीता की सगाई हेतु संवाद लाये रावण के पुरोहित सर्वमाय के समक्ष ही ताड़का-वध, राम को जृम्भकास्त्र का समर्पण, शिवधनुषभंग तथा सीता के साथ राम विवाह की घोषणा आदि से जहाँ कथावस्तु में संक्षिप्तता आती है, वहीं रावण के आसुरी पुरुषार्थ को प्रत्यक्ष चुनौती भी दी जाती है। इसका

पहला परिणाम होता है राम के संहार के उद्देश्य से माल्यवान द्वारा जामदग्न्य का प्रयोग। ध्यातव्य है कि रामायण में जामदग्न्य के क्रोध का रावण के साथ कोई सम्बन्ध नहीं है। जामदग्न्य का क्रोध शान्त होने पर माल्यवान अयोध्या से संवाद लेकर जनकपुर जाती हुई कैकेयी की दासी मंथरा के शरीर में शूर्पणखा को प्रविष्ट कराकर उससे राम के साथ सीता एवं लक्ष्मण को भी वनवास दिलाकर अपनी कुशल नीति के दूसरे शस्त्र का प्रयोग करता है इसके द्वारा भवभूति एक ही साथ चार प्रयोजनों को सिद्ध कर लेते हैं-

(अ) कैकेयी तथा मंथरा दोनों के कलंक का मार्जन हो जाता है।

(ब) जनकपुर में ही राम के अभिषेक आदि का प्रसंग लाकर वहीं उनके वनगमन की भूमिका तैयार करने में जहाँ कथानक संक्षिप्त हो जाता है, वहीं राम के जीवन-संघर्ष में तीव्रता आ जाती है।

(स) आज्ञा-पत्र में राम के साथ सीता एवं लक्ष्मण के भी वन जाने का निर्देश होने से राम को सीता एवं लक्ष्मण को समझाने में व्यर्थ समय नहीं देना पड़ता।

(द) नाटकीय दृष्टि से सीता-हरण की भूमिका तैयार हो जाती है।[3]

किन्तु उपर्युक्त संक्षिप्तता और कथानक की एकान्विति करने में महावीरचरित के नायक राम में वीर रस के स्थायी भाव उत्साह को उद्दीप्त होने का मौका ही नहीं मिला है। यही कारण है कि महावीरचरित में सामाजिक को इसके मुख्य रस वीर की अनुभूति भास के अभिषेक नाटक के वीर रस की अपेक्षा कम होती है। सरल शब्दों में हम कह सकते हैं कि रसतत्त्व की दृष्टि से भास ने भवभूति की अपेक्षा कथावस्तु के साथ सम्यक् निर्वाह किया है। हाँ, नाटकीय संवेग में भवभूति भास से श्रेष्ठ प्रतीत होते हैं। किन्तु वीर रस की अभिव्यंजना में भास ही भवभूति से श्रेष्ठ हैं।

करुण रस प्रधान उत्तररामचरित में पाँचवें एवं छठे अंक में भवभूति ने वीररस का श्रेष्ठ चित्रण किया है। लेकिन उक्त प्रसंग की पृष्ठभूमि में भवभूति ने भास के ही तरीकों को अपनाया है। अभिषेक के छठे अंक में भास ने राम-रावण के घनघोर युद्ध को तीन विद्याधरों द्वारा ही वर्णित कराया है। उत्तररामचरित का वीर रस अभिषेक से श्रेष्ठ है। किन्तु यह ध्यातव्य है कि उत्तररामचरित में

वीर रस अङ्गी रस करुण का अंगरूप है। अतः वीर रस की सम्यक् अभिव्यंजना का महत्त्व स्वयं ही कम हो जाता है। अतः भास की सजगता प्रशंसनीय है कि वीर रस की प्रमुखता वाले नाटक में उन्होंने वीर रस को सम्यक् व्यंजित किया है। करुण रस की प्रधानता वाले नाटक में भवभूति की तरह बलात् वीर रस को व्यंजित करने की जगह भास रस-प्रयोग में सतर्क एवं संयमित हैं।

शृंगार रस का तुलनात्मक अध्ययन

भास ने प्रतिमानाटक के आरम्भ में संयोग शृंगार का वर्णन किया है। भवभूति ने महावीर चरित के पंचम अंक और उत्तररामचरित के प्रथम अंक में विप्रलम्भ शृंगार वर्णित किया है। यहाँ यह कहना उचित होगा कि भास ने कथानक के प्रवाह के साथ ही शृंगार के प्रसंग को जोड़ा है। लेकिन भवभूति ने शृंगार प्रसंगों के प्रयोग के लिए जानबूझकर कथावस्तु का साँचा तैयार किया है। साथ ही शृंगार रस यहाँ है इस तरह ध्यान दिलाना भी भवभूति का दोष ही माना जाएगा। इस तरह पूर्ववर्ती होने पर भी भास भवभूति से श्रेष्ठ प्रतीत होते हैं।

हास्य रस का तुलनात्मक अध्ययन

अपने रामकथाश्रित नाटकों में से प्रतिमानाटक के आरम्भ में भास ने सीता एवं राम को वल्कल-धारण प्रसंग में हास्य रस का प्रयोग किया है। भास का यह हास्य न तो कथावस्तु में थोपा हुआ प्रतीत होता है और न ही नाटक के अंगी रस को कहीं बाधित करता है। अपितु उनका सहज हास्य अंगी रस को सहज तरीके से पोषित करता दिखाई देता है।

भवभूति ने उत्तररामचरित में चतुर्थ अंक में ब्राह्मण कुमारों के द्वारा अश्व वर्णन के लिए हास्य का प्रयोग किया है और वहाँ बाल-सुलभ वार्ता के द्वारा हास्य भला प्रतीत होता है। नाटक के मुख्य रस को कहीं कोई बाधा भी नहीं पहुँच रही है।

हाँ, यह निःसंदेह कहा जा सकता है कि भास ने नाटक के मुख्य पात्रों के माध्यम से जिस प्रकार हास्य की सृष्टि कराई है वह भवभूति के नाटक के

सहायक पात्रों द्वारा सृष्ट हास्य से कहीं श्रेष्ठ और विलक्षण है। हास्य रस को सामान्यत: करुण रस का विरोधी बताया गया है। ऐसे में यदि ध्यान दें तो पाते हैं प्रतिमा का हास्य उत्तररामचरित के हास्य से कहीं ज्यादा उपयुक्त है। हास्य-प्रयोग की दृष्टि से भास की लेखनी भवभूति की लेखनी से कहीं ज्यादा प्रवीण है।

रौद्र रस का तुलनात्मक अध्ययन

भास ने अभिषेकनाटक में बाली-सुग्रीव युद्ध के प्रसंग में रौद्ररस का प्रयोग किया है।

भवभूति ने महावीरचरित के द्वितीय अंक में शिव-धनुष भंग के प्रसंग में और तृतीय अंक में जामदग्न्य और राजा जनक के वार्तालाप प्रसंग में रौद्र रस का प्रयोग किया है। उत्तररामचरित के चतुर्थ अंक और पंचम अंक में रौद्ररस का प्रयोग किया है।

भास के अभिषेक नाटक और भवभूति के उत्तररामचरित में अंगभूत रौद्ररस अंगी रस को सम्यक् साथ दे रहा है। नाटकीय गत्यात्मकता की दृष्टि से भी दोनों नाटकों में रौद्ररस ने अवरोध नहीं आने दिया है। किन्तु भवभूति के महावीरचरित में एक ही बिन्दु पर नाटकीय गत्यात्मकता रौद्र रस के कारण रुकी हुई दीख पड़ती है। हाँ, अंगी रस के पोषण में यहाँ भी रौद्ररस ने समर्थन ही किया है। इस प्रकार समग्र रूप में अंग रूप में रौद्र रस के प्रयोग में भवभूति से भास थोड़ा आगे ही हैं।

भयानक रस का तुलनात्मक अध्ययन

भास ने अभिषेक नाटक के चतुर्थ अंक में भयानक रस का प्रयोग किया है। भवभूति ने महावीरचरित के पंचम अंक में तथा उत्तररामचरित के द्वितीय, पंचम आदि अंकों में भयानक रस की अनुभूति करायी है।

दोनों ही नाटककारों ने भयानक रस की समर्थ अभिव्यक्ति की है। किन्तु भास ने अल्प स्थानों पर ही भयानक रस की अनुभूति करायी है। भवभूति ने भास की अपेक्षा अधिक स्थानों पर इस रस का प्रयोग किया है। हाँ, भास के

भयानक रस भवभूति की अपेक्षा हृदय को अधिक स्पर्श करते हैं क्योंकि भास की दृष्टि में सूक्ष्मता है और उनके नाटकीय पात्र तत्क्षण इससे प्रभावित होते दीखते हैं भवभूति में अपेक्षाकृत यह गुण कम है।

वीभत्स रस का तुलनात्मक अध्ययन

भास के रामकथाश्रित नाटकों में वीभत्स रस प्रयुक्त ही नहीं है। अतः भास एवं भवभूति की तुलना का प्रश्न नहीं उठता है।

भवभूति के महावीरचरित एवं उत्तररामचरित दोनों में ही वीभत्स रस प्रयुक्त है। दोनों ही नाटकों में वीभत्स की व्यापकता प्रशंसनीय है।

अद्भुत रस का तुलनात्मक अध्ययन

भासकृत अभिषेक के चतुर्थ अंक में राम को समुद्र द्वारा मार्ग देने के प्रसंग में अद्भुत रस की प्रतीति होती है।

भवभूति के महावीचरित के षष्ठ अंक में तथा उत्तररामचरित के तृतीय,पंचम एवं सप्तम अंक में अद्भुत रस की प्रतीति होती है।

भास के अद्भुत रस में दिव्यता अधिक है और भवभूति में आनन्द अधिक है। वैसे भी भास ने राम को दिव्य गुणों से सम्पन्न देवता की तरह देखा है और भवभूति ने राम में मानवीय श्रेष्ठ गुणों से सम्पन्न मानव के रूप में देखा है। अपने-अपने दृष्टिकोण से देखते हुए दोनों ने अद्भुत रस का अद्भुत प्रयोग किया हैं। नाटकीय व्यापार में दोनों के अद्भुत रस ने अंग रूप में सम्यक् अनुभूति करायी है।

शान्त रस का तुलनात्मक अध्ययन

भास ने अभिषेक नाटक में दो प्रसंगों में शान्त रस का प्रयोग किया है। प्रथमतः प्रथम अंक में जब राम अगम्यागमन के अपराध में बाली को प्राणदण्ड देते हैं और तब आसन्नमृत्यु जानते हुए बाली सुग्रीव को उपदेश देता है। वह श्रीराम से भी अंगद सुग्रीव तथा वानरों के चपलतावश होनेवाले अपराध को क्षमा करने का आग्रह करता है। इतना ही नहीं सुग्रीव को कुलधन स्वरूप

स्वर्णमाल्य दे जल से आचमन कर गंगा-प्रभृति नदियों को साक्षात्कृत बताते हुए स्वर्गारोहण करते है। इस प्रकार अपनी अंतिम अवस्था में सुग्रीव परमार्थ-चिन्तन करता है।

द्वितीयत: षष्ठ अंक में सीता की अग्नि-परीक्षा और अग्नि-शुद्धि प्रकरण में राम स्वयं को अग्निदेव के प्रति अनुगृहीत मानते हुए साथ ही सीता को सर्वथा पवित्र मानते हैं। लोगों के विश्वासार्थ अग्नि-परीक्षा-कार्य को बताते हुए अग्निदेव का आभार व्यक्त करते हैं।

भवभूति ने उत्तररामचरित के प्रथम चित्रवीथी प्रसंग में और फिर द्वितीय पंचवटी प्रवेश अंक में अगस्त्य मुनि द्वारा बह्मविद्या का उपदेश और फिर राम द्वारा आनन्दमय विराट लोकों का वर्णन करने के प्रसंग में सामाजिकों को शान्त रस की सम्यक् प्रतीति करायी है।

पूर्वोक्त प्रसंग में भास ने शान्त रस का सटीक प्रयोग किया है और भवभूति ने भी स्वाभाविक प्रयोग किया हैं। दोनों ही कवियों ने नाटकीयता को बाधित नहीं होने दिया है।

लेकिन शान्त रस की पृष्ठभूमि के रूप में बालि के जीवन का अंतिम समय का चुनाव भास ने किया और पंचवटी जैसे तप: स्थली का चुनाव जो भवभूति ने किया । यहाँ जो सटीकता भास के दृष्टिकोण ने प्रस्तुत किया वह भवभूति में नहीं है। इस प्रकार शान्त रस के प्रयोग में भास भवभूति से श्रेष्ठ प्रतीत होते हैं।

संदर्भ

1. प्रतिमानाटक, प्रथम अंक, पृष्ठ-16-30
2. उत्तररामचरित,1/12
3. भास एवं भवभूति के नाटकों में रसतत्त्व,पृष्ठ-134

उपसंहार

नाट्य शरीर है तो रस इस नाट्य का प्राण है। नाटक जीवन की व्याख्या है, उसकी अनुकृति है तथा रस उसका प्राण तत्त्व है। हमारी भारत-भूमि विविध क्षेत्रों में चिन्तन-परम्परा की परिपोषिका रही है। रस जैसे विलक्षण तत्त्व के विषय में पुरातन काल से ही चिन्तन होता रहा है। चिन्तन करके हमने रस तत्त्व के विषय में यही जाना कि यह चिरप्राचीन होकर भी चिर नवीन है।

पाठ्य, गीत, अभिनय एवं रस को मिलाकर निर्मित पंचम वेद नाट्य ने सभी कोटि के जनमानस को स्पर्श किया क्योंकि क्षणिक ही सही यह ब्रह्मस्वादसहोदर अनुभूति कराने में समक्ष है। लेखन, पठन अथवा दर्शन किसी भी विधा से यह उक्त अनुभूति कराता है क्योंकि इसका प्राणतत्त्व ही 'रस' है। वह रस जो अखण्ड और स्वप्रकाशानन्द होने के कारण आत्मा की मलिनता को दूर कर उसे चैतन्य की प्राप्ति कराता है। वह रस जो लोकोत्तर चमत्कार होने से आत्मा से अभिन्न होता है। वह रस जो विशेष्य और विशेषण भाव से सर्वथा अलग है। वह रस जो ऋग्वेद में जीवन का आह्लादक तत्त्व था वह सभी वेदों उपनिषदों आदि के रुचिकर मार्ग से गुजरते हुए कालान्तर में आत्मानन्द का वाचक बन गया। चिर युवा यह रस तत्व पदार्थ विशेष का सारभूत द्रव होने से मूर्त और काव्यादि से विशेष आह्लाद की प्राप्ति स्वरूप अमूर्त भी कहा गया। भाषागत प्रयोग स्वरूप आनन्ददायक यह भौतिक काव्यादि के माध्यम से आत्मा के आह्लादस्वरूप आध्यात्मिक भी कहा गया। मूर्त साधन द्वारा प्रस्तुत होने वाला प्रस्तुति विषय भी 'रस' है और प्रस्तुति विषय में निहित अनुभूति का अमूर्त तत्व भी 'रस' है। वस्तुत: रस की मूर्तता और अमूर्तता के बीच सिर्फ अनुभव किया जा सकनेवाला एक आवरण है और कुछ नहीं। निष्कर्षत: रस वह प्रक्रिया है जो एकध्रुवीय भी है, द्विध्रुवीय भी और त्रिध्रुवीय भी है। सामाजिक सन्दर्भ इसका महत्त्वपूर्ण बिन्दु है। रस अपने भौतिक अर्थ

को प्रकट करे या आध्यात्मिक अर्थ को, एक विशिष्ट आनन्द तो वहाँ है ही। रस शब्द में व्याप्त आनन्दमयता ही तो संभवत: 'काव्यानन्द' का मूल है।

एक विस्तृत परम्परा के बाद लक्षण ग्रन्थ के रूप में भरत का 'नाट्यशास्त्र' एक निकष के रूप में संस्कृत वाड्.मय में विद्यमान है। रस एक अलौकिक स्थिति है तथा निष्कर्षत: 'रस' के तीन अर्थ है-

1. भाव की कलात्मक अभिव्यंजना
2. भावमूलक काव्यसौन्दर्य की अनुभूति
3. सामान्य काव्य-सौन्दर्य-इनमें से प्रथम दो अर्थशास्त्रीय तथा तीसरा अर्थ केवल व्यावहारिक है।

आचार्य भरत द्वारा रस-प्रसंग में दिये गये सूत्र से रस के चार प्रमुख अवयव निश्चित होते हैं-

1. स्थायी भाव
2. विभाव
3. अनुभाव
4. व्यभिचारी भाव

रस-स्वरूप के विषय में 'रस' के व्याख्याताओं ने अपने-अपने सम्प्रदाय के दृष्टिकोण से व्याख्यायें की हैं। सभी की दृष्टि एक है, बस शब्दों का हेर-फे र है। रस-निष्पत्ति से सम्बद्ध भरत के सूत्र में प्रयुक्त संयोग और निष्पत्ति शब्द को लेकर भरत के परवर्ती आचार्यों ने चिन्तन किया जिनमें अभिनवगुप्त सर्वमान्य हुए। पुन: आचार्य मम्मट, विश्वनाथ, जगन्नाथ आदि ने भी इसपर चिन्तन किया जो प्राय: अभिनवगुप्त के मत की ही परिपुष्टि करते हैं।

यद्यपि रस अखण्ड होता है और उनकी संख्या की चर्चा करना उचित नहीं है। तथापि व्यावहारिक दृष्टि से सम्प्रति रसों का नवविधत्व आज स्वीकृत है।

संस्कृत साहित्याकाश में नाट्यकारों की एक सुदीर्घ परम्परा रही है। भास इस वर्तमान समृद्ध नाट्य-साहित्य परम्परा के ऐसे वरिष्ठ नाट्ककार हैं जो इसकी सुदृढ़ नींव है। अपनी मौलिक प्रतिभा के माध्यम से इन्होंने संस्कृत में नाटकीय संभावनाओं के द्वार को प्रायोगिक रूप में खोला। सिद्धान्तों की

स्थापना तो बाद में हुई। चाहे राम-कथा हो या महाभारत-कथा या फिर लोक-कथाएँ, इस मानसिकता या मनोवृत्ति की जितनी भी प्रशंसा की जाए वह कम ही है कि भास की दृष्टि ने वर्णनात्मक कथाओं में संवाद और अभिनय की सजीव संभावनाओं को देख लिया।

भास ने अपनी मौलिक दृष्टि से कथावस्तु, नायक का प्रख्यात चरित्र आदि में तो परिवर्तन या परिवर्धन किया ही साथ ही, दुर्योधन, कर्ण जैसे सहनायकत्व को भी नायकत्व में बदलकर प्रस्तुत किया। इतना ही नहीं, प्रख्यात कथाओं में भी छोटी भूमिकाओं वाले चरित्रों को भी सशक्त बनाया। इन्होंने समकालीन परम्पराओं को प्राचीन परम्पराओं से संपृक्त कर सार्वकालिक और सार्वदेशिक प्रस्तुति संस्कृत वाङ्मय को प्रदान किया है। अपने नाटक के लिए इन्होंने मध्यम श्रेणी के पात्रों को भी चुना। किन्तु पात्र किसी भी श्रेणी के हों इन्होंने नाट्यकला की ऊँचाई एक-सी रखी। नाटकीय कथावस्तु, नेता और रस सभी तत्त्वों की अनोखी प्रस्तुति से नाट्यकला गौरवान्वित हुई।

भास के बाद नाटककारों की शृंखला रही जिसमें कालिदास और शूद्रक जैसे कवि हैं। कालिदास, शूद्रक, विशाखदत्त, भट्टनारायण आदि ने अपनी-अपनी अद्भुत प्रतिभा से संस्कृत नाट्य को विश्वभर में मान्यता दिलाई और ये स्वयं भी प्रतिष्ठित हुए। इसी शृंखला में एक नाम है भवभूति। अपने नाटकों की गुणवत्ता के कारण भवभूति का संस्कृत साहित्य में अक्षुण्ण स्थान है। प्रकाण्ड विद्धता को भवभूति ने नवीनता का ऐसा उत्कृष्ट स्पर्श दिया कि उनकी रचनायें अपनी गरिमा के साथ सर्वथा और सर्वदा विराजमान हैं।

रसतत्त्व के प्रति स्वाभाविक रूप से भास का कोई आग्रह नहीं रहा क्योंकि उस समय रस-सिद्धान्त की स्थापना ही नहीं हुई थी। लेकिन रस-सिद्धान्त के परवर्ती होने के कारण भवभूति की रस-तत्त्व के प्रति व्यक्तिगत स्पष्ट धारणा है।

भास करुणा की धारा में भी हास्य की मधुरिमा से सामाजिकों के चित्त को आलोडित कर देते हैं। तो भवभूति का करुण जड़ व्यक्ति में भी चैतन्य का आधान कर उसे द्रवित कर देता है। भवभूति का करुण तो सम्पूर्ण रस-समूह की विश्रान्ति ही स्वयं में कर लेता है।

भरत ने किसी रस विशेष के अंगीत्व का कोई निर्देश दिया नहीं और नाटक तो सर्वसाधारण के जीवन की अनुकृति है। अत: बदलते परिवेश के अनुसार राम की अनुकूलता को भवभूति ने साकार रूप दिया। इस प्रकार भास और भवभूति दोनों ही मेरी दृष्टि में मौलिक गुण सम्पन्न हैं।

ऐसा कहा जाता है कि भास सामान्य जनमानस के पारखी हैं किन्तु भवभूति सदैव उच्च वर्ग के मानस के पारखी हैं। लेकिन अध्ययन से यह स्पष्ट हो जाता है कि भवभूति ने उत्तररामचरित में राजकुल के प्रतिनिधि का पात्र रूप में चयन तो किया है किन्तु सरल प्रवाह के साथ उसका सामान्यीकरण किया है।

राम उत्तम कुल के राजा हैं। लेकिन भवभूति ने उच्च कुल की मर्यादा का विभिन्न दृश्यों, बिम्बों, घटनाओं की मदद से राम का एक श्रेष्ठ मानव के रूप में ही साधारणीकरण किया न कि उन्हें देवत्व प्रदान किया।

रस-चयन में भी भवभूति ने शास्त्रीय प्रतिमानों से हटकर साहित्यिक प्रथम पंक्ति की जगह मध्यम पंक्ति की मानसिकता को ही नयी तुष्टि प्रदान की।

भास तो स्पष्टत: ही जन-कवि हैं। 'रामायण' जो सिर्फ एक महाकाव्य ही नहीं अपितु भारत का जनकाव्य बना..... ऐसे रामायण -कथा की घटनाओं का आधार जब भास की कल्पना और सरल सुबोध शैली को मिला तो 'अभिषेकनाटक' और 'प्रतिमानाटक' जैसी नाट्य-कृतियाँ संस्कृत साहित्याकाश का हिस्सा बनी। साहित्य और लोकपरम्परा के प्रतिनिधि इन नाटकों की सबसे बड़ी विशेषता इनकी अभिनेयता है।

सामान्यत: नान्दी से प्रारम्भ होनेवाले संस्कृत नाटकों की जगह भास के नाटक सूत्रधार से प्रारम्भ होते हैं। ईसा पूर्व चौथी सदी से पाँचवी सदी के बीच ये विद्यमान थे। वहीं भवभूति सातवीं सदी के उत्तरार्ध से आठवीं सदी के पूर्वार्ध में विद्यमान थे। दोनों ही अपने-अपने युग के प्रगतिशील नाटककार थे। भास संस्कृत नाट्य-परम्परा में नाटककारों की शृंखला की पहली कड़ी हैं तो भूवभूति इस शृंखला की महत्वपूर्ण कड़ी हैं। भास नाट्यशास्त्र के पूर्ववर्ती थे तो भवभूति उत्तरवर्ती। किन्तु कहीं-न-कहीं दोनों की रुचियों में समानता थी। भास ने अपने दो रामकथाश्रित नाटकों में से एक अभिषेकनाटक

वीर रस प्रधान और दूसरा प्रतिमानाटक करुण रस प्रधान की रचना की। इसी प्रकार भवभूति के इन नाटकों में से एक महावीरचरित वीर रस प्रधान है और दूसरा उत्तररामचरित करुण रस प्रधान है। रसों की प्रधानता के विषय में इन की रुचियों में अद्भुत साम्य है।

अभिषेक नाटक और महावीरचरित दोनों ही राम के पूर्वार्द्ध जीवन पर आधारित हैं। भास ने प्रख्यात कथावस्तु में विशेष महत्त्वपूर्ण परिवर्तन नहीं किया है। किन्तु भवभूति ने प्रख्यात कथावस्तु को थोड़ी कलात्मकता के साथ परिवर्तित किया है। दोनों ने वीरोचित प्रसंगों का वर्णन किया है। किन्तु सामाजिकों को अभिषेकनाटक की अपेक्षा महावीरचरित में वीर रस की अनुभूति कम होती है। हाँ, करुण रस प्रधान उत्तररामचरित के पाँचवें और छठे अंक में इन्होंने अंग रूप में वीर रस का श्रेष्ठ चित्रण किया है।

करुण-रस के चित्रण में प्रतिमा और उत्तररामचरित दोनों के प्रथम अंक में कुछ समानता है। भास ने वल्कल के ब्याज से करुण रस का बीज-वपन किया है तो भवभूति ने राजा राम से लोकाराधन के निमित्त सीता तक को त्यागने की घोषणा द्वारा। यहाँ दोनों में समानता है।

प्रतिमा के तृतीय अंक में प्रतिमागृह का दृश्य है तो उत्तररामचरित के प्रथम अंक में चित्रवीथी-दर्शन दृश्य का। प्रतिमा-दृश्य कथावस्तु का स्वाभाविक हिस्सा जैसा है तो चित्रवीथी दृश्य उत्तररामचरित के करुण-रस की पृष्ठभूमि है यद्यपि यह कथावस्तु का स्वाभाविक हिस्सा नहीं है। पुनः उत्तररामचरित के तृतीय अंक में भवभूति ने करुण-रस की जैसी समर्थ अभिव्यंजना की है, वह पूरे संस्कृत-वाङ्मय में अद्वितीय है। भास के करुण की शैली मौन है, स्वाभाविक और व्यापक है। भवभूति का करुण सूक्ष्म, प्रभावी और गंभीर है। करुण रस के चित्रण में भवभूति भास से श्रेष्ठ हैं। किन्तु यदि करुण रस की नाटकीयता की बात की जाय तो भास ही श्रेष्ठ हैं।

भास एवं भवभूति दोनों ने ही मुख्य रसों के साथ शृंगार, हास्य, रौद्र, भयानक, वीभत्स, शान्त और अद्भुत रसों का अंग रस के रूप में चित्रण किया है। उक्त रसों के प्रयोग की मात्रा का प्रश्न यदि छोड़ दें तो दोनों ने ही इन रसों की सम्यक् प्रतीति कराई है। भास के दृष्टिकोण में एक प्रकार की सटीकता

प्रतीत होती है जिसका भवभूति में अभाव है। भास की दृष्टि सामान्य सामाजिकों के हृदय को स्पर्श करती चलती है तो भवभूति की दृष्टि विद्वत् समाज के मानस को स्पर्श करती है। अपने सहज नाटकीयता के कारण भास जनसाधारण के नाटककार प्रतीत होते हैं जबकि भवभूति में शास्त्रीयता होने के कारण पण्डित समाज की प्रतीति होती है।

उपर्युक्त कई तथ्यों के अंतर के बावजूद दोनों के नाटक समाज के मध्यमवर्ग के हृदय का स्पर्श कर जाते हैं। यदि वैयक्तिक भिन्नता के सिद्धांत को ध्यान में रखकर दोनों कवियों का अध्ययन किया जाय तो यही कहा जा सकता है कि दोनों ने सहृदयों की प्रतीति के लिए ही रचनायें की। दोनों में से कोई अंधानुकरण करनेवाले नहीं है। दोनों में कुछ न कुछ रोचक मौलिकताएँ है। किन्तु दृष्टिकोण की भिन्नता स्वाभाविक है। अत: कौन अधिक श्रेष्ठ है यह कहना कठिन है।

संदर्भ एवं सहायक ग्रन्थ सूची

1. अग्निपुराण : व्यास, खेमराज श्रीकृष्ण दास, बम्बई, 1920
2. अथर्ववेद संहिता : सम्पादक पं० श्रीराम शर्मा 'आचार्य' युग निर्माण योजना विस्तार ट्रस्ट,गायत्री तपोभूमि मथुरा, 2010
3. अविमारक : व्याख्याकार वलदेव उपाध्याय, चौखम्बा विद्या भवन, वाराणसी, 2008
4. अभिज्ञानशाकुन्तलम् : व्याख्याकार डॉ० बाबूराम त्रिपाठी, रतन प्रकाशन मन्दिर आगरा, 1990
5. अभिषेक नाटकम् : व्याख्याकार बलदेव उपाध्याय, चौखम्बा विद्याभवन, वाराणसी, 2008
6. अभिनवभारती : अभिनवगुप्त व्या. गायकवाड, ओरिएण्टल सीरिज, वड़ौदा, 1954
7. ईशावास्योपनिषद : सम्पादक वाचस्पति पाण्डेय 'विकल' शिक्षा साहित्य प्रकाशन, मेरठ
8. उत्तररामचरित : व्याख्याकार श्री आनन्द स्वरूप सम्पादक श्री जनार्दन शास्त्री पाण्डेय, मोतीलाल वानारसी दास, दिल्ली, 1970
9. उपनिषद संग्रह : सम्पादक- जगदीश शास्त्री, मोतीलाल वनारसी दास,1980
10. उत्तररामचरित की शास्त्रीय समीक्षा : डॉ० सत्यनारायण चौधरी, चौखम्वा ओरियन्टालिया, वाराणसी, प्रथम संस्करण,1980
11. ऋगभाव्य-संग्रह : डॉ० देवराज चानना, मुन्शीराम मनोहरलाल पब्लिशर्स प्रा० लिमिटेड, नई दिल्ली, चतुर्थ संस्करण 1988

12. ऋगवेद संहिता : सम्पादक पं० श्रीराम शर्मा 'आचार्य' युग निर्माण योजना विस्तार ट्रस्ट गायत्री तपोभूमि मथुरा, 2010

13. काव्य प्रकाश : व्याख्याकार आचार्य विश्वेश्वर सिद्धान्तशिरोमणि, संम्पादक डॉ० नगेन्द्र, ज्ञानमंडल लिमिटेड, वाराणसी, 2042 वि०

14. कठोपनिषद : टीकाकार पं० रामचन्द्र शुक्ल, प्रकाशक-रामनारायण लाल, अरूण कुमार, कटरा रोड इलाहाबाद-2, 1978

15. कठोपनिषद : आचार्य डॉ० सुरेन्द्र देव शास्त्री, चौखम्बा विद्याभवन वाराणसी, पंचम संस्करण-1987

16. करुण रस : सैद्धान्तिक एवं प्रायोगिक अनुशीलन, डॉ० शैलेश कुमार मिश्र, ईस्टर्न बुक लिंकर्स, दिल्ली, 2003

17. काव्य मीमांसा : हिन्दी अनुवादक केदारनाथ शर्मा, विहार राष्ट्रभाषा परिषद, पटना 1954

18. काव्यादर्श : सम्पादक रामचन्द्र मिश्र, चौखम्बा विद्याभवन वाराणसी, 1958

19. काव्यालंकार : रूद्रट व्या०, डॉ० सत्यदेव चौधरी, वासुदेव प्रकाशन, दिल्ली - 1965

20. कामसूत्र : वात्सयायन (देवदत्त शास्त्री), चौखम्बा सीरिज ऑफिस, वाराणसी, 1962

21. कालिदास ग्रन्थावली : व्या०-पं० सीताराम चतुर्वेदी, काशी, द्वि० सं० 2007

22. काव्यालंकार : भामह, अनु० देवेन्द्रनाथ शर्मा, विहार राष्ट्रभाषा परिषद,पटना, 1963

23. दशरूपक : डॉ० भोला शंकर व्यास, चौखम्बा विद्या भवन, वाराणसी, 1973

24. ध्वन्यालोक : आचार्य जगन्नाथ पाठक, चौखम्बा विद्याभवन, वाराणसी 1992

25. नाट्यकला : सुदर्शन मिश्र, भारत मनीषा, पाण्डेय हवेली, वाराणसी प्रथम संस्करण-1974

26. नाट्यशास्त्र : भरतमुनि, चौखम्बा संस्कृत संस्थान, वाराणसी, द्वितीय सं०1980

27. नाट्यशास्त्र : व्याख्याकार कु० गोदावरी वासुदेव केतकर, परिमल पब्लिकेशन्स, दिल्ली-1997

28. नैषधीयचरित में रस योजना : डॉ० रविदत्त पाण्डेय, प्रकाशक-विमल पाण्डेय, 499/4, भोलानाथ नगर, शाहदरा, दिल्ली, 1979

29. प्रतिमानाटक : व्याख्याकार-आचार्य जगदीश मिश्र, चौखम्बा सुरभारती प्रकाशन, वाराणसी 2011 ई०

30. प्रसन्नराघव : शेषराज शर्मा शास्त्री: चौखम्भा विद्याभवन, वाराणसी 1956

31. भावप्रकाशन : शारदातनय, जी० ओ० एस० वड़ौदा,1930

32. भवभूति के नाटकों का शैली: वैज्ञानिक और शब्दशक्तिपरक अध्ययन मोनिका गर्ग, ईस्टर्न बुक लिंकर्स, दिल्ली, प्रथम संस्करण, 2007

33. भवभूति : डॉ० वासुदेव विष्णु मिराशी, अनुवादक डॉ० केशवराव मुसलगाँवकर, पॉप्युलर प्रकाशन, बम्वई, 1972

34. भास एवं भवभूति के नाटकों में रस तत्त्व : डॉ० उमेश पाण्डेय, विद्या निधि प्रकाशन, दिल्ली, 1999

35. भास की भाषा संबंधी तथा नाटकीय विशेषताएँ : डॉ० जगदीश प्रसाद दीक्षित, आर्य बुक डिपो, करोलबाग, दिल्ली संस्करण, 1967

36. भास नाटकचक्रम् : आचार्य बलदेव उपाध्याय, चौखम्बा विद्या भवन वाराणसी, 2002

37. भवभूति और उनकी नाट्य कला: डॉ० अयोध्या प्रसाद सिंह, मोती लाल बनारसी दास, वाराणसी प्रं० सं०, 1969

38. भवभूति के नाटक :डॉ० व्रजवल्लभ शर्मा, मध्यप्रदेश हिन्दी ग्रन्थ अकादमी, भोपाल, प्रथम संस्कार, 1973

39. महाकवि भास एक अध्ययन : लेखक-आचार्य वलदेव उपाध्याय, चौखम्बा विद्याभवन, वाराणसी संस्करण, 2008

40. महाकवि भास : डॉ० नेमिचन्द्र शास्त्री, मध्यप्रदेश हिन्दी ग्रन्थ अकादमी भोपाल, 1972

41. मालविकाग्निमित्रम् : कालीदास, व्या०-आर० देवधर मोतीलाल वनारसीदास, दिल्ली, तृतीय संस्करण

42. मुद्राराक्षसनाटकम् : सम्पादक तारिणीश झा, व्याख्याकार-धर्मेन्द्रनाथ शास्त्री, प्रकाशन केन्द्र, लखनऊ

43. विशुद्ध मनुस्मृति : प्रो० सुरेन्द्र कुमार, आर्ष साहित्य प्रचार ट्रस्ट, दिल्ली, 2012

44. महाकवि भवभूति : डॉ० गंगा सागर राय, चौखम्बा विद्याभवन वाराणसी,1965

45. महाकवि भवभूति : डॉ० शिवबालक द्विवेदी, ग्रन्थम्, रामबाग, कानपुर, 1985

46. मालतीमाधव : व्याख्याकार श्री शेषराज शर्मा शास्त्री, काव्यतीर्थः, चौखम्बा संस्कृत सीरीज आफिस, वाराणसी, 2005

47. महावीरचरितम् : आचार्य श्रीरामचन्द्र मिश्र, चौखम्बा विद्या भवन वाराणसी, 2009

48. रस-विवेचन : डॉ० जगदीश प्रसाद कौशिक, ग्रंन्थ विकास, जयपुर, संस्करण- 1987

49. रस-गंगाधर : व्याख्याकार-डॉ० जय कुमार जैन, साहित्य भण्डार, शिक्षा साहित्य प्रकाशन, मेरठ, 1984

50. रस-सिद्धान्त का सामाजिक मूल्यांकन : डॉ० (कु) दुर्गा दीक्षित, कंदर्प प्रकाशन, नई दिल्ली-2, वर्ष प्रतिपदा, 1896

51. रस-मीमांसा : आचार्य रामचन्द्र शुक्ल, सम्पादक-विश्वनाथ प्रसाद मिश्र, काशी नागरी प्रचारिणी सभा, काशी, संस्करण-2000

52. रस-सिद्धान्त के अनालोचित पक्षः डॉ० व्रजमोहन चतुर्वेदी, अजन्ता पब्लिकेशन्स (इण्डिया) दिल्ली-7, संस्करण-1978

53. रस-सिद्धान्त : डॉ० नगेन्द्र, नेशनल पब्लिशिंग हाउस, दिल्ली, संस्करण-1964

54. रस, छन्द, अलंकार : डॉ० योगेन्द्र प्रताप सिंह, संजय कुमार सिंह, मुद्रक-इण्डियन प्रेस प्रा० लिमिटेड, इलाहाबाद, 2010

55. रघुवंश : रामकृष्ण शुक्ल, राम नारायण लाल, इलाहाबाद

56. राजतरंगिणी : सम्पादक रघुनाथ सिंह, चौखम्बा संस्कृत-संस्थान, वाराणसी

57. विक्रमोर्वशीयम् : पं० रामचन्द्र मिश्र, चौखम्बा संस्कृत सीरीज, वाराणसी, 1953

58. श्रीमद्वाल्मीकीय रामायण : गीता प्रेस गोरखपुर, इकतालीसवाँ पुनर्मुद्रण, सं०-2069

59. संस्कृत साहित्य का इतिहास : आचार्य बलदेव उपाध्याय, प्रकाशक शारदा निकेतन रवीन्द्रपुरी, वाराणसी, संस्करण-1983

60. साधारणीकरण : एक शास्त्रीय अध्ययन डॉ० रामलखन शुक्ल, साहित्य सदन, देहरादून, 1967

61. साहित्य दर्पण : सम्पादक, डॉ० सत्यव्रत सिंह, चौखम्बा विद्याभवन, वाराणसी, 1970

62. संस्कृत आलोचना : डॉ० बलदेव उपाध्याय, प्रकाशन व्यूरो, सूचना विभाग, उत्तरप्रदेश, 1967

63. स्वप्नावासवदत्तम : व्याख्याकार आचार्य श्रीशेषराजशर्मा रेग्मी: चौखम्बा सुरभारती प्रकाशन, वाराणसी, 2012

64. संस्कृत कविदर्शन : डॉ० भोला शंकर व्यास, चौखम्बा विद्याभवन, वाराणसी, 1968

65. हिन्दी नाट्यदर्पण : टीकाकार आचार्य विश्वेश्वर सिद्धान्तशिरोमणी, हिन्दी माध्यम कार्यान्वय निदेशालय, दिल्ली विश्वविद्यालय, दिल्ली, 1990

66. हिन्दी दशरूपक : डॉ० भोला शंकर व्यास, चौखम्बा विद्याभवन, वाराणसी, 2011

67. हर्षचरितम् : एक सांस्कृतिक अध्ययन: वासुदेव शरण अग्रवाल बिहार राष्ट्रभाषा परिषद, पटना

68. हिन्दी अभिनवभारती: सम्पादक : डॉ० नगेन्द्र, भाव्यकार आचार्य विश्वेश्वर, हिन्दी विभाग, दिल्ली विश्वविद्यालय, 1973

69. Number of Rasas :V. Raghavan The Adyar Library,1940.

70. www.google.co.in

71. Encyclopedia Britanica.